高等院校新形态一体化教材

职业生涯规划

主　编　眭姗姗　马丰年　刘建平
副主编　李黎丹　宋伯阳

东南大学出版社
SOUTHEAST UNIVERSITY PRESS
·南京·

图书在版编目（CIP）数据

职业生涯规划 / 眭姗姗，马丰年，刘建平主编. ——南京：东南大学出版社，2023.8
　ISBN 978-7-5766-0864-9

　Ⅰ.①职… Ⅱ.①眭… ②马… ③刘… Ⅲ.①大学生—职业选择 Ⅳ.①G647.38

中国国家版本馆CIP数据核字(2023)第166107号

责任编辑：陈　淑　　责任校对：张万莹　　封面设计：刘志伟　　责任印制：周荣虎

职业生涯规划
Zhiye Shengya Guihua

主　　编：眭姗姗　马丰年　刘建平
出版发行：东南大学出版社
社　　址：南京四牌楼2号　邮编：210096
网　　址：http://www.seupress.com
出 版 人：白云飞
经　　销：全国各地新华书店
印　　刷：定州市新华印刷有限公司
开　　本：787 mm×1092 mm　1/16
印　　张：13.25
字　　数：322千字
版　　次：2023年8月第1版
印　　次：2023年8月第1次印刷
书　　号：ISBN 978-7-5766-0864-9
定　　价：48.00元

本社图书若有印装质量问题，请直接与营销部联系。电话（传真）：025-83791830。

前言

人生以职业生涯为核心，大学生活虽只是人生的一个阶段，但却是人们职业生涯中最重要的准备期。为了帮助大学生更好地经营大学生活、规划职业生涯、提升职业素养、完成由校园人到社会人的转变，我们结合高校的教学实践和与大学生零距离接触的经验，撰写了本书。

本书共分为七个模块：模块一，"走进大学"，主要讲解大学的学习与规划及其与未来发展的关系；模块二，"认识职业"，主要讲解职业及职业生活规划的相关概念、基础理论，以及职业资格证书对职业生涯规划的影响；模块三，"认识自我"，主要讲解大学生对自我和社会等维度的认知与方法；模块四，"决策目标"，主要讲解制定职业生涯决策的相关知识；模块五，"设计生涯"，主要讲解职业生涯规划中常见的问题，以及撰写、实施与调控职业生涯的方法；模块六，"反馈修正"，主要讲解大学生职业生涯规划的评估、反馈及调整方法；模块七，"提升素养"，主要讲解职业素养的相关概念，并阐述大学生提高自身素养的方法，力求系统地教授大学生活与职业生涯规划的相关知识，让大学生为未来的生活做好充分的准备工作。

本书具有以下三个方面的特色：一是内容丰富，体系完备。本书对大学生职业生涯规划的相关问题均有涉及且论述清楚，有助于大学生掌握职业生涯规划的基本内容与基本观点。本书还设有青春寄语、学习要点、案例导入、实践拓展等模块，以补充理论知识、增强学生的实践操作能力，达到更好的学习效果。二是注重理论与实践相结合。在对大学生职业生涯规划基本理论完整阐述的基础上，注重与学校、学生的实际相结合。本书每个模块均有典型案例，具有较强的吸引力与说服力。三是针对性强。本书主要针对大一学生编写，是专门针对大学生群体的职业生涯规划指导书，力求对学生今后的发展有所帮助，故具有较强的针对性、实用性和可操作性。

由于编写人员水平有限，本书中难免存在疏漏之处，敬请广大读者批评指正，以便进一步修改完善。此外，本书在编写过程中，借鉴了许多文献资料，在此向有关文献的作者致以最诚挚的谢意！

编　者

目 录

模块一 走进大学 ··· 1

- 任务一 走进大学 了解大学 ··· 3
- 任务二 大学学习与职业发展 ··· 9
- 任务三 大学学业规划 ·· 16

模块二 认识职业 ··· 23

- 任务一 职业 ·· 25
- 任务二 职业生涯规划 ·· 29
- 任务三 职业生涯规划相关基础理论 ·································· 33
- 任务四 职业资格证书与职业生涯规划 ······························· 39

模块三 认识自我 ··· 46

- 任务一 从自我认识开始 ·· 47
- 任务二 发现职业兴趣 ·· 53
- 任务三 分析职业性格 ·· 64
- 任务四 了解职业气质 ·· 77
- 任务五 认识职业能力 ·· 82
- 任务六 明确职业价值观 ·· 90
- 任务七 认识社会 ·· 98

模块四 决策目标 ··· 114

- 任务一 职业生涯决策概述 ··· 116
- 任务二 职业决策的原则和方法 ······································· 118
- 任务三 目标定位与管理 ·· 129

模块五　设计生涯 ……………………………………………………………… 138

　　任务一　职业生涯发展规划中常见的问题及对策 ………………………… 140
　　任务二　职业生涯发展规划的实施与调控 ………………………………… 144
　　任务三　"职业生涯发展规划书"的撰写 ………………………………… 149
　　任务四　大学生职业生涯规划应注意的问题 ……………………………… 164

模块六　反馈修正 ……………………………………………………………… 167

　　任务一　大学生职业生涯规划的评估 ……………………………………… 168
　　任务二　职业生涯规划的反馈与修正 ……………………………………… 171

模块七　提升素养 ……………………………………………………………… 177

　　任务一　职业素养认知 ……………………………………………………… 178
　　任务二　职业素养提升 ……………………………………………………… 190

参考文献 ………………………………………………………………………… 205

模块一 走进大学

青春寄语

青年一代有理想、有本领、有担当，国家就有前途，民族就有希望。中国梦是历史的、现实的，也是未来的；是我们这一代的，更是青年一代的。中华民族伟大复兴的中国梦终将在一代代青年的接力奋斗中变为现实。全党要关心和爱护青年，为他们实现人生出彩搭建舞台。广大青年要坚定理想信念，志存高远，脚踏实地，勇做时代的弄潮儿，在实现中国梦的生动实践中放飞青春梦想，在为人民利益的不懈奋斗中书写人生华章！

《决胜全面建成小康社会 夺取新时代中国特色社会主义伟大胜利
——在中国共产党第十九次全国代表大会上的报告》

学习要点

1. 了解大学的功能。
2. 知晓大学学习的特点。
3. 熟悉大学生的发展阶段。
4. 熟悉学业、专业及社会实践与职业发展的关系。

案例导入

女大学生入学后失联，回家途中遭遇骚扰[①]

大一女生突然"失联"

2014年9月8日，南京某高校新生辅导员刘老师急匆匆地来到南京栖霞区公安分局仙林派出所报警。据刘老师介绍，失踪的女孩姚某是贵州人，是今年的大一新生。由于她性格比较内向，开学虽然已经一个星期了，但是老师和班上的同学对她都不太了解。

---

① 乔木. 大学生职业生涯规划[M]. 海口：南方出版社，2019：34-35.

当天下午，同宿舍的同学见到她收拾东西，问她要做什么，她也不回答。后来有同学发现她在QQ空间的好友动态发的消息都是一些"没脸见大家""死有余辜""不想活了"之类的话，生怕她发生意外，便告诉了辅导员刘老师。

可是，当刘老师打姚某的电话时，姚某已经关机，刘老师便将事情告诉了学校。校方在得知情况后，十分重视，立即组织老师和学生寻找姚某。与此同时，刘老师则来到派出所寻求公安机关的帮助。

碰到坏人，已经脱险了

民警了解情况后，迅速将情况反馈至南京市公安局并请求帮助。随后，经过相关部门的调查、分析，姚某的两个手机均在南京火车站附近关机。

得知此重要信息后，民警与辅导员刘老师及其他几名热心同学迅速赶到南京火车站寻找。在火车站派出所民警的帮助下，得知姚某已购买了9月9日16时27分由南京开往贵阳的火车票。

听到这个消息，民警心中的石头终于落了地：只要有消息，就不是坏事。之后，民警与老师及同学分头在火车站候车大厅及站前广场寻找，但均未找到姚某。

眼看天黑了下来，正在众人着急时，一位学生联系刘老师称，姚某又更新了QQ空间好友动态，内容大约是"我的身份证被警察收走了……碰到坏人，已经脱险了"之类的话语。民警分析，姚某应该刚被火车站附近的民警盘查过，便立即赶到火车站民警执勤点寻求帮助。

不适应大学生活欲回家，遭骚扰

执勤民警说，大约20分钟前，巡逻民警在执勤时接到群众口头报警：有一名约40岁的男子欲对一名年轻女子图谋不轨。

巡逻民警便对二人进行了盘查，发现该年轻女子是一名贵州籍在南京上学的大一新生，担心她再次受到骚扰，现已将其送往候车室进行了妥善安置。

民警立即带着刘老师和学生来到候车室，找到了姚某。

经询问得知，姚某是来自贵州省偏远山区的一名学生，自小父母离异，一直跟随爷爷奶奶生活，家庭生活较为困难，性格极为内向。来到南京后，因生活和学习习惯与老家差距较大，心理产生的压力无处排解，非常想家，便打算回家。

在车站候车的时候，姚某蹲在一个角落，结果被一名约40岁的男子骚扰，幸好有热心的群众报警，找来了警察。

随后，姚某被送回学校，学校的心理辅导老师正在对其进行心理辅导及心理干预，争取让她早日适应大学生活。

点评

大学新生普遍存在因生活环境、人际关系等相关因素造成的对新环境不适应的状况，对此要积极调整心态。首先，要培养生活自理能力和良好的生活习惯；其次，要提高心理适应能力，保持积极的心理态度，这样才能尽快适应大学生活；最后，女大学生要注意自身安全防范，独自出行时，不随意显露随身携带的财物，如遇到陌生人骚扰，应大声喝止或向周围群众求助，并及时拨打110报警。

任务一　走进大学　了解大学

一、认识大学

告别中学时代，莘莘学子满怀对未来的希望和对大学的憧憬迈进大学校门，人生的历程翻开了新的篇章。人生的理想将在这里确立，未来的发展将在这里奠基，美好的生活将从这里开始。

柏林大学创始人洪堡指出，大学兼有双重任务，一是对科学的探求，二是培养个性与提高道德的修养。修养就是个人天赋完全的发展，使各种潜能最圆满、最协调的发展，最终融合为一个整体。大学阶段不只是探求更深层次的知识，提高科学文化水平和专业能力的时期，更是人生发展的重要时期，是世界观、人生观、价值观形成的关键时期。当代大学生要适应时代的需求，肩负起新的历史使命，成为综合素质较高的社会主义事业的合格建设者和可靠接班人。

（一）大学是人生的重要转折点

大学的学习，犹如置身广阔的草原，有无限的可能。无论经历过怎样的境遇，无论有过怎样的心情，进入了大学的门槛，就意味着过去已经成为历史，人生将会展开一幅新的画卷。在这里，最重要的就是调整自己，以适应大学生活。大学是人生最美好也是最重要的阶段。在大学里，会经历很多第一次，第一次跟随那么多学识渊博的老师走进知识的殿堂，第一次有如此自由的课余生活，第一次独立思考人生，第一次尝试自由选择自己想要的生活，等等。面对崭新的生活环境，大学生既会充满好奇和兴奋，也会遇到困难和挫折，所以大学生要尽快适应大学生活，找到属于自己的适应之法，为以后的大学生活打下良好基础。老舍先生说过："人生最值得纪念的是'大学生活'那一段，因为它是清醒的、意识的、生动的、努力向上的生活，而且是后半世生活的根基。"

（二）大学能够助力我们追求人生梦想

大学是一个难得的自我修炼场所，为我们追求人生梦想搭建了一个大平台。大学是不同学识、不同学科的学子们的聚集地，它通过授课、讲座等多种方式给予我们不同风格、不同视角的知识体验和人格感染。大学还汇聚了富有激情、敢于挑战、思想活跃的同学，每个同学的价值观念、兴趣爱好等都不尽相同，都可以成为我们学习的对象。在大学期间所建立的良好师生关系和同学关系，会成为今后我们职业发展中的重要资源；无论怎样，大学生都要对自己的未来四年做好规划，不让宝贵的四年时间浪费，让自己的大学生活充满意义。

总之，大学为我们的成长提供了良好的环境，为我们获取人生幸福要素提供了机遇。在大学里我们得到的不仅是丰富的知识，更是人生旅途中一笔宝贵的财富。这里是实现梦想的第一步，关键看你如何去把握。恰同学少年，风华正茂，让生命之花因青春而绽放，让青春之火因活力而生辉。

二、大学的功能

一般来说,大学主要有三大功能,即人才培养、科学研究、服务社会。人才培养是大学的核心功能;科学研究是大学的重要职能,也是培养人才的重要途径;服务社会是人才培养和科学研究功能的延伸。大学的这三大功能相互联系、不可分割。

(一)人才培养是大学的核心功能

现代意义上的大学诞生于文艺复兴时期的欧洲,其最初的意思是教师社团或学生社团。随着欧洲南部亚平宁半岛贸易的发展和城邦建设的推进,社会对专业人才的需求大大增加,一些人开始聚集在一起,共同聘请教师传授知识、讲解技能,这就形成了欧洲南方大学的雏形。在欧洲西部地区,以法国巴黎为中心,汇聚了阿伯拉尔等一大批知名学者,吸引了四面八方的学生前往塞纳河畔,逐渐形成了以教师为中心的欧洲大学模型。现代大学制度延绵800多年,其间受到皇室、教会等各种力量的影响,经历了深刻的变化。但大学作为教师和学生学习共同体的本质没有变,培养人才始终是大学的首要功能。

长期以来,我国大学教育遵循马克思主义关于人的全面发展的理论,确立了大学工作的核心是通过教育促进学生全面发展。《国家中长期教育改革和发展规划纲要(2010—2020年)》强调,人才培养是大学工作的中心。近年来,我国高等教育在如何培养人才上进行了不懈的探索,借鉴发达国家的有益经验,逐渐摆脱了传统、单一的精英教育模式,实现了精英教育和大众教育并重,人才培养的内涵更加丰富。当前,随着知识经济、信息经济的快速发展以及各国综合国力竞争的日益激烈,高等教育培养各类人才的任务更加艰巨。这就要求大学充分履行职能,积极为公民提供公平的接受高等教育机会,为其中的佼佼者提供专业的学习和训练场所。

(二)科学研究是培养人才的重要途径

我国在20世纪90年代提出建设世界一流大学的目标,投入了大量的人力、物力、财力,许多大学的学科建设、师资队伍、科学研究条件等都得到了极大改善。在这一背景下,许多大学树立了人才培养必须以高水平科学研究为支撑的观念,鼓励教师重点开展有利于人才培养、服务社会发展的科学研究,并将研究成果及时转化为教学内容,进一步提高人才培养工作的质量。

(三)大学通过人才培养和科学研究服务社会

回顾大学的发展史可以发现,大学服务社会早已有之。美国著名教育学家克尔将这种现象追溯到古希腊时期诡辩学派的学府,这些学府专门讲授修辞学等实用技能。从19世纪中期到20世纪中期,美国通过《莫里尔法案》及"赠地学院运动"为大学增加了农业学院、工程学院、家政学院、企业管理学院等,极大地促进了大学与社会的融合。着眼于这一新趋势,克尔认为,大学作为行会或学院联合体的时代已经结束,成为不同社会群体的联合机构,应对社会的多样诉求是大学的重要功能。随着社会的进一步发展,大学的社会服务功能逐渐得到了公认。

从 19 世纪末开始，我国的大学就肩负着挽救民族危亡的重要使命。100 多年来，服务国家、造福社会一直是我国大学的重要功能。特别是改革开放 40 多年来，我国大学引领科技创新，为社会培养了大量人才，为社会主义现代化事业作出了突出贡献。但也要看到，大学不同于企业，它服务社会的方式是间接的而不是直接的，服务社会的功能主要通过人才培养和科学研究来实现。同时还要看到，服务社会不等于一味地满足社会需求，大学还肩负着社会批评的功能。对于大学而言，社会服务和社会批评是同一功能的不同方面。在实践中，应将二者结合起来，以更好地发挥大学服务社会、引领社会的功能。

三、大学学习的特点

世界发展变化之快超乎我们的想象，知识的更新换代也越来越快。在大学时期，我们不仅要努力学习，而且要学会学习。从中学到大学，是人生的重大转折，大学生活的重要特点表现在：生活上要自理，管理上要自治，思想上要自我教育，学习上要高度自觉。尤其在学习的内容、方法和要求上，比起中学的学习发生了很大的变化。我们要选择适合自己的资源进行学习，这样才能做到事半功倍。

在大学生活和学习中，大学生要树立良好的心态，要充满信心，凭借自己的头脑和双手，做好学习计划，合理安排时间，充分利用资源，依靠自己的努力和奋斗，在知识的海洋中不断求索创新。大学生要想真正学到知识和本领，除了发扬勤奋刻苦的学习精神外，还要适应大学的教学规律，掌握大学的学习特点，选择适合自己的学习方法。大学的学习既要求掌握基础理论和专业知识，还要求重视各种能力的培养。大学教育具有明显的职业定向性，要求大学生除了扎扎实实掌握书本知识之外，还要培养研究和解决问题的能力。因此，大学生不仅要特别注意自学能力的培养，学会独立地支配学习时间，自觉地、主动地学习，还要注意思维能力、创造能力、组织管理能力、表达能力的培养，为将来适应社会工作打下良好的基础。

（一）大学生需要学会学习

1. 学会学习是时代和社会发展的需要

21 世纪，世界经济正迅速从资本经济向知识经济转变，人类将进入一个全新的知识经济时代。美国未来学家阿尔文·托夫勒（当今最具影响力的社会思想家之一，1970 年出版《未来的冲击》、1980 年出版《第三次浪潮》、1990 年出版《权力的转移》，对当今社会思潮有广泛而深远的影响）在《权力的转移》一书中指出，力量有 3 种表现形式，即暴力、财富和知识。暴力有限，财富有价，而知识无限又无价。在不可再生资源越来越匮乏的时代，无限增长的知识可以成为社会发展的新动力。谁掌握了知识，谁就掌握了财富和机遇。

2. 学会学习是职场生存的前提

学会学习是驰骋职场的基本能力，也是职场生存的首要前提。要想在企业中发展下去，就必须学会充电，这种学会充电就是指学会学习。在未来职场上，个体所拥有的唯一持久的竞争

优势就是有能力比竞争对手学得更快、效率更高。职场上需要时时刻刻提高警惕，如果稍一松懈，就有可能被对手甩下一大截；相反，如果在对手放松的时候去努力学习、探索新的知识，那么就占据了绝对的优势。知道如何学习，才能知道如何比别人更快。学会用知识来不断充实自己、提升自己，学会用强有力的知识与技能打败对手，才能在职场一路披荆斩棘、所向披靡，走向职业生涯的巅峰。

3. 学会学习是个人发展的动力源泉

知识能够改善人的心态，重塑人的性格。这种改善不仅包括个人内在修养的改变，还包括外在社会定位的改变。大学生应努力用知识塑造自己的性格，填充自己的人生，做一个思想、道德、修养各方面都处于较高境界的人，从而使自己通过学习来造就成功的人生。知识经济时代带来了前所未有的机遇，但机遇和挑战并存，面对这样的社会，我们必须尽早形成核心的职业竞争能力，找准职业定位，避免被时代淘汰，而这些都需要通过学习才能实现。

（二）大学学习方法

学习并不是一件困难的事情，只要找到适合自己的学习方法，就会有事半功倍的效果。正所谓"授人以鱼，不如授人以渔"，法国著名哲学家笛卡尔曾经说过，最有价值的知识是关于方法的知识。学习固然需要持之以恒的毅力和耐心，但如果我们找到有效的学习方法，就可以让学习的小船在人生的海洋里行驶得更加顺畅，更快地到达彼岸。正如英国学者贝尔纳所说：良好的学习方法能使我们更好地发挥自己的天赋与才能，而拙劣的方法则可能阻碍才能的发挥。由此可见，找到适合自己的学习方法是多么重要。

1. 自主学习

自主学习是与传统的接受学习相对应的一种现代化学习方式。以学生作为学习的主体，通过学生独立的分析、探索、实践、质疑、创造等方式来实现学习目标。

为了适应市场经济对人力资源的配置要求，学生在校期间就应该充分培养学习的自主性和自觉性，形成自主学习观。走上工作岗位后，自动、自主学习也是非常重要的，特别是在这样一个知识经济时代，科技成为第一生产力，谁拥有知识并通过实践将知识运用转化为能力，谁就能在这个竞争日益激烈的社会中取得持续的竞争优势。而知识的获得大多要靠后天的自主学习。自主学习者在没有他人监督的情况下必须有良好的自我控制能力，确保学习活动的顺利进行和良好学习效果的取得。

21世纪，我们倡导自主学习，是否就要否定接受式、被动式的学习方式，而一概采用自主学习的方式呢？根据《基础教育课程改革纲要（试行）》的精神，可以这样理解：我们只是要改变过去那种"过于强调接受学习"的倾向，而不是完全否定接受式的学习方式，要倡导学生学会自主学习的方式。

自主学习反映了现代社会崇尚个性、追求自由的理念，当代大学生作为新时代的主力军，要积极转变原有的学习模式，树立起自主学习的意识。

2．全面学习

学习应该是全面的，不仅要认真学好专业知识，而且要学好与专业相关的其他方面的知识，学好有利于提高自身综合素质的各方面知识；学习不仅是学习知识，更重要的是掌握科学方法，培养探索、求知的热情，学会如何收集、处理和选择信息，学会分析、解决理论和实际问题；学习不仅是掌握课堂知识、向书本学习，还要向实践学习、向生活学习，锻炼动手能力，提高实践本领，学会关心他人、尊重他人，学会与他人协作，学会按照道德准则和法律规范做人处事。在学习上，提高学习的自觉性，不断充实文化知识，提高学以致用的能力，真正做一个有用的知识分子；在思想上，不断提高政治理论修养，坚定理想信念，并在实践中践行；在生活中，锻炼自己的心理素质，提高与人沟通交流的能力，提高自身综合素质。

3．创新学习

创新学习是适应变化万千的未来社会所应具备的一种学习体系和形式。创新学习要求学生在学习知识的过程中，不拘泥于书本、不迷信权威、不墨守成规，以已有的知识为基础，结合学习实践和对未来的设想，独立思考，大胆探索。

创新学习是一种以求真务实为基础，采取创造性方法，积极追求创造性成果的学习。树立创新学习的理念，首先要脚踏实地，打下扎实的专业根底。同时，要善于思考、勇于开拓，不断激发自己的创新意识，敢于突破陈旧的思维定式，努力从事探索活动，培养创新意识。知识经济时代更要求学习者成为知识的创造者，而不只是知识的接受者，在学习中不要固守一种思维模式，不要让自己成为课本或经验的奴隶，要善于从全新的角度出发思考问题。只有这样，我们潜在的思考能力、创造能力和学习能力才能真正被激发出来。

4．终身学习

新的时代要求将终身学习的观念贯穿整个职业发展过程，只有这样才能适应不断变化的世界，不至于被快速发展的时代所抛弃。中国教育家孔子曾说："吾十有五而志于学，三十而立，四十而不惑，五十而知天命，六十而耳顺，七十而从心所欲，不逾矩。"以前我们说"活到老，学到老"，现在我们提倡"学到老，活到老"。

终身学习需要养成良好的阅读习惯。良好的阅读习惯主要体现在两个方面：一是会选书，二是会看书。选书方面，一般高水准的出版社是高质量图书的有力保障；看书的技巧，大致可以概括为选读、通读、泛读、精读，视不同情况而定。读书需要使用一些辅助手段，如做读书笔记、读书标记，最好能在阅读书籍后写概述或写读书心得体会。

5．实践学习

实践学习是学习的最高境界。学习能力既包括获取知识的能力，也包括把所学知识转化为素质和本领并应用于实践的能力。真正的知识与技能，往往得益于实践中的感悟。实践学习，要求在校学生具有主动实践意识，能够主动创造机会，把握机会。离开了实践，学习也就成了无源之水、无本之木。无数的客观事实证明，实践出真知，实践长才干，只有从实践中来，又经过实践检验的理性认识，才是真正的科学知识。实践离不开正确理论的指导，否则在实践中就会犹豫、彷徨、无所适从。懂得了书本知识，有了理论不付诸实践，知识、理论就成了装点

门面的东西。因此,学习、实践缺一不可。

四、大学生的发展阶段

进入大学后,许多学子松了一口气,在大学期间不再需要面对千军万马过独木桥的那种激烈竞争了,随之而来的是与高中学习生活完全不同的大学生活。那么,面对人生中最为关键的这几年,大学生应该如何规划自己的大学生涯呢?

(一)大学的磨合期

经历了高考的洗礼,初进大学校门的大学生虽然已开始大一的学习生活,但在心理上许多同学尚不习惯大学的"放养"管理,对于自己的专业有待了解,对于以后的职业规划茫然没有头绪,这个阶段通常被称为"磨合期"。在这个时期,大学生要尽快适应节奏不一样的大学生活,了解自己的专业以及以后可能的就业范围,提高自己的交际能力,逐渐走向独立生活;同时,要认真学习本专业的知识,有意识地提高自己的专业水平,培养自己的职业素养。

高中的学习是被动式学习,高中阶段非常重视学习成绩。大学却不同,大学不再只是以成绩评价学生,更多的是注重学生的综合能力,如学生的组织才能、领导才能等都会作为评价学生的标准。因此,如何顺利度过大学时的磨合期,也是对大学生的一个考验。

(二)大学的定向期

经过一个学期的学习生活,绝大多数大学生都会适应崭新的大学生活,并开始规划属于自己的大学生活,确定自己未来的发展方向,朝着适合自己的职业生涯规划去努力。在这个阶段,大学生要通过参加校内各种社团的活动来提高自己的各种能力,并且通过参与一些与本专业相关的工作,提高自己的专业能力和对社会的认识,检测自己所学专业知识技能的掌握情况,增强自己的责任感,提高自己的耐力。这样,对于以后的求职与就业,将会很有益处。

许多人说大学期间没有做过兼职,就不是完整的大学生活。做什么样的兼职,做兼职抱有什么样的目的,对于每个人来说可能不太一样。但是,毋庸置疑,与专业有关的兼职历练,可以令大学生在以后求职的时候受益匪浅,所以尽量不要错过这样的机会。

(三)大学的冲刺期

毕业前的一年,是大学阶段的冲刺期。这一时期,大学生已经明确了自己的求职意向,在撰写毕业论文以及做职业规划时,应该多考虑提高自己的求职技能,通过互联网了解并收集自己有意向求职公司的相关信息,并且付诸行动做求职准备,学习写简历和求职信,不打无准备之仗。与此同时,加强专业知识的学习尤为重要,特别是不要局限于书本上的知识,要了解本专业最新的国际科研动向,争取站在知识的前沿,做好最后的冲刺。

有的在校大学生认为简历没有什么可写的,殊不知简历是招聘单位了解应聘者的第一渠道,假如个人的简历过于简单,就会影响招聘单位对应聘者的第一印象。从心理学上讲,第一印象的好坏往往是决定成功与否的关键所在。

有的大学生会在自己的简历里罗列一大堆的荣誉，其实，罗列荣誉不能贪多，要写含金量高的荣誉，对应聘者有利、相关的荣誉，切不可"眉毛胡子一把抓"。同时，个人简历可以丰富，但不能夸大事实。简历中应多介绍一下自己有哪些实际工作经验，切忌说一大堆的空话、套话。简历是介绍展示自己的窗口，不要让人看了产生厌烦。

（四）大学的分化期

大学阶段的最后一年，也是个分化期。这一时期，大学生有的找工作，有的准备考研，有的选择出国继续深造。此时，每个大学生都应该明确自己所要选择的职业道路。大学生只有明确自己的求职目标，才会越来越接近自己的求职理想。有位面试官说过："现在有的大学生，一应聘就说干什么都行，这样的大学生，其实是干什么都不行，因为不知道自己哪一样是最优秀的。"寸有所长，尺有所短，只有明确自己的特长与兴趣，在充分做好自我分析和环境分析的基础上，才能正确选择自己所要走的路。

任务二　大学学习与职业发展

一、学业与职业发展的关系

学业是大学生立身之本，大学生应当集中精力努力掌握知识，提高自身素质和能力。具备好的学业，才会有好的就业、好的职业。

（一）树立正确的学业观

树立正确的学业观，首先要明确学习不是为了父母或老师，而是为了自己，为以后能在这个充满竞争的社会里顽强地生存下去。更深一层次可以理解为，是为了建设祖国，使祖国繁荣昌盛，经济快速发展。同时，学习能够让我们充满激情，对知识有更深的认识，进而追求更高的目标。

大学生的学业是指在高等教育阶段进行以学习为主的一切活动，是广义上的学习。它不仅包括科学文化知识的学习，还包括思想、政治、道德、业务、科研、组织管理能力及创新能力等的学习。观念是行动的先导，要完成好大学学业，首先必须树立正确的学业观。所谓学业观，就是对所学专业、课业的态度和认识，它在很大程度上影响着大学生的学习、生活乃至人生前景。

1. 正确处理学业、专业、职业、事业、就业的关系

当代大学生在对待学业问题上存在着各种误区，或将学业含义理解过窄，或对学业生活预期过高，或对学业角色定位不准，或对职业期望过高，以致学业不精甚至荒废学业。为此，我们应正确处理如下4种关系。

（1）正确处理学业与专业的关系。重视自己的学业，就应学得其所，努力培养自己的专业

兴趣，把自己的爱好和国家的需要及社会发展的要求有机地统一起来。掌握专业知识、专业技能和相关能力，培养自己的专业素质。

（2）正确处理学业与职业的关系。在学习期间应自觉学好职业知识、培养职业技能、锻炼职业能力，为将来在从业竞争中立于不败之地奠定基础。

（3）正确处理学业与事业的关系。将自己现在的学业、将来的职业和未来的事业联系起来，在学习的过程中，充分认识所学专业在国家建设和社会发展中的意义、作用和发展前景，立志献身其中，在工作中充分实现自己的人生价值。

（4）正确处理学业与就业的关系。就业与学业存在着密切的关系，就业是学业的导向，学业决定了就业。以就业为学业的导向，有利于大学生专业报考的选择、学业目标的调整、学习方式的改变、学习外延的拓展以及综合素质的提高。

与此同时，就业也构成了衡量学业成就的重要标志。想要就好业就必须具备强烈的事业心、广博精深的专业知识、较强的沟通协调能力、良好的心理素质、强健的体魄以及创新精神，这些条件都应当在完成大学学业过程中培养。

2．正确对待读书与实践

（1）大学期间首先要锻炼自己的独立能力。很多学生在家里被家长精心呵护着，到了大学自理能力较差，生活上自己照顾不了自己，所以大学生首先要在生活中能够自理，这也是一个人成熟的表现。

（2）大学不要"读死书"。大学毕竟不是高中，学业不会像高中那么繁重，每天没日没夜地学习。大学需要的是活学活用。

（3）大学要多参加一些课外活动，加入几个自己喜欢的社团，多结交一些朋友，拓展自己的交际圈，增长见识。

（4）大学学习要有就业意识。不能只学习书本上的知识，毕竟将来要就业，所以，要把学习和实际生活结合起来，多关注自己专业方面的情况。

（5）到公司去实习。这是检验大学生学习成果的方式，当然，在实习中也会学到很多书本上学不到的知识。在学校期间，大学生要多关注就业行情，这对于以后的就业有很大的帮助。

（二）扎实的学业为就业开路

机遇总是垂青有准备的人。一个人的文化素养如何，将决定其在求职择业时的自由度和取得职业岗位的层次。大学教育是就业前的准备教育，大学毕业后大多数人会走向工作岗位。虽然鼓励大家追寻自己的兴趣，但仍需强调，生活中有些事情即便不感兴趣也是必须要做的。因此，应该为几年后的就业做好知识、能力、素质等全方位的准备。珍惜大学时光，抓好学业，为未来的就业、创业、成功立业开山铺路。为此，根据社会发展和用人单位的需要，大学生应重点从以下3个方面抓好学业，做好就业准备。

1. 构建合理的知识结构

大学学习期间应坚持广博性与精深性、理论与实践、积累与调节相统一的原则，培养宽厚扎实的基础知识、广博精深的专业知识、构建合理的知识结构。这一过程没有捷径可走，其基本途径只能是学习和积累。这些也绝非一劳永逸，必须持续不断地付出艰辛劳动。要找到适合自己的学习方法，并且不断努力、辛苦耕耘，建立和完善自己的知识结构，这样才能为顺利就业打下良好的基础。

2. 锻炼较强的实践能力

知识并不能简单地与能力画等号，知识与能力是辩证的关系。在一定意义上说，能力比知识更重要。我们常说：实践是检验真理的唯一标准。因此，一名优秀的大学毕业生应把构建合理的知识结构、培养科学的思维方式和锻炼较强的实践能力统一起来，这样才能在择业、从业过程中立于不败之地。大学生应具备的基本能力包括表达能力、动手能力、适应能力、交际能力、管理能力、创造能力、决策能力等，而这些能力只有在实践中才能得以提升。培养实践能力的方法和途径主要有勤奋学习、积累知识、积极参与、勇于实践、启迪思维、发展兴趣等。只有锻炼较强的实践能力才能使自己成长起来，为以后的就业打下基础。

3. 全面提高综合素质

知识、能力、素质是大学生社会化的三大要素。知识即专业知识，是素质形成和提高的基础。能力是获得知识、技能，以及运用知识、技能的途径，同时也是素质的一种外在表现。没有相应的知识武装和能力展示，素质就不可能内化和升华为更高的心理品格。但是，知识和能力往往只解决如何做事，而提高素质可以解决如何做人。素质主要包括思想道德素质、心理素质、人文素质、身体素质等。高素质的人才应该将做事与做人有机地结合起来，既把养成健全的人格放在第一位，又注重专业知识、技能和能力的培养，使自身得到全面、和谐的发展。

二、专业与职业发展的关系

（一）专业概述

1. 专业的含义

所谓专业，是指高等院校或中等职业院校，根据学科分类或者生产部门的分工把学业分成的门类。如中职学校里的农林类，下设种植、园林、养殖、畜牧、兽医、木材加工等专业。

专业设置的依据是我国社会主义现代化建设事业的发展对人才的需求。具体地说，有以下几个方面。

（1）专业设置符合职业教育的人才培养规格。高等院校的专业设置以国民经济和社会发展对人才的需求为基本依据，既符合高等院校的培养人才规格，又符合高等院校的培养目标。由于我国地区发展的不平衡性，学校专业设置还要依据当地经济与社会发展对人才的需要，积极为当地经济建设服务。

（2）专业设置的现实性与前瞻性。科技发展对劳动者素质的要求是职业学校专业设置的主要依据。科学技术是第一生产力，现代科技已渗透、融合和扩散到生产力的诸要素中。科学技术的发展，提高了职业的科技含量，对劳动者的科技素质提出了越来越高的要求；改变了职业活动的内涵，职业活动中体力劳动比重逐渐减少，脑力劳动的比重日益增加；加快了职业的新陈代谢，新职业不断产生，旧职业不断衰退。这些使受教育者在校学习期间所学的专业知识和技能在从业以后的使用年限越来越短，如机械制造技术使用衰减期已减为10年，计算机技术使用衰减期已减为4年以下。高等院校的专业设置坚持现实性与前瞻性相结合，既适应我国当前经济发展和劳动力市场的需要，又超前考虑到未来经济发展和职业分化的需要。

（3）专业设置与国家产业分类、职业分类相适应。国家的产业政策是高等院校设置专业的重要依据。职业学校根据我国"大力加强第一产业，调整提高第二产业，积极发展第三产业"的产业政策，主动适应产业结构的调整，合理设置专业，培养社会急需人才。产业是国家经济部门按照国民经济的产业结构进行划分的，通常分为三大产业部门，即第一产业、第二产业和第三产业。

第一产业包括农业、林业、畜牧业、渔业等，是人们衣食的主要来源，是人类的生存之本。

第二产业包括工业和建筑业。工业是从事对自然资源开发和对原材料进行加工的国民经济产业，主要有采掘业、制造业、电力业等。工业在我国国民经济中起着主导作用，是国民经济的命脉。工业按照产业的用途可以分为两大类：一是以生产生产资料为主的工业，也称重工业；二是以生产生活资料为主的工业，又称轻工业。随着生产的发展、科技的进步，工业部门的分工越来越细，新的工业部门还将不断出现。如电子工业是从机械工业中分离出来的，高分子合成工业是从石油、化学工业中分离出来的。

第三产业是指第一、二产业以外的流通和服务两大行业，主要包括以下四类。

①流通行业。包括商业、餐饮业、交通运输业、邮电通信业、物资供销业和仓储业。

②为生产和生活服务的行业。包括金融业、保险业、房地产业、旅游业等。

③可提高国民科学文化水平和素质的行业。包括教育文化事业、广播电视业、科学研究事业、卫生体育事业等。

④为社会公共需要服务的行业。包括咨询事业、法律事业、社会福利事业等。

第三产业虽然不是直接从事物资生产，但它可以促进整个社会和经济的发展。第三产业的发展规模是衡量一个国家经济发展水平的重要标志之一。发达国家第三产业的比例一般都比较高，有的国家甚至占整个国民经济的70%以上。自改革开放以来，我国的产业结构发生了很大的变化，第一产业劳动者的比例下降，第三产业发展速度加快，而且保持着快速发展的势头。由于第三产业的发展，这一产业领域的就业机会也在不断扩大。如装潢业、咨询服务业、旅游服务业、信息服务业、美容健身业等成为新兴的行业，为人们提供了广阔的就业机会和职业舞台。

2．学好专业的重要性

在现代社会，一个人不经过学习，不掌握一定的专业知识和技能很难谋生，更难以创造人生价值。因此，在学校期间，搞好专业学习，积极完成学业，对青年人来说具有重要的意义。

（1）学好专业是顺利就业的必备条件。具有扎实的专业知识和技能，是就业的必备条件。在工作岗位上没有一定的专业知识、专业技能，不具备职业所必需的本领，就无法履行岗位职责，完成工作任务，就像学驾驶的不会开车、当护士的不会打针一样。不学专业，没有一技之长，就连最普通的工作也难以胜任。

（2）学好专业是实现人生价值的基础。只有学好专业，完成学业，才能找到职业。而在职业舞台上，只有灵活运用专业知识，充分发挥专业特长，才能提高工作效率，出色完成工作任务，使付出的劳动得到社会承认，聪明才智得以发挥，个性得以展示，人生价值得以实现。

3. 怎样选择专业

正确选择专业是每个大学生人生道路上非常关键的一步。然而，许多大学生对于专业的选择是草率的、非理性的，造成这种非理性选择的原因主要有以下两种。第一，部分大学生选择专业时仅凭一时的感觉，认为看上去体面、时尚的专业就是热门的专业，或者是盲目地随大流，认为大多数人的选择就是正确的选择。第二，部分大学生对选择专业对应的职业类别，以及相关职业的就业形势缺乏全面的认识。有些同学甚至对自己所选择的专业了解得不够全面，仅仅因为一些片面的看法就武断地决定，等到深入学习的时候才发现自己的选择是错误的。

所谓"热门专业"和"冷门专业"都是相对的，随着社会主义经济建设的快速发展，各行各业都急需各种专门人才，正因为这种需求的变化，才出现了"冷门"与"热门"之分。冷热不是一成不变的，现在的热门专业不一定永远是热门，所谓的热门专业也不一定是需求量大的专业。一些紧缺型人才，如石油工程、机械制造等专业，由于其专业性强，就业面相对窄，每年招生不多，却是社会急需人才，就业率较高，不失为热门专业。

我们在选择专业时应当根据自己的兴趣爱好，依据自己的高考成绩，联系自己的实际，综合各方面的因素，选择适合自己和有利于自己发展的专业。参考社会的就业形势，作出理性的选择，作出选择后就要坚定地走下去。不要这山望着那山高，俗话说"三百六十行，行行出状元"，每个行业都可以实现自己的人生价值。

（二）专业与职业发展的对应关系

职业是人们从事的专门业务。一个人要从事某一种职业，必须具备专业的知识、能力和特有的职业道德品质。随着社会的发展，科技的进步，劳动的专业化程度越来越高，职业的专业性越来越强。

不同的职业需要不同的知识和技能条件，而不同的知识和技能则是学（专）业的主要内容。从经济和效率的角度来看，专业当然应该是职业目标所需的知识和技能，然而从学（专）业与职业的相关性来讲，它们并不都是一一对应的关系，而是呈现出一对一、一对多、多对一等非常复杂的关系。例如，数控机床专业所对应的职业最适合的是企业中数控机床的操作与维护，最后发展成为高级技师；烹饪专业毕业的学生最适合的是成为一名厨师。同时，有些专业其职业方向比较宽泛，例如，经济学专业毕业生可以从事企业管理、经济学研究、经济分析等多种职业；而对于新闻记者职业，它可以接收经济学、新闻、中文、哲学、历史等专业的毕业生。

1．一对一

"一对一"指一个专业方向对应一个职业目标，这类专业一般存在于中职类或高职类学校。此类专业培养目标单一明确、技术含量比较高，属于学业规划中比较主动的一种态势。此种类型适合于在学业规划时先确定职业目标后确定专业的情形。这类专业和职业一般都适合于专业技术人员。

2．一对多

"一对多"这类专业一般存在于普通高校中，人们常说的宽口径、厚基础就是指这类专业，即其所对应的职业目标有多个。此种类型适合于在学业规划时先确定专业后确定职业目标的情形。应该说，先定专业再定职业目标是一种比较被动的人生发展态势，然而由于"一对多"这一类型的存在，可以让学生由被动转化为主动。因此，作为大学刚入学的新生，一定要抓住这一关键时机，从被动走向主动，否则，自己的人生发展将陷入更大的被动。

3．多对一

"多对一"就是多种专业都可以发展到某一种职业的情形。这种类型也适合先确定职业目标后确定专业的情形。它其实和第一种比较类似，在学业规划时处于比较主动的态势，能够使大学生找到一条求学成本最低的学业路线。

三、社会实践与职业发展的关系

大学生参加社会实践，能够了解社会、认识国情，增长才干、奉献社会，锻炼毅力、培养品格。社会实践对大学生职业发展的影响表现在以下三个方面。

（一）以职业要求为镜子，形成自我认识

大学生走出校门，到与自己专业相关的单位去实习，将理论与实践相结合，才能不断了解专业知识、技能以及其他方面的素质在实际工作中的作用，才知道自己在该单位做好相应工作需具备哪些素质和能力，哪些知识是在学校就可以学到的，哪些是需要在课堂以外通过自己主动学习得到补充的。进入职场，不仅使自己所学知识得到了应用，而且通过自己的劳动，既能体会工作中的快乐与艰辛，也能体会团队合作对成功的重要性。这些都有利于在校大学生形成对自我的正确认识，带着这些认识回到学校，可以进一步发挥自己的优势，弥补自身的不足，提高自己的综合竞争力。

（二）以社会需求为标尺，确定职业定位

大学生的实践活动是职业生涯的导入，是为以后走上社会和工作岗位做准备。通过实践活动，结合一些职业发展规划测评系统的测试，大学生可以主动分析适合自己的职业发展方向，并根据自身的专业、兴趣以及社会实际需求确定自己今后的职业发展定位。大学生应当对社会有一个正确的认识，对社会的需求有正确的了解，及时获取信息，了解社会岗位需要，并且有

效利用资源，多渠道地获取信息，为自己提供更多的就业机会。社会的实际需求是大学生成功就业的基础，实践活动有以下作用。

（1）有利于大学生了解国情、了解社会，增强社会责任感和使命感。现代大学生大多是通过学习书本知识成长起来的，对我国的国情、民情知之甚少，而社会的复杂程度，远不是读几本书、听几次讲座、看几条新闻就能了解的，因此，社会实践活动为大学生了解国情、了解社会打开了一扇窗口。

（2）有利于大学生正确认识自己，对自身成长产生紧迫感。广泛的社会实践活动，能让大学生看到自己和市场需求之间的差距，看到自身知识和能力上存在的不足，比较客观地去重新认识、评价自我，逐渐摆正个人在社会、在人民群众中的位置。

（3）有利于大学生对理论知识的转化和拓展，增强运用知识解决实际问题的能力。大学生以课堂学习为主要接受方式，但拥有理论知识并不代表大学生掌握了实际技能，这些知识在现实生活中往往难以直接运用。社会实践使大学生接近社会和自然，获得大量的感性认识和许多有价值的新知识，同时使他们能够把自己所学的理论知识与接触的实际情况进行对照、比较，把抽象的理论知识逐渐转化为认识和解决实际问题的能力。

（4）有利于增强大学生适应社会、服务社会的能力。社会实践活动使大学生广泛地接触社会、了解社会。不断地参与社会实践活动，在实践中不断动手、动脑、动嘴，直接和社会各阶层、各部门的人员打交道，培养和锻炼了大学生实际的工作能力，并且能使大学生在工作中发现自身的不足，及时改进和提高，更新知识结构，以适应社会的需要。

（5）有利于发展大学生的组织协调能力和创新意识。社会实践活动没有课堂教学中的束缚和校园生活的限制，学生的积极性被充分调动起来，兴趣高涨，思维也空前地活跃起来，往往会产生一些创造性的火花，进而促使学生在实践中勇于开拓，敢于创新。

（6）有利于提高大学生个人素养，完善个性品质。社会实践活动现场是考验大学生修养品性的好环境。在那些平凡而伟大的人民群众面前，大学生养成的"骄""娇"二气会得到消除。实践活动参加多了，大学生就会逐渐养成坚韧、顽强的优良品性，养成务实的学习态度和生活作风，不断提高自己、完善自己。

（7）有利于提高大学生对就业形势、难度和需求情况的认识，自觉调整职业定位，使大学生对个人的发展空间、待遇等方面的期望值更加现实，也使大学生能主动适应用人单位对人才的要求，努力缩小二者之间的差距。

（三）以职业体验为目的，强化角色适应

从学生到单位员工的角色转变，是每一位大学生必须经历的重要环节。然而，完成从学生到单位员工的角色适应是需要时间的。大学生在走上工作岗位之前要对社会角色有一定的认识和了解，了解自己理想的工作岗位，并做好相应准备，这样才能顺利就业。大学生应积极参加以职业体验为目的的社会实践。只有通过这类实践，才能较全面地了解单位对不同员工的角色要求，特别是对一名初学者有哪些具体的要求，例如，品行方面、知识水平与应用方面、社会活动与交往能力方面、对职业的认识与工作态度方面以及对自己工作岗位的认识方面

等。当大学生对这些方面有了一定的认识，并能根据自身的实际情况进行有意识的调整、发展、提高，才具备从大学生到单位员工角色转换的基本素质。

同时，以职业体验为目的的社会实践除了可以让大学生了解岗位的特定要求外，还可以帮助大学生以职业活动为平台，积累经验，更全面地了解社会，同时也有利于大学生对理论知识进行转化和拓展，把自己所学的理论知识与接触的实际现象进行对照、比较，把抽象的理论知识逐渐转化为认识和解决实际问题的能力。

综上所述，社会实践对大学生职业发展的积极影响显而易见。然而对于大学生而言，社会实践又是一把"双刃剑"，如果处理不当，将会导致大学生活失衡，同时也会给大学生造成一定的困扰。大学生在参加社会实践的时候，需要把握以下三个平衡。

1．在学业和社会实践之间找到平衡

有些大学生投入过多的时间和精力在社会实践上，导致学业成绩不佳，甚至无法正常毕业，这种本末倒置的做法是得不偿失的。在学业与社会活动之间必须坚持以学业为主的原则。作为一名学生，学习才是本职任务。必须处理好学习与社会实践的关系，协调发展。其实，这二者本身是不矛盾的，只有在正确认识的基础上才能协调好两者的关系。因此，大学生对这二者应当有一个正确的认识。

2．在获取知识和获取利益之间找到平衡

部分大学生在参加社会实践获取知识经验重要还是获取金钱利益重要的问题中渐渐失衡。相当一部分人落入金钱利益的怪圈，而忽视了参加社会实践的应有意义。这些现象都是不成熟的表现，由于大学生对社会认识较少，有些想法过于片面才导致这些现象的发生。社会实践是锻炼的机会，获取利益只是额外的收获，大学生对此要有正确的认识，才能指导自己的实践。

3．在锻炼能力和保护自我安全之间找到平衡

大学生求职过程中可能会碰到陷阱，遇到危险。实践证明，每年都有不少大学生因为参加社会实践而受到伤害。因此，青年大学生在参加社会实践锻炼自身能力的同时，要保持清醒的头脑，在遇到问题时应该以生命安全为主，理性地处理各种问题，加强自我保护意识，学会保护自我、保护自己身边的人。

任务三　大学学业规划

一、学业规划概述

学业规划是指为了提高求学者的人生事业（职业）发展效率，而对与之相关的学业所进行的筹划和安排。具体来讲，是指在求学者完成文化启蒙阶段的学习以后，也就是在决定其职业发展方向的源头上，通过对求学者的自身特点（性格特点、能力特点）和未来社会需要的全面

认识，确定其人生阶段性职业（事业）目标，进而确定学业路线（专业和学校），然后结合求学者的实际情况（经济条件、生活现状、家庭情况等）制订学业发展计划，以确保用最小的求学成本（时间、精力、资金等）获得达到阶段性职业目标所必需的素质和能力的过程。

换言之，学业规划就是通过解决求学者学什么、怎么学、什么时候学、在哪里学等问题，以最小的求学成本通过学习成长为满足阶段性职业目标要求的合格人才，从而最大限度地提高求学者的人生职业（事业）发展效率，并实现个人的可持续发展。

大学学业规划，是大学生在大学期间制订的对自己整个人生的规定和计划。制订学业规划，首要是清晰地认识自己，了解自己的个人性格、兴趣爱好及能力。

二、职业发展从学业规划开始

学业规划，就是大学生根据自身情况，结合现有的条件和制约因素，为自己确立整个大学期间的学业目标，并为实现学业目标而确定行动方向、行动时间和行动方案。大学是大学生迈进社会前的过渡阶段，制订良好的学业规划可以使大学生更好地适应现代社会发展的需要。对于在校的大学生来说，只有及早设计好自己的学业规划，明确自己的学业目标，提高素质优势，才有可能在将来激烈的竞争中把握住机会，获得成功。因此，做好学业规划对于大学生来说尤为重要。做好学业规划的优势主要有以下四个方面。

（一）做好学业规划能增强自我约束力和自我管理能力

自我约束力和自我管理能力是指大学生依靠主观能动性按照社会目标，有意识、有目的地对自己的思想、行为进行转化控制的能力。这种能力无论对于个人还是社会，都是十分重要的。不做好学业规划，大学生的时间和精力就很容易消耗在散乱且与学业无关的琐事之中，以致生活漫不经心，心态消极怠慢，从而虚度大学美好光阴，浪费青春。而学业规划能让大学生明白现在做的每一点都是实现未来目标的一部分，从而重视现在，把握现在，集中时间、精力和资源，努力完成学业。

（二）做好学业规划能增强生活与学习的主动性

很多同学进入大学后，比较迫切地想要改变以往紧张的学习生活，把大多精力放在了与学习无关的事情上，认为高考过后学习对于大学生不再重要。但事实并非如此。从大一开始，学生就应该认清自己的学习发展方向，并在大学期间为自己的目标努力，而不是到大学快毕业了，才开始想自己到底想要干什么。要改变以往的被动局面，就要由"要我学"变为"我要学"。生活与学习的主动性与效果之间存在着相互制约的关系。主动性能给我们提供动力，把原本复杂艰辛的活动变得具有吸引力，可以使我们以更好的状态去学习和生活。一份有效的学业规划，能够引导我们认识自身的个性特质，自身现有的和潜在的资源优势，对自己的综合优势与劣势进行对比分析，树立明确的学业发展目标与未来职业理想，评估个人目标与现状之间的距离；能够运用科学有效的方法，采取切实可行的步骤和措施，不断增强自己的学业竞争力，实现学业目标与职业理想。

（三）做好学业规划能促使大学生积极向上和自我完善

学业规划是大学生努力的依据，也是对自我的鞭策。随着学业规划的每一个具体目标的实现，大学生会越来越有成就感，思想方式和心态也会向着更积极的方向转变。好的学业规划为我们提供了完成学业的清晰蓝图，使自己对学业的实现过程有一个清晰透彻的认识，进而更有信心和勇气达到自我完善。

（四）做好学业规划有助于自我定位

大学生要不断地了解自己、发掘自己的特点，进而不断地自我调整与修正，找出自己感兴趣的领域，确定自己能干的工作和优势所在。明确人生目标，即自我定位。而学业规划确立的过程是一个有弹性的动态的规划过程，是一个认识自身优势与弱势、机会与挑战的过程，是一个自我定位、规划人生的过程，是一个明确自己"能干什么""社会可以提供给我什么机会""我选择干什么"等问题的过程，做好学业规划使理想具有可操作性，为进入社会提供明确的方向。

三、正确规划大学学业

以高等职业教育为例，在大学阶段的探索期、提升期、冲刺期，应正确规划大学学业。

（一）大一：探索期

1. 阶段目标

适应大学生活，树立规划意识。要对大学的学习生活有一个初步的认识和合理的规划，为未来的职业发展方向做好定位。

2. 实施策略

适应大学生活，树立新的奋斗目标。如果之前的努力是为了考上大学，那么现在的任务就是为以后的就业和职业发展做好充分的准备。大学生要尽快完成从中学生到大学生的角色转变，虚心请教师兄师姐，积极参加集体活动，建立新的人际关系圈；熟读学生手册，关注辅修专业和第二学位的申请条件，保证较好的学习成绩；开始自我和职业的探索，树立职业规划意识，通过职业测评等工具全面客观地认识自己，思考有哪些职业与自己所读的课程、专业相吻合，通过互联网、报纸杂志、访谈等渠道进一步了解这些职业；积极参加学生会或社团工作，培养自己的组织协调能力和团队合作精神，提升自己的综合素质。

（二）大二：提升期

1. 阶段目标

确定主攻方向，注重夯实基础，培养综合素质，分析自我优势和局限性，进行自我完善和塑造。根据职业目标和社会需求，提升求职技能。

2. 实施策略

建立合理的知识结构，注重专业能力的培养，参加英语、计算机等级考试。尝试兼职、实习等，积累一定的职业经验。加强专业知识学习的同时，取得与职业目标相关的职业资格证书。

增强兼职、实习的职业针对性，积累对应聘有利的实践经验。

（三）大三：冲刺期

1. 阶段目标

充分掌握资讯，厚积薄发，实现毕业目标。

2. 实施策略

扩大校内外交际圈，加强与校友、职场人士的交往，提前参加校园招聘会，积极与用人单位招聘人员进行沟通。学习求职技巧，学会制作简历、求职信，了解面试技巧和职场礼仪。留意学校就业指导中心信息和其他重要的招聘渠道，不要遗漏关键的招聘信息。登录招聘单位网站或通过咨询、访谈等方式，了解招聘单位的相关信息，为面试做好准备。

四、大学学业规划设计

"明其志，方能知所赴。"我们总是向往着美好的明天，所以一直为着心中的那个梦而奋斗。大学生学业规划，换个角度理解，就是对心中的那个蓝图的描绘。做好了学业规划设计，就要一步一步地去实现计划。远大的理想总是建立在坚实的基础上，青春短暂，时光荏苒，从走进大学校门这一刻起，就要认真规划学业，主动学习，相信自己一定能用绚烂的画笔描绘出精彩的自我。

（一）大学学业规划五步骤

1. 学业规划选定

首先，分析自己的兴趣爱好，确定自己想干什么。要择己所爱，选择自己喜欢的专业方向和研究领域进行钻研和学习。分析自己的能力、特长，确定自己能干什么。其次，分析未来，确定社会要求干什么。着眼将来、预测趋势，立足于社会不断发展变化的需求，避免盲目跟风，因为最热门的并不一定是最好的，选择社会需要又最适合发挥自身优势的专业方向和研究领域才是最好的。要把自己的兴趣爱好、能力特长同社会需要结合起来，把想干什么、能干什么、社会要求干什么有机地结合起来。这两方面的结合点和联结处正是大学生学业规划的关键所在。

2. 强化学业规划

强化学业规划就是规划执行者在执行之前充分运用想象，详细地罗列出达成学业规划的好处，从而培养出积极的心态，进而增强动力、产生更大的执行力，以确保学业规划顺利完成。

3. 学业规划分解

学业总目标制订出来以后，要能自上而下地分解，即制订学习计划。可以按照以下思路进行：总的学习目标、一年的学习目标、一学期的学习目标、一个月的学习目标、一周的学习目标、一日的学习目标，使得学业规划落实到学习生活的每一天，确保学业规划的严格执行。

4. 学业规划评估与反馈

在学业规划实施过程中，要及时对环境和条件作出评价和估计，对自己的执行情况作出评估。由于现实生活中种种不确定因素的存在，学业规划的设计必须要有一定的弹性，因此评估结果出来以后应进行反馈，以便自己及时反省和修正学业目标，变更实施措施与计划。同时应做到定期即每年、每学期、每月、每日进行检查评估与反馈，进而分析出现问题的原因与解决问题的障碍，找出改进的方法与措施。

5. 激励与惩罚

激励措施能将人的潜能和积极性激发出来，惩罚可以防止惰性的产生。因此，一定要制订出完成阶段目标后对自己的奖励和惩罚措施。

（二）大学学业规划书撰写

1. 个人简介

自己的兴趣爱好、性格、人生格言、优点、缺点等。

2. 学业情况分析

从小学到初中再到高中，学生所接受的基本上都是应试教育，分数始终是第一位的，但也正因此忽略了学生的实践能力、动手能力及人际关系的处理等其他方面能力的培养。大学这一阶段对个人各方面能力的培养非常重要，应不断培养自己各方面的能力，不仅要把专业知识学好，还要重视综合能力的提高。

3. 家庭环境分析

圆满地完成学业不仅是对学生个人的要求，更是家庭的期望。家庭环境分析包括家庭经济状况、家人的期望、家庭文化的影响等方面。大学生应客观分析自身的家庭环境，作出适合自己的学业规划。

4. 社会环境分析

大学生就业已成为社会各界和众多媒体关注的焦点。作为在校大学生，能做的就是扎实地掌握好专业知识，不断地拓展自己的知识面，积极地参加学校和社团组织的各项活动，充分锻炼自己的实践能力，全面提高自己的综合素质，为今后的就业及创业奠定坚实的基础。

5. 专业就业环境分析

我国劳动力资源丰富，当前和今后一个时期，就业形势依然严峻。大学生应结合目前的就业形势及毕业生与用人单位之间的供需状况对专业的就业环境进行分析，从而选择就业指数相对较高的专业，作出正确的学业规划。

6. 大学三年的规划（高等职业教育中短期简要规划）

大一时，逐步适应大学生活，初步了解自己所学的专业，提高人际交往能力，积极扩大交际圈，适当地参加学校的活动；培养广泛的兴趣爱好，扩大知识面；对目标完成情况作出判断及总结，并及时修正目标计划，使各项准备更加科学化；对专业是否适合自己的情况进行评估、修正，并且保持长远战略的正确导向性和长远积极性，形成个人鲜明的风格和洒脱从容的生活方式；如有机会，可担任社团组织者，锻炼自己的组织能力。

大二时，应该更广泛地扩充自己的学习和生活空间，充分利用学校内各种教学资源，通过各种媒介收集和了解与所学课程相关的知识，扩充自己的知识面；在学好专业课程的同时，将英语学习放在重要的位置，努力在这一学年通过全国大学英语四级考试；积极参加学校或同学组织的社团活动，并在可能的情况下尝试自己组织社团活动，增强个人的组织和领导能力；努力学好各门必修课和选修课；积极参加社会实践活动，不放过任何一个锻炼自己的机会；加深对专业的大范围学习及其课外深广度学习，更好地驾驭书本知识；对目标完成情况作出判断及总结并及时修正目标计划，使得各项准备更加科学化。

大三时，要充分利用好这宝贵的最后一年，将3年来学到的知识进行总结，将3年来的人生阅历进行回顾，使自己的知识系统化、规范化，使自己的人生经验得到很好的梳理，以便在更高一层的深造中加以运用；开始为就业积极做准备，学会简历的撰写，把所学的专业知识与现实相结合，理论联系实际；锻炼自己的工作能力及应聘能力，继续学好各门功课；继续对目标完成情况作出判断及总结，并及时修正目标计划。

7. 强化执行力

强化执行力就是学业规划的执行者在执行之前充分运用想象，详细地将达成学业规划的好处罗列出来，从而培养出积极的心态，进而增强动力、产生更大的执行力，以确保学业规划的顺利完成。在实施的过程中，可能会有一些个人主观因素导致部分规划未能得到彻底的实施，这就要求大学生必须严格地要求自己，采取必要的措施来保证规划的执行。

（1）树立强烈的责任意识和进取精神。要提高执行力，就必须树立起强烈的责任意识和进取精神，坚决克服不思进取、得过且过的心态。

（2）发扬严谨务实、勤勉刻苦的精神。要提高执行力，就必须发扬严谨务实、勤勉刻苦的精神，坚决克服夸夸其谈、评头论足的毛病。真正静下心来，从小事做起，从点滴做起，一件一件抓落实，一项一项抓成效，干一件成一件，积小胜为大胜，养成脚踏实地、埋头苦干的良好习惯。

（3）只争朝夕，提高办事效率。要提高执行力，就必须强化时间观念和效率意识，践行"立即行动、马上就办"的工作理念。坚决克服工作懒散、办事拖拉的恶习。坚持今天的事今天干，不断地分析总结学习方法，提高效率。

8. 学业规划的评估与调整

计划永远赶不上变化，但是没有计划，大学生活也许就会漫无目的地虚度过去。给自己确定一个目标，制订一个计划，就是给自己增加动力。

对于规划而言，评估是相当重要的。一个规划是否完整，是否具有可实施性，都需要通过正确的评估才能确定。所以，在实施过程中，可采取自我评估和他人评估相结合的方式，坚持每月对规划评估一次，以保证其合理性和可实施性。

学业规划是一个有机的、持续不断的探索过程，会随着自身条件和外部环境的变化而变化。规划是在客观现实的基础上作出的合理的逻辑推理，所以应具有弹性。在实际操作过程中，把合理的科学规划与实际相结合，坚持原则性与灵活性相结合，这样才能使规划真正实现。如果在实施过程中某些方面不够完善，或者现实情况发生了改变，就要根据实际要求进行实时调整，使之更为科学合理。

在"互联网+"时代，大学生也可以选择走创业的道路，创业也是一个不错的就业选择。对此，大学生需要保持理性，因为创业有风险，既可能获得成功，也可能会导致经济损失。

实践拓展

1. 如何完成从中学生向大学生的转变？
2. 当被问及理想时，很多人可能会说：在我上小学时，我的理想是长大了当一名科学家；在我上中学时，我的理想是将来考个好大学；现在我大学快毕业了，我的理想是能找到一份好工作。这些理想变化的原因是什么？如何树立正确的职业理想？
3. 向专业老师或学长进行专业学习的访谈，帮助自己增强专业认知。
4. 结合个人实际，拟订大学一年级学业规划书。

模块二 认识职业

青春寄语

青年的人生目标会有不同，职业选择也有差异，但只有把自己的小我融入祖国的大我、人民的大我之中，与时代同步伐、与人民共命运，才能更好实现人生价值、升华人生境界。离开了祖国需要、人民利益，任何孤芳自赏都会陷入越走越窄的狭小天地。

——习近平

学习要点

1. 掌握职业、职位、工作的概念。
2. 了解职业的特性。
3. 掌握生涯、职业生涯、职业生涯规划的概念。
4. 了解职业生涯规划的内涵与类型。
5. 认识职业生涯规划的重要作用。
6. 知悉职业生涯规划的重要目的。
7. 掌握职业生涯规划的相关基础理论。
8. 掌握大学学业规划设计。

案例导入

明确目标[①]

拉福公司创始人比尔·拉福的人生成功经验就是一个职业生涯规划及执行的良好范本。

第一阶段：四年工科学习积淀

中学毕业之后，比尔·拉福听取了父亲的建议，升学时并没有直接选择攻读贸易专业，而是选择了在工科中最为基础、最为普通的机械制造专业，在麻省理工学院进行了四年的工科学

---

① 迟云平. 职业生涯规划[M]. 广州：华南理工大学出版社，2019：92-93.

习。这样做很绝妙，做商贸的前提是要具备相应的专业知识；同时，工科学习在培养知识技能的基础之上，还能够培养人脚踏实地的态度，帮助人建立起一整套严谨的逻辑思维体系，锻炼人对问题的推理分析能力，这些素质对经商的人的帮助是很大的。四年里，他并没有局限于所学专业，而是广泛涉猎建筑、电子、化工等方面的知识，这些知识在他以后的商业贸易活动中发挥了不可小觑的作用。

第二阶段：三年经济学学习积累

本科四年毕业后，比尔·拉福没有立即从事商业贸易，而是按照规划攻读经济学硕士学位。商业是一种经济活动，有它自身的特征和规律，现代商业在程序、原则和内容上较以前都复杂了很多，如果不了解经济学规律，不学习经济学的知识，便难以在商界立足。于是，比尔·拉福考入了芝加哥大学进行了为期三年的经济学硕士学习。在此期间，他学习了大量经济学知识，深入了解了经济规律、商业活动作用和地位，搞清了商业活动的多种影响因素。此外，他还认真研习了相关的经济法律。几年下来，拉福完全具备了经商的各项素质。

第三阶段：五年政府部门工作历练

人们或许会感到意外，比尔·拉福在拿到硕士学位后为什么没有立即投身商业贸易，而是考取了公务员，到政府部门去工作？这是因为拉福的父亲是一位经验丰富的商业活动家，他深知人际关系在社会生活中非常重要，经商必须要具备很强的社会交往能力，而锻炼这种交往能力和观察人际关系的最佳去处便是政府部门，于是拉福在政府部门锤炼了五年。五年中，比尔·拉福从一个热血青年变成了一位老成世故的公务员，结交了一大批社会人士，建立起了自己的一整套社会关系网络，这些网络为他以后的事业提供了丰富的资源，也提供了诸多便利条件。

第四阶段：两年通用公司锻炼

比尔·拉福七年大学学习和五年政府工作的经历，使其完全具备了成功商人所需的各种素质，于是他便辞职，并选择到通用公司工作。在通用公司的锻炼，使比尔·拉福找到了一个实践所学理论的强大平台，可以让他将所学的专业知识转化为实际操作技能，丰富了管理经验，同时比尔·拉福还整合了各种社会资源，实现了激情与现实的完美融合，完成了资本的原始积累。

第五阶段：开办公司自主创业

在完全掌握了商务技巧之后，比尔·拉福毅然从通用公司辞职，开办了自己的拉福商贸公司，开始了梦寐以求的商业生涯，实现了多年前的计划。拉福商贸公司快速发展，20年后公司资产从最开始的20万美元一跃上升到2亿美元，比尔·拉福也成为商业史上的一个奇迹。

点评

从案例中我们可以看到，比尔·拉福的成功并非偶然。工科学习4年（工学学士）→经济学学习3年（经济学硕士）→政府部门工作5年（锻炼处世能力，建立广泛的人际关系）→大公司工作2年（熟悉商务环境）→开办公司（事业成功），比尔·拉福为实现职业生涯梦想，进行了长达14年的准备，充分考虑到了每一个环节，这些都源于他的职业生涯规划步骤合理、脉络清晰，并充分结合了个人素质、个人兴趣、个人志向等，在他持之以恒的努力下，职业规划终于变为现实。

古语说："凡事预则立，不预则废。"大学生最终要步入社会、进入职场，是否有自己清晰而明确的职业发展方向、发展目标和发展战略，直接关系着能否立足于社会和成就自己。同时，大学阶段是大学生职业生涯的探索期，对自身和外界环境的了解、认知、学习、掌握，能够帮助大学生明确职业生涯的方向以及实现目标的时间表和路线图。所以，认真、科学、合理地做好职业生涯规划是非常重要和必要的。

任务一 职业

一、职业、职位、工作等相关概念

（一）职业

广义来讲，职业是利用自己所学的知识和技能，从事一种可以为社会创造经济价值、精神价值，并从社会中获取物质及精神补偿的活动。狭义来讲，职业指从业人员为获取主要生活来源而从事的社会性工作类别。

（二）职位

职位是指机关或团体中执行一定任务的位置，即只要是企业的员工就应有其特定的职位，它是由一个特定的企业组织中，一个特定的时间内，一个特定的人所担负的一个或数个任务所组成。简单地讲，职位是指企业的某个员工需要完成的一个或一组任务。随着语义的拓展，职位也代表着职务。

（三）工作

工作就是劳动者通过劳动（包括体力劳动和脑力劳动）将生产资料转换为生活资料，以满足人们生存和继续社会发展事业的过程。一个人从事什么工作，由其所处社会环境和个人能力（包括认知）共同决定，因此不能戴着有色眼镜去看一个人所从事的工作。在社会主义国家，工作是社会分工中每个劳动者体现社会价值和自我价值的角色定位。一个人的工作是他在社会中所扮演的角色。

二、职业分类

1999 年，我国颁布了首部《中华人民共和国职业分类大典》（以下简称《大典》），共收录了 2 028 个职业。2004 年，中国首次发布新职业，至 2009 年共发布了十二批次 120 多个新职业。2010 年国家启动了《大典》修订工作。2015 年 7 月，我国颁布了 2015 年版《大典》，2015 年版《大典》分为 8 个大类、75 个中类、434 个小类、1 481 个职业。与 1999 年版相比减少 547 个职业。2019 年 4 月，国家发布了 13 个新职业；2020 年 2 月，国家又发布了 16 个新职业，共新增 29 个新职业。《大典》职业分类表（2015 版）见表 2-1。

表2-1 《中华人民共和国职业分类大典》职业分类表（2015版）

大类	中类	小类	职业描述
1.党的机关、国家机关、群众团体和社会组织、企事业单位负责人	1-01.中国共产党机关负责人	略	在中国共产党机关，国家机关，民主党派和工商联，人民团体和群众团体、社会组织及其工作机构，基层群众自治组织，企业、事业单位中担任领导职务并具有决策、管理权的人员
	1-02.国家机关负责人		
	1-03.民主党派和工商联负责人		
	1-04.人民团体和群众团体、社会组织及其他成员组织负责人		
	1-05.基层群众自治组织负责人		
	1-06.企事业单位负责人		
2.专业技术人员	2-01.科学研究人员	略	从事科学研究和专业技术工作的人员
	2-02.工程技术人员		
	2-03.农业技术人员		
	2-04.飞机和船舶技术人员		
	2-05.卫生专业技术人员		
	2-06.经济和金融专业人员		
	2-07.法律、社会和宗教专业人员		
	2-08.教学人员		
	2-09.文学艺术、体育专业人员		
	2-10.新闻出版、文化专业人员		
	2-99.其他专业技术人员		
3.办事人员和有关人员	3-01.办事人员	略	在公共管理和社会组织机构中，从事行政业务、行政事务、行政执法和仲裁、安全保卫、消防和应急救援等工作的人员
	3-02.安全保卫和消防人员		
	3-99.其他办事人员和有关人员		
4.社会生产服务和生活服务人员	4-01.批发与零售服务人员	略	从事商品批发零售、交通运输、仓储、邮政和快递、住宿和餐饮、信息传输、软件和信息技术以及金融、房地产、租赁和商务、技术辅助、生态保护、文化、体育和娱乐等社会生产服务与生活服务工作的人员
	4-02.交通运输、仓储和邮政业服务人员		
	4-03.住宿和餐饮服务人员		
	4-04.信息传输、软件和信息技术服务人员		
	4-05.金融服务人员		
	4-06.房地产服务人员		
	4-07.租赁和商务服务人员		
	4-08.技术辅助服务人员		

续表

大类	中类	小类	职业描述
4.社会生产服务和生活服务人员	4-09.水利、环境和公共设施管理服务人员	略	—
	4-10.居民服务人员		
	4-11.电力、燃气及水供应服务人员		
	4-12.修理及制作服务人员		
	4-13.文化、体育和娱乐服务人员		
	4-14.健康服务人员		
	4-99.其他社会生产和生活服务人员		
5.农、林、牧、渔业生产及辅助人员	5-01.农业生产人员	略	从事农、林、畜、渔业生产活动及辅助生产的人员
	5-02.林业生产人员		
	5-03.畜牧业生产人员		
	5-04.渔业生产人员		
	5-05.农、林、牧、渔业生产辅助人员		
	5-99.其他农、林、牧、渔业生产及辅助人员		
6.生产制造及有关人员	6-01.农副产品加工人员	略	从事产品生产及设备制造、矿产开采、工程施工和运输设备操作的人员及有关人员
	6-02.食品、饮料生产加工人员		
	6-03.烟草及其制品加工人员		
	6-04.纺织、针织、印染人员		
	6-05.纺织品、服装和皮革、毛皮制品加工制作人员		
	6-06.木材加工、家具与木制品制作人员		
	6-07.纸及纸制品生产加工人员		
	6-08.印刷和记录媒介复制人员		
	6-09.文教、工美、体育和娱乐用品制作人员		
	6-10.石油加工和炼焦、煤化工生产人员		
	6-11.化学原料和化学制品制造人员		
	6-12.医药制造人员		
	6-13.化学纤维制造人员		
	6-14.橡胶和塑料制品制造人员		
	6-15.非金属矿物制品制造人员		

续表

大类	中类	小类	职业描述
6.生产制造及有关人员	6-16.采矿人员	略	—
	6-17.金属冶炼和压延加工人员		
	6-18.机械制造基础加工人员		
	6-19.金属制品制造人员		
	6-20.通用设备制造人员		
	6-21.专用设备制造人员		
	6-22.汽车制造人员		
	6-23.铁路、船舶、航空设备制造人员		
	6-24.电气机械和器材制造人员		
	6-25.计算机通信和其他电子设备制造人员		
	6-26.仪器仪表制造人员		
	6-27.废弃资源综合利用人员		
	6-28.电力、热力、气体、水生产和输配人员		
	6-29.建筑施工人员		
	6-30.运输设备和通用工程机械操作人员及有关人员		
	6-31.生产辅助人员		
	6-99.其他生产制造及有关人员		
7.军人	7-00.军人	略	军人
8.不便分类的其他从业人员	8-00.不便分类的其他从业人员	略	不便分类的其他从业人员

三、职业特性

（一）职业的社会性

职业是人类在劳动过程中的分工现象，它体现的是劳动力与劳动资料之间的结合关系，其实也体现了劳动者之间的关系，劳动产品的交换体现的是不同职业之间的劳动交换关系。这种劳动过程中结成的人与人的关系无疑是社会性的，他们之间的劳动交换反映的是不同职业之间的等价关系，反映了职业活动、职业劳动成果的社会属性。

（二）职业的规范性

职业的规范性包含两层含义：一是指职业内部的操作要求规范性，二是指职业道德的规范性。不同的职业在其劳动过程中都有一定的操作规范性，这是保证职业活动的专业性要求。当不同职业在对外展现其服务时，还存在一个伦理范畴的规范性，即职业道德。这两种规范性构成了职业规范的内涵与外延。

（三）职业的功利性

职业的功利性也叫职业的经济性，是指职业在人们赖以谋生的劳动过程中所具有的逐利性。职业活动既要满足职业者自己的需要，也要满足社会的需要，只有把职业的个人功利性与社会功利性结合起来，职业活动及其职业生涯才具有生命力和意义。

（四）职业的技术性和时代性

职业的技术性是指不同的职业具有不同的技术要求。职业的时代性是指由于科学技术的变化，人们生活方式、习惯等因素的变化等给职业打上的时代烙印。

任务二　职业生涯规划

一、相关概念

（一）生涯

"生"，即活着；"涯"，即边界。从广义上理解，"生"，自然是与一个人的生命相联系；"涯"，则有边际的含义，指人生经历、生活道路和职业、专业、事业。人的一生，包含少年、成年、老年三个阶段，成年阶段是最重要的阶段，这一阶段之所以重要，是因为这是人们从事职业生活的阶段。

我们所学习的"生涯规划"中的"生涯"，是指个人通过从事工作所创造出的一个有目的的、持续一定时间的生活模式。

（二）职业生涯

职业生涯是一个人一生所有与职业相连的行为与活动以及相关的态度、价值观、愿望等连续性经历的过程，也是一个人一生中职业、职位的变迁及职业目标的实现过程。简单地说，一个人职业发展的状态、过程及结果构成了个人的职业生涯。

（三）职业生涯管理

职业生涯管理是具体设计个人合理的职业生涯计划。具体来说，可以理解为个体从正式进入职场直到退出职场这段时间内与工作有关的经历、态度、需求、行为等过程，是一个人的终身职业经历，包括就业的形态、工作的经历及与职业相关的活动等。

（四）职业生涯规划

职业生涯规划简称生涯规划，又叫职业生涯设计，是指个人与组织相结合，在对个人职

生涯的主客观条件进行测定、分析、总结研究的基础上，结合自身的条件和现实环境，确立自己的职业生涯目标，选择职业道路，制订相应的培训、教育和工作计划，并按照职业生涯发展的阶段实施具体行动以达到目标的过程。

美国著名管理学者哈罗德·孔茨和西里尔·奥唐奈对规划的定义是："规划是为实施既定方针所必需的目标、政策、程序、规则、任务委派、采取的步骤、使用的资源及其他要素的复合体，它们通常要有必要的安全和经营预算的支持。"由此可见，规划的本质在于选择目标及实现目标的最佳方案。

二、职业生涯的特点和分类

与职业不同，职业生涯是一个发展的概念，是一个动态的过程。它不仅包括一个人的过去、现在和未来那些可以实际观察到的、连续从事的职业发展过程，还包括个人对职业生涯发展的见解和期望。具体地讲，职业生涯是以心理开发、生理开发、智力开发、技能开发、伦理开发等人的潜能开发为基础，以工作内容的确定和变化，工作业绩的评价，工资待遇、职称、职务的变动为标志，以满足需求为目标的工作经历和内心体验的经历。

（一）职业生涯的特点

职业生涯是多方面相互作用的结果，具有以下几个特点。

第一，发展性。职业生涯是生活中各种事态发展演进的动态过程，具有一定的逻辑性。

第二，阶段性。职业生涯有着不同的发展阶段，在不同的阶段有着不同的任务和目标，各个阶段之间具有递进性。

第三，独特性。每个人都拥有自己的职业理想、职业抱负、职业选择和职业条件，因而有区别于他人的独特的生涯历程。

第四，整合性。职业生涯除了职业角色外，还包括任何与工作有关的经验和活动，而不局限于工作或职位。

第五，互动性。职业生涯是个人与他人、个人与环境、个人与社会互动的结果。个体自我认识的深化、个体的主观能动性、个体掌握的技能，对于生涯发展有着重要影响。

（二）职业生涯的分类

美国著名职业生涯管理学家施恩最早把职业生涯分为外职业生涯和内职业生涯。

1. 外职业生涯

外职业生涯是指从事职业时的工作单位、工作地点、工作内容、工作职务与职称、工作环境和工资待遇等因素的组合及其变化过程。它的构成因素通常是由别人认可和给予的，也容易被别人否认和收回。外职业生涯发展是以内职业生涯发展为前提条件的。

2. 内职业生涯

内职业生涯是指从事一个职业时所需具备的知识、观念、心理素质、经验、能力、身体健康状况、内心感受等因素的组合及其变化过程。这些因素的取得，可以通过别人的帮助来实现，但主要还是依靠自身的努力追求得以实现。与外职业生涯的构成因素不同，内职业生涯的构成因素一旦取得，别人便不能收回或剥夺。内职业生涯是真正的人力资本所在，发展内职业生涯而取得的工作成绩会转化为外职业生涯的成绩。

三、职业生涯规划的主要内容

（一）职业生涯规划的内涵

对于大学生群体来说，职业生涯规划有着更具体、更重要的内涵。在大学阶段，应客观、全面地认识自己的能力、兴趣、个性和价值观，了解各种职业、行业、环境的需求趋势和影响因素，确立职业生涯发展目标，选择实现这一目标的职业方向，制订行之有效的实施方案，包括相应的学习和培训计划，并做到及时反馈和修订。

（二）职业生涯规划的期限

职业生涯规划的期限一般划分为短期规划、中期规划、长期规划和人生规划。

短期规划：3年以内的规划，主要是设定近期目标。

中期规划：在近期目标的基础上设计2～5年的职业目标和任务，是最常见的职业生涯规划。

长期规划：5～10年的规划，设定较长远的目标及具体措施。

人生规划：整个职业生涯的规划，设定整个人生的发展目标和阶段。

（三）职业生涯规划的目的

美国著名职业生涯专家米歇尔罗兹指出：生涯规划有突破障碍、开发潜能和自我实现三个积极目的（见图2-1）。

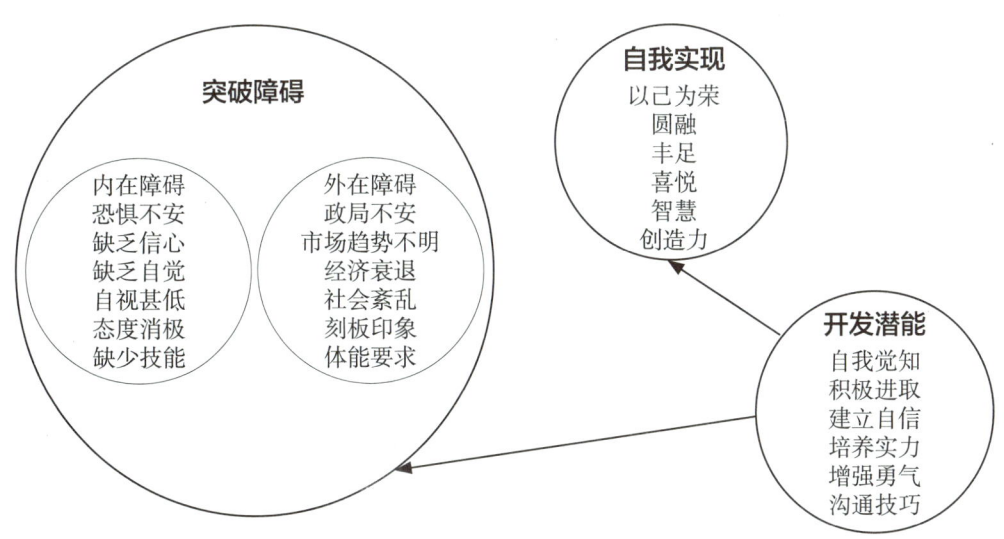

图2-1　生涯规划三个积极目的

（四）职业生涯规划的作用

1．能够帮助个人确定职业发展的目标和方向

职业规划能帮助一个人全面、客观地认识自己，了解自己的特点和兴趣，评估自己的能力、优势和不足；能够使一个人客观分析环境，了解环境需求，把握发展机遇。在设计和规划过程中，通过对客观环境的分析，明确自我职业发展的方向，并运用适当的方法，采取有效的措施，克服职业生涯发展中的困难和障碍，使自己的才能得到充分发挥，从而获得职业上的成功，实现人生的理想。

2．能够鞭策个人努力工作

从某种意义上讲，职业生涯规划是为自己树立一个灯塔，有了明确的目标才能奋勇航行。当一步步实现这些目标和规划时，成功和自豪感会油然而生，这种激励情感会进一步促进大学生向更高的目标前进。同时，思维方式和工作方式也会随着经验的积累而不断完善和发展。

3．有助于个人抓住重点

日常工作忙碌繁杂，没有制订职业生涯规划的人很容易看不清周围环境的变化，迷失了目标与方向。职业生涯规划的一个重要作用就是促进个人合理安排日常工作，评价工作的轻重缓急，抓住工作重点。一个人要想成就一份事业，只有树立明确的目标，抓住工作重点，才会有意识地围绕工作重点下功夫，提高成功的概率。

4．能够激发个人潜能

职业生涯规划帮助规划者集中精力、全神贯注地在优势方面发挥才能，避免在无关紧要的小事上消耗过多的精力。一个人的潜能是无限的，需要充分地去挖掘，从而实现能力的锻炼和提高。

5．能够有效协调事业发展与家庭生活

良好的职业生涯规划可以帮助规划者从更高的角度看待职业生活中的各种问题和选择，将各个分离的时间相互联系起来，共同向着职业生涯发展目标努力，使职业生活更加充实和富有成效。同时，还可以帮助规划者综合考虑职业生活同个人追求、家庭生活的平衡，避免顾此失彼。

（五）职业生涯规划对大学生成长的意义

1．有利于大学生全面地认识自我，自我定位

职业生涯规划中的自我测评有助于自我认知，学生可通过霍兰德职业倾向测验量表、朗途大学生职业规划测评系统等测评工具，结合自评、他评及心理测量发现和确定自己的职业兴趣与能力特长，将择业意识从"我想干什么"，转变到"我能干什么"，对自己的优劣势进行对比分析，根据自身定位选择恰当的职业目标。

2．有利于大学生明确职业目标，及早制订规划

大学生在了解自我之后，就可以对自己的优势、劣势，以及想要什么、能做什么有一个逐步清晰的认识。这是一个艰难复杂的过程，但是目标一旦确立，就可以制订相应的短期规划、中期规划和长期规划，并不断地在学习与实践中调整计划，使目标更加清晰，更有动力。

3．有利于提高大学生的职业素养

随着各种竞争机制日趋完善及行业竞争急剧升温，社会对职业素养的要求更为严格甚至苛刻，大学生职业素养的高低，往往成为决定求职成败的关键，也直接决定着大学生能否胜任甚至出色地完成今后的工作任务。

4．有利于大学生树立科学的就业择业观

职业生涯在人的一生中占有极为重要的地位，职业生涯成功与否直接决定着人生价值能否充分得到实现。在大学期间进行职业生涯规划，进行自我分析、环境分析、行业分析和职业定位，可以使大学生合理地确定自己的职业期望值，用长远的战略眼光审时度势，选择适合自己发展的职业，从而避免盲目择业。

科学合理的职业生涯规划是每个大学生就业前的必要工作，大学生应尽早认识自我、确立目标、增强动力、发掘潜能、提高核心竞争力，走好人生职业道路的第一步。

任务三　职业生涯规划相关基础理论

一、帕森斯的特质因素论

1909 年，美国波士顿大学教授弗兰克·帕森斯在其《选择职业》一书中提出了特质因素理论。特质即人的能力倾向、兴趣、价值观等人格特征，可通过心理测验工具评估。因素即在工作上要取得成功所必须具备的条件或资格。

帕森斯的"职业指导"三大原则分别是：

第一，评价求职者的生理和心理特点（特性）。通过心理测验等手段获得求职者的个人资料，并对这些"特质"作出评估。

第二，分析各种职业对人的要求（因素），并向求职者提供有关的职业信息。

第三，人职匹配。包括因素匹配（职业找人）、特性匹配（人找职业）（见图 2-2）。

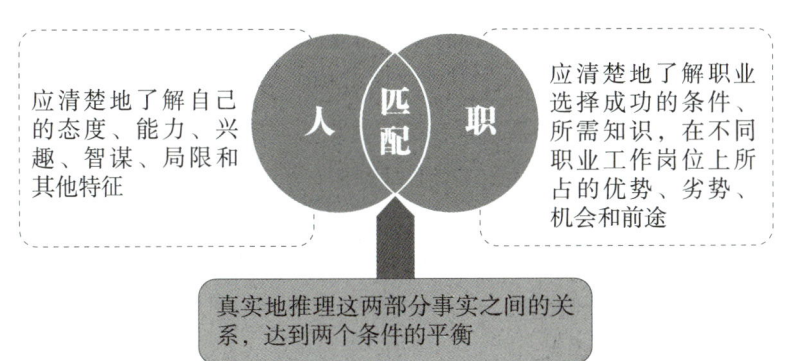

图 2-2　人职匹配图

特质因素论认为，每个人都具有稳定的特质（个人的人格特征，包括一个人的价值取向、态度和行为表现等特有的思想和行为模式），而职业也具有稳定的因素（客观工作要求人必须具备的知识结构、能力等条件）。一个人在选择职业的过程中，首先，应当清楚认识个人的主客观条件，即对自我的认知，如个人兴趣、能力、资源、局限及其他特征；其次，还应当清楚了解职业世界，如各种职业岗位所需技能要求、工作环境、薪酬福利、发展前景等；再次，在掌握上述两类信息的基础上，将主客观条件与各种可能的职业岗位相对照；最后，选择一个与个人相匹配的职业。

二、霍兰德的"人格类型论"

美国职业指导专家约翰·霍兰德于20世纪60年代创立"人格类型论"（见图2-3）。

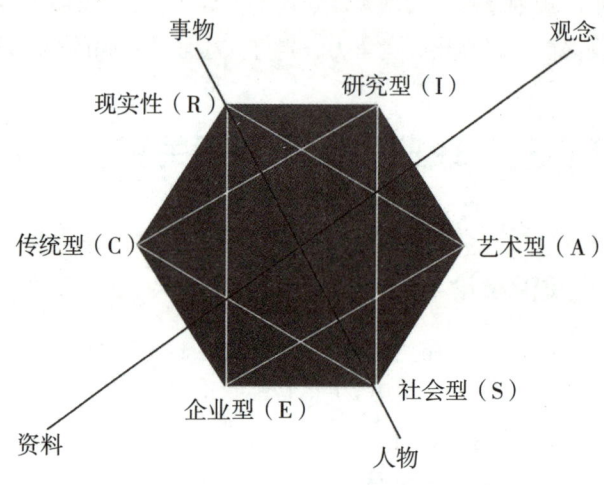

图2-3 霍兰德的"人格类型论"

职业选择是个人人格的延伸和表现。个人的兴趣组型即是人格组型。同一职业团体内的人有相似的人格，因此他们对很多情境与问题会有类似的反应方式，从而产生类似的人际环境。人可分为6种人格类型，即现实型、研究型、艺术型、社会型、企业型和传统型，个人的人格属于其中的一种。人所处的环境也可以相应地分为6种类型，亦即现实型、研究型、艺术型、社会型、企业型和传统型。

人格类型论是一种人格与职业类型相匹配的理论。霍兰德提出了人格类型与职业类型模式。不同类型人格需要不同的生活或工作环境，例如，现实型的人需要现实型的环境或职业，因为这种环境或职业才能给予其所需的机会与奖励，这种情况即称为谐和。类型与环境不谐和，则该环境或职业无法提供个人的能力与兴趣所需的机会与奖励。每一特定类型人格的人，会对相应职业类型中的工作或学习感兴趣。个人的人格与工作环境之间的适配和对应，是职业满意度、职业稳定性与职业成就的基础。

霍兰德的"人格类型论"中相邻关系的两种类型共同点较多，相隔关系的两种类型共同点较少，相对关系的两种类型对立点多、共同点少。

三、舒伯的生涯发展理论

美国生涯发展研究者舒伯的生涯发展理论具有国际化的视角，已经广泛应用于各国的各级学校和社会机构。舒伯根据自己"生涯发展形态研究"的结果，参照布勒的分类，将生涯发展阶段划分为成长、探索、建立、维持与衰退五个阶段（见表2-2）。

表2-2 生涯阶段划分

生涯阶段	青年期	成年早期	成年中期	成年晚期
成长阶段 （出生至14岁）	发展合适的自我概念	学习与他人建立关系	接受自身的限制	发展非职业性的角色
探索阶段 （15～24岁）	从许多机会中学习	寻找心仪的工作机会	确认有待处理的新问题	选个良好的养老地点
建立阶段 （25～44岁）	在选定的职业领域中起步	工作并寻求确定投入职位的升迁	发展新应对技能	完成未完成的梦想
维持阶段 （45～65岁）	验证目前的职业选择	致力于维持职位的稳固	巩固自我以对抗竞争	维持生活的兴趣
衰退阶段 （65岁以上）	从事休闲活动的时间减少	减少体能活动的时间	集中精力于主要的活动	减少工作时间

生涯彩虹图（见图2-4）是舒伯为了综合阐述生涯发展阶段与角色彼此之间的相互影响，创造性地描绘出的一个多重角色生涯发展的综合图形。

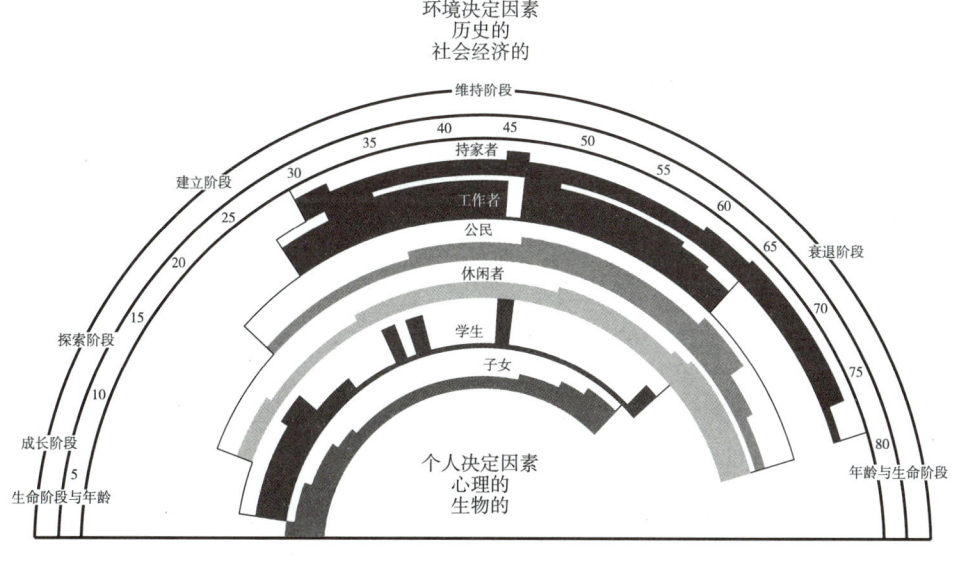

图2-4 生涯彩虹

生涯彩虹图具体分述如下：

（一）成长阶段

成长阶段指出生至14岁。该阶段孩童开始发展自我，开始以各种不同的方式来表达自己的需要，且经过对现实世界的不断尝试，修饰自己的角色。

这个阶段的任务是发展自我形象，发展对工作和世界的正确态度，并了解工作的意义。这个阶段共包括三个时期：一是幻想期（4～10岁），它以"需要"为主要考虑因素，在这个时期幻想中的角色扮演很重要；二是兴趣期（11～12岁），它以"喜好"为主要考虑因素，喜好是个体抱负与活动的主要决定因素；三是能力期（13～14岁），它以"能力"为主要考虑因素，能力逐渐具有重要作用。

（二）探索阶段

探索阶段指15～24岁。该阶段的青少年，通过学校的活动、社团休闲活动、打零工等机会，对自我能力及角色、职业作了一番探索，因此选择职业时有较大弹性。

这个阶段的任务是使职业偏好逐渐具体化、特定化并实现职业偏好。这一阶段共包括三个时期：一是试探期（15～17岁），考虑需要、兴趣、能力及机会，作暂时的决定，并在幻想、讨论、课业及工作中加以尝试；二是过渡期（18～21岁），进入就业市场或专业训练，更重视现实，并力图实现自我观念，将一般性的选择转为特定的选择；三是试验并稍作承诺期（22～24岁），生涯初步确定并试验其成为长期职业生活的可能性，若不适合则可能再经历上述各时期以确定方向。

（三）建立阶段

建立阶段指25～44岁。由于经过探索阶段的尝试，职业偏好较合适者会谋求变迁或作其他探索，因此该阶段较能确定在整个职业生涯中属于自己的"位子"，且在31～40岁开始考虑如何保住这个"位子"，并固定下来。

这个阶段的任务是稳固并求上进。这个阶段又可细分为两个时期：一是"试验—承诺"稳定期（25～30岁），在这个时期个体寻求安定，也可能因生活或工作上若干变动而尚未感到满意；二是建立期（31～44岁），在这个时期个体致力于工作上的稳固，大部分人处于最具创意时期，由于资深往往业绩优良。

（四）维持阶段

维持阶段指45～65岁。该阶段个体仍希望继续维持属于他的工作"位子"，同时会面对新的人员的挑战。这一阶段的任务是维持既有成就与地位。

（五）衰退阶段

衰退阶段指65岁以上。该阶段个体由于生理及心理机能日渐衰退，不得不面对现实，生涯发展从积极参与改变为隐退。这一阶段往往注重发展新的角色，寻求不同方式以替代和满足需求。

在上述生涯发展阶段中，每一阶段都有一些特定的任务需要完成，每一阶段需达到一定的发展水准或成就水准，而且前一阶段任务的达成与否关系到后一阶段的发展是否顺利。

四、克朗伯兹的社会学习理论

美国斯坦福大学教育和心理学教授约翰·克朗伯兹提出了影响职业决策的四种因素，分别为：

（一）遗传因素

遗传因素包括种族、性别、外表特征、智力、动作协调能力等。个人由于遗传而呈现的一些特质，在某种程度上决定了个人的职业表现或影响到个人所获得的经验。

（二）环境因素

通常包括在个人控制之外，来自人类活动（如社会、文化、政治、经济、家庭、教育等）或自然力量（如自然资源的分布或自然灾害等）对职业决策的影响。

（三）学习经验

克朗伯兹认为，每个人有独特的学习经验，这对于个人的生涯抉择具有重要影响。他提出了两种类型的学习经验。

第一，工具式学习经验。个人为了得到好的结果，在特定的环境中采取一定的行为，其后果对个人会有重要的影响作用。克朗伯兹认为，生涯规划和职业所需的技能，可以通过工具式学习经验而获得。

第二，联结式学习经验。个人通过观察真实和虚构的模型，通过对人、事之间的比较来学习对外部刺激作出反应。某些环境刺激会引起个人情绪上积极或消极的反应。如果原本属于中性的刺激与使个人产生积极或消极情绪反应的刺激同时出现，这种伴随在一起的联结关系就会使中性的刺激也具有积极或消极的情绪作用。

（四）处理任务的技能

处理任务的技能包括解决问题的能力、工作习惯、心理状态、情绪反应和认知历程等。

克朗伯兹认为，在个人发展的历程中，上述因素相互作用，从而形成了个人对自我和世界的推论。一般所谓的个人兴趣、价值观等，实际上都是学习的结果。个人学习经验的不足或不当，都可能导致个人形成错误的推论、单一的比较标准、夸大式的灾难情绪等问题，从而阻碍生涯的正常发展，因此，克朗伯兹特别强调丰富而适当的学习经验的重要性。

五、职业锚理论

职业锚理论产生于在职业生涯规划领域具有"教父"级地位的美国著名职业生涯管理专家麻省理工学院斯隆管理学院施恩教授领导的专门研究小组，是在该学院毕业生的职业生涯研究中演绎成的。

职业锚又称职业系留点，是指当一个人不得不作出选择的时候，他无论如何都不会放弃的职业中的那种至关重要的东西或价值观，也是人们选择和发展自己的职业时所围绕的中心。

1978年，施恩教授提出职业锚理论，其包括五种类型：自主/独立型、创造/创业型、管理型、技术/职能型和挑战型。后期，职业锚的研究价值被越来越多的人所重视，并加入研究行列。到了20世纪90年代，又研究出三种类型的职业锚：安全/稳定型、生活型、服务/奉献型（见图2-5）。

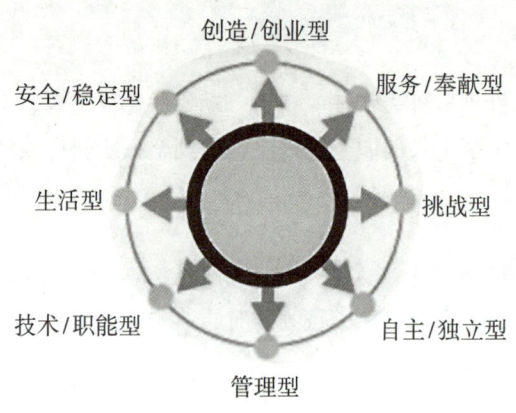

图2-5 职业锚的类型

（一）自主/独立型

自主/独立型的人希望随心所欲地安排自己的工作方式、工作习惯和生活方式。追求能施展个人能力的工作环境，最大限度地摆脱组织的限制和制约。他们宁愿放弃提升或工作扩展机会，也不愿意放弃自主/独立。

（二）创造/创业型

创造/创业型的人希望使用自己的能力去创建属于自己的公司或完全属于自己的产品（或服务），而且愿意去冒风险，并克服面临的障碍。他们想向世界证明公司是他们靠自己的努力创建的。他们可能正在别人的公司工作，但同时他们也在学习并评估将来的机会。一旦感觉时机到了，他们便会自己走出去开创自己的事业。

（三）管理型

管理型的人追求并致力于工作晋升，倾心于全面管理，独自负责一个部门，可以跨部门整合其他人的努力成果。他们想去承担整个部门的责任，并将公司的成功与否看成自己的工作。具体的技术/职能工作仅仅被看作通向更高、更全面管理层的必经之路。

（四）技术/职能型

技术/职能型的人追求在技术/职能领域的成长和技能的不断提高，以及应用这种技术/职能的机会。他们对自己的认可来自他们的专业水平，他们喜欢面对来自专业领域的挑战。他们一般不喜欢从事管理工作，因为这意味着他们将放弃在技术/职能领域的成就。

（五）挑战型

挑战型的人喜欢解决看上去无法解决的问题，战胜强硬的对手，克服无法克服的困难、障碍等。对他们而言，参加工作或职业的原因是工作能够促使他们去战胜各种不可能。新奇、变化和困难是他们的终极目标。如果事情非常容易，他们反而会觉得厌烦。

（六）安全 / 稳定型

安全/稳定型的人追求工作中的安全与稳定感。他们可以预测将来的成功从而感到放松。他们关心财务安全，例如，退休金和退休计划。稳定感包括诚信、忠诚以及完成老板交代的工作。尽管有时他们可以达到一个较高的职位，但他们并不关心具体的职位和具体的工作内容。

（七）生活型

生活型的人喜欢允许他们平衡并兼顾个人的需要、家庭的需要和职业的需要的工作环境。他们希望将生活的各主要方面整合为一个整体。正因如此，他们需要一个能够提供足够的弹性让他们实现这一目标的职业环境，甚至可以牺牲他们职业的某些方面，如提升带来的职业转换，因为他们将成功定义得比职业成功更广泛。他们认为，如何生活、在哪里居住、如何处理家庭事业及在组织中的发展道路是与众不同的。

（八）服务 / 奉献型

服务/奉献型的人指那些一直追求他们认可的核心价值的人，例如，帮助他人，改善人们的安全，通过新的产品消除疾病。他们一直在追寻这种机会，即使这意味着变换公司，他们也不会接受不允许他们实现这种价值的工作变换或工作提升。

任务四　职业资格证书与职业生涯规划

为求职就业添双翼[①]

郭莉，某职业院校 2003 届广告专业毕业生，毕业时考取了会计师证书、会计电算化证书、计算机等级证书和英语测评 4 个证书，其中前两个是职业资格证书，后两个是等级和水平证书。现在在金策开元会计代理有限责任公司就职。

杜广智，某职业院校 2003 届广告专业毕业生，取得了 Adobe 平面设计证书和 Macromedia 网页设计两个证书，现在在中国农业银行从事计算机工作。他介绍获得职业资格证书时说："我的这两个证书是学校组织报名考试的，利用周末、周日培训几个月，就考下来了。现在广告业发展很快，但有些基础的东西必须掌握，将来不一定从事你所学的专业，要做多种准备，比如

---

① 张明琴，张建伟. 职业生涯规划[M]. 成都：电子科技大学出版社，2019：102.

我的第二个证书'网页设计'就与计算机有关系。求职时，人家总是会问有没有证、有没有驾照等，如果没有，心里就会慌，有了证书，就会多一份自信吧。"

马西西，某职业院校2003届会计专业毕业生，取得了会计资格证书，现在在环亚新业家具有限公司当会计。"我到环亚求职时，人家第一句就问，有会计证吗？当时真是感到万幸，后来想想也是应该的，会计证书是从事财会职业的入门凭证，连会计证都没有，怎么进这个门呢？以前在学校学的做账、出纳、财务分析、财务管理和成本核算等，总觉得隔一层，而在实际中才真正感受到了财会工作是一项严谨的工作。任职后，我自己也改变了很多，以前马虎、散漫、计划性不强，从事现任工作后，学会了计划做事，学会了做事严谨，学会了与人沟通。"

点评

本例中的三位同学都是在学习过程中，结合自己的专业特点，不断强化自己的专业能力，为以后的职场之路做好铺垫。

《中华人民共和国劳动法》第八章第六十九条规定："国家确定职业分类，对规定的职业制定职业技能标准，实行职业资格证书制度，由经备案的考核鉴定机构负责对劳动者实施职业技能考核鉴定。"

《中华人民共和国职业教育法》第一章第十一条第一款规定："实施职业教育应当根据经济社会发展需要，结合职业分类、职业标准、职业发展需求，制定教育标准或者培训方案，实行学历证书及其他学业证书、培训证书、职业资格证书和职业技能等级证书制度。"

这些法律确定了国家推行职业资格证书制度和开展职业技能鉴定的法律依据。

2017年9月，人力资源社会保障部印发《人力资源社会保障部关于公布国家职业资格目录的通知》，公布国家职业资格目录，共计140项。

一、职业资格证书制度

（一）职业资格

职业资格是对将要从事某一职业的劳动者所必备的学识、技术和能力的基本要求。职业资格包括从业资格和执业资格。

从业资格是指从事某一专业（工种）所需学识、技术和能力的起点或基本标准，也是最低的要求。

执业资格是指国家对某些责任较大、社会通用性较强，关系国家、社会公共利益的专业（工种）实行准入控制，是依法独立开展或者从事某一特定专业（工种）所需学识、技术和能力的必要标准。

（二）职业资格证书与职业资格证书制度

职业资格证书是国家对达到职业资格规定必备的学识、技术和能力的劳动者发放的证明。要获得职业资格证书必须通过考试、考核。

职业资格分别由国务院人力资源和社会保障部及其委托的机构，通过学历认定、资格考试、专家评定、职业技能鉴定等方式的评价，对合格者授予国家职业证书。其中资格考试一般分为笔试和口试，同时还有多种多样的实际操作考核。职业资格证书是求职、任职、独立开业和用人单位录用的主要依据。所谓就业准入，就是指根据《中华人民共和国劳动法》和《中华人民共和国职业教育法》的有关规定，从事技术复杂、通用性广、涉及国家财产、人民生命安全和消费者利益的职业（工种）的劳动者，必须经过培训，并取得职业资格证书后，方可就业上岗。

职业资格证书制度由从业资格证书制度和执业资格证书制度组成。从业资格证书是国家对达到从业资格的劳动者发放的证明。执业资格证书制度是国家对某些承担较大责任、社会通用性强，关系国家、社会公共利益的重要专业岗位实行的一种管理制度。取得执业资格证书并经过规定机构注册登记者，可以依法独立执业。我国已实行执业资格证书制度的有注册会计师、注册律师、注册资产评估师、监理工程师、注册建筑师、房地产评估师、注册税务师、企业法律顾问等。

（三）学历证书与职业资格证书的关系

学历证书是一个人接受教育的年限、所具有的文化程度或者学业程度的证明，是由教育部门颁发的；职业资格证书是一个人能否胜任某一职业的证明，是由人力资源和社会保障部门及其委托部门颁发的。

学历是一个人的学习经历，是表明一个人在某个学校学习某类专业，是毕业还是肄业。学历证书又称文凭，是教育部门颁发给学生作为学历证明的文件，也就是毕业证书。当一个人按期完成某类正规教育，经考试合格后就会得到一份证明性文件，证明其接受过这段教育。

当然，学历并不等于能力，在职业生涯中，学历很重要，但学历高的人能力并不一定高，学历低的人能力也不一定低。比尔·盖茨虽然没有很高的学历，但他同样成就了一番事业。事实上，没有学历并不等于没有知识、没有职业能力。有些人是靠自学或实践而成才的。根据当前企事业单位用人的调查，选用人才，学历并不是唯一的条件，用人单位越来越看重的是人的潜质和综合能力。因此，同学们在校学习期间，应做到德、智、体、美、劳全面发展，实现学历与职业能力的统一。

学历证书和职业资格证书是相互包含的。随着职业资格证书制度的实行，越来越多的职业学校在完成正常教学计划的同时，进行相关职业资格证书的考试、考核，鼓励学生一专多能；国家有关部门也明确规定学历认定是获得职业资格证书的必要条件。所以，学历证书和职业资格证书是密不可分的。随着我国劳动力市场的逐步建立和完善，"双证书制度"正被逐步推广和实行，这不仅有利于鼓励和调动大学生学习专业理论和专业技能的积极性，而且有利于大学生积极适应多种专业岗位的需求。在竞争日益激烈的就业环境中，拥有"双证书"的毕业生越来越显示出独特的优势。

二、职业资格证书的作用

（一）职业资格证书是求职就业的必备条件

职业资格证书是劳动者求职、任职的资格凭证，是用人单位招聘、录用劳动者的主要依据，是境外就业、对外劳务合作人员办理技能水平公证的有效证件，也是用人单位劳动工资管理的

重要依据。

在现代社会,具有全面素质和综合职业能力是人们从事职业活动的前提条件,在人才市场上,各类职业资格证书是证明人们具备这些条件的有效证件,也是胜任岗位职责的标志。如果没有职业资格证书,便难以证明其具备相应的职业能力。

(二)职业资格证书是增强职业竞争能力的手段

在社会主义市场经济条件下,"双向选择,竞争上岗"已成为就业的必然趋势。在就业市场中,不仅要有学历证书,而且要有多个职业资格证书,有了这些证书,在职业选择过程中就会有优势,可以选择的职业范围也较广。拥有多种职业资格证书,不仅能提高职业选择的竞争力,而且有利于提高就业后的职业转换能力和相关待遇。

三、职业技能鉴定

(一)职业技能鉴定概述

职业技能鉴定是一项基于技能水平的考核活动,属于标准参照型考试。它是由考试考核机构对劳动者从事某种职业所应掌握的技术理论知识和实际操作能力作出的客观的测量和评价,是国家职业资格证书制度的重要组成部分。

职业技能鉴定分为5个级别:初级、中级、高级、技师和高级技师。用人单位和劳动者可申请参加职业技能鉴定。申报职业技能鉴定,首先要根据所申报职业的资格条件,确定自己申报鉴定的等级。如果需要培训,要到经政府有关部门批准的培训机构参加培训。职业技能鉴定分为知识要求考试和操作技能考核两部分。知识要求考试一般采用笔试;技能要求考核一般采用现场加工典型工件、生产作业项目、模拟操作等方式进行。经鉴定合格者,由劳动和社会保障部门核发相应的职业资格证书。

职业技能鉴定的申报条件如下。

第一,参加初级鉴定的人员必须是学徒期满的在职职工或职业学校的毕业生。

第二,参加中级鉴定的人员必须是取得初级技能证书,并连续工作5年以上或是经劳动行政部门审定的以中级技能为培养目标的技工学校以及其他学校的毕业生。

第三,参加高级鉴定的人员必须是取得中级技能证书5年以上,连续从事本职业(工种)生产作业可少于10年的,或是经过正规高级技工培训并取得结业证书的人员。

第四,参加技师鉴定的人员必须是取得高级技能证书,具有丰富的生产实践经验和操作技能特长,能解决本工种关键操作技术和生产工艺难题,具有传授技艺能力和具有培养中级技能人员能力的人员。

第五,参加高级技师鉴定的人员必须是任技师3年以上,具有高超精湛技艺和综合操作技能,能解决本工种专业高难度生产工艺问题,在技术改造、技术革新以及排除事故隐患等方面有显著成绩,而且具有培养高级工和组织带领技师进行技术革新和技术攻关能力的人员。

(二)职业技能鉴定的主要内容及方式

职业技能鉴定的主要内容包括职业知识、操作技能和职业道德三个方面。这些内容是依国家职业技能标准、职业技能鉴定规范（考试大纲）和相关的教材确定的，通过编制试卷进行鉴定考核。

职业技能鉴定的方式分为知识要求考试和操作技能考核两部分。知识要求考试一般采用笔试；技能考核一般采用现场加工典型工件、生产作业项目、模拟操作等方式进行。计分一般采用百分制，两部分成绩都在 60 分以上为合格，80 分以上为良好，95 分以上为优秀。

四、"1+X"证书制度

（一）什么是"1+X"证书制度

2019 年 4 月，教育部等四部门联合印发《关于在院校实施"学历证书+若干职业技能等级证书"制度试点方案》（以下简称《试点方案》）的通知，简称"1+X"证书制度，"1"为学历证书，"X"为若干职业技能等级证书。

（二）实施"1+X"证书制度试点的背景意义

进入新时代，更要推进新时代职业教育改革的发展，2019 年 1 月，国务院印发了《国家职业教育改革实施方案》，提出把学历证书与职业技能等级证书结合起来，探索实施"1+X"证书制度。方案明确提出，深化复合型技术技能人才培养培训模式改革，借鉴国际职业教育培训普遍做法，制订工作方案和具体管理办法，启动"1+X"证书制度试点工作。2019 年的《政府工作报告》中进一步指出，"要加快学历证书与职业技能等级证书的互通衔接"。

"1+X"证书制度体现了职业教育作为一种类型教育的重要特征，是落实立德树人根本任务、完善职业教育和培训体系、深化产教融合校企合作的一项重要制度设计。实施"1+X"证书制度试点具有三个方面的意义：一是提高人才培养质量的重要举措。更好地服务建设现代化经济体系和实现更高质量更充分的就业需要。二是深化人才培养培训模式和评价模式改革的重要途径。通过实施"1+X"证书制度试点，调动社会力量参与职业教育的积极性，引领创新培养培训模式和评价模式，深化教师、教材、教法改革。三是探索构建国家资历框架的基础性工程。职业技能等级证书是职业技能水平的凭证，也是对学习成果的认定。结合实施"1+X"证书制度试点，推进探索职业教育国家"学分银行"，制度设计与构建国家资历框架相互衔接，畅通技术技能人才成长通道。及时、真实和完整地记录学习成果和学习经历，通过科学、准确地衡量人才成长发展程度和水平，有效促进人力资源开发，有力推动全民学习、终身学习的学习型社会建设和人力资源强国建设。

（三）"1+X"证书制度试点的目标任务和试点内容

1. 目标任务

自 2019 年开始，重点围绕服务国家需要、市场需求、学生就业能力提升，从 10 个左右领域做起，启动"1+X"证书制度试点工作。通过试点，深化教师、教材、教法"三教"改革；促进校企合作；建好用好实训基地；探索建设职业教育国家"学分银行"，构建国家资历框架。

2．试点内容

试点内容主要包括：培育培训评价组织，开发职业技能等级证书，融入专业人才培养，实施高质量职业培训，严格职业技能等级考核与证书发放，试点建立职业教育国家"学分银行"，建立健全监督、管理与服务机制。

（四）"1+X"证书制度试点的范围

一是在职业技能领域开展试点。面向现代农业、先进制造业、现代服务业、战略性新兴产业等20个技能人才紧缺领域，率先从10个左右职业技能领域做起。二是院校试点。试点院校以高等职业学校、中等职业学校（不含技工学校）为主，本科层次职业教育试点学校、应用型本科高校及国家开放大学等积极参与，省级及以上示范（骨干、优质）高等职业学校及"中国特色高水平高职学校和专业建设计划"入选学校要发挥带头作用。

根据《试点方案》要求，首批启动5个职业技能领域试点，教育部委托教育部职业技术教育中心研究所，经过面向社会公开招募、专家遴选、公示公告等程序，在建筑工程技术、信息与通信技术、物流管理、老年服务与管理、汽车运用与维修技术领域遴选确定了参与首批试点的有关职业技能等级证书，包括建筑信息模型（BIM）职业技能等级证书、Web前端开发职业技能等级证书、物流管理职业技能等级证书、老年照护职业技能等级证书、汽车运用与维修职业技能等级证书和智能新能源汽车职业技能等级证书。

实践拓展

1. 结合专业与职业理想，你对在校期间考取职业资格证书有何打算？
2. 深入了解国家职业资格证书目录，为职业生涯规划助力。
3. 利用第二课堂了解所在学校院系开展"1+X"证书试点工作情况。
4. 设想一下自己未来的职业角色是什么样的。
5. 如何更好地适应未来的职业？
6. 你对自己未来3年和10年的职业发展是如何规划的？
7. 想象一下自己的理想工作状态和工作环境是什么样的。

（1）工作方式。自己希望的工作是怎样的？管理方式是怎样的？是自己做老板还是成为某个组织的成员？你的着装风格是怎样的？

（2）工作环境。希望有怎样的工作环境？户内还是户外？

（3）工作时间。希望一年、一周、一天的哪些时间段工作？有多少时间能自己掌控？

（4）个人满意度。希望在工作中体现怎样的价值？什么样的工作能给自己满意感？除了薪酬以外，还有哪些是你看重的？

8. 我的生命线。

出生　　　　　　　　　　　　　　　　　　　　　　　　　　死亡

线的起点代表出生，终点代表死亡。两点之间的生命线意味着自己的各种经历。

标出现在的位置，然后在代表自己已经经历的岁月中记录下有代表性的事件，如果是正面的、快乐的、幸运的,请将这些信息放在线条的上方;如果是负面的、悲伤的、不幸的,则放在线条的下方。仔细看一看你的生命线,思考这些过去的经历和此时此刻的自己有什么关系,对现在的自己有什么影响和作用。

模块三 认识自我

青春寄语

历史是一面镜子,从历史中,我们能够更好看清世界、参透生活、认识自己;历史也是一位智者,同历史对话,我们能够更好认识过去、把握当下、面向未来。

——习近平

学习要点

1. 认识自我。
2. 发现职业兴趣。
3. 分析职业性格。
4. 了解职业气质。
5. 认识职业能力。
6. 明确职业价值观。
7. 认识社会。

案例导入

我是谁[①]

请思考以下问题:
1. 我是谁?
2. 我想做什么?
3. 我的家庭环境是什么样子?
4. 我家人的性格共性是什么?
5. 我最近有什么压力?

---

① 袁劲果,高存艳. 大学生职业生涯规划[M]. 上海:上海交通大学出版社,2019:50-51.

6. 我对自己的相貌是否满意？
7. 我的朋友都是什么状态？
8. 我大多数时间都在干什么？
9. 假如身无分文我该怎么办？
10. 我的目标是什么？
11. 我有没有自己的专长？
12. 我和成功者有什么差距？
13. 我每天大量的时间都在做什么，关注什么？
14. 看到好的建议我照着做了吗？
15. 我是不是老给自己找借口？
16. 我想做什么，什么原因没做？

点评

想要成功，就要知道自己是谁，知道生命的伟大。静下心想想：是否认识自己，自己想成为什么样的人，为什么有些人无所作为？

任务一　从自我认识开始

认识自我是一个古老的哲学命题，古今中外对此皆有不朽名言流传于世，如中国有"知人者智，自知者明。胜人者有力，自胜者强""知己知彼，百战不殆""人贵有自知之明"；古希腊德尔斐城的阿波罗神庙的石碑上镌刻着一句充满智慧的箴言"认识你自己"；丹麦童话作家安徒生说"认识自己就是进步"；法国诗人拉封丹说"有些人了解全世界，但不懂自己"。

这些至理名言都在告诉人们一个道理：认识自我非常重要。对大学生而言，自我认知对职业生涯规划有着显著的影响。因此，从大学生自我认知的角度进行职业生涯规划探讨及通过职业生涯规划提升学生的自我认知能力有其现实意义和理论依据。

一、自我认识的内涵与构成

（一）自我认识的内涵

自我认识的内涵可以概括为对自己的观察、认识和评价，即人们将自我作为认知的对象，通过对自我存在的感知，对有关自我的信息引起注意，在对自我进行观察、认识和评价的过程中，通过记忆形成了对自我的看法或意象，构成了有关自我的图像，通过对自我的描述和判断，从而决定自己应有的形象或状态。

（二）自我认识的构成

自我认识是一种多维度、多层次的复杂心理现象，它由自我认知、自我体验和自我调节三种心理成分构成，这三种心理成分相互联系，相互制约，统一于个体的自我意识之中。

1. 自我认知是自我意识的认知成分

自我认知是自我意识的首要成分，也是自我调节控制的心理基础，它又包括自我感觉、自我概念、自我观察、自我分析和自我评价。其中，自我分析和自我评价最为重要。自我分析是在自我观察的基础上对自身状况的反思；自我评价是对自己能力、品德、行为等方面社会价值的评估，它最能代表一个人自我认识的水平。

2. 自我体验是自我意识在情感方面的表现

自尊心、自信心是自我体验的具体内容。自尊心是指个体在社会比较过程中所获得的有关自我价值的积极评价与体验。自信心是对自己的能力是否适合所承担的任务而产生的自我体验。自信心与自尊心都是和自我体验紧密联系在一起的。

3. 自我调节是自我意识的意志成分

自我调节主要表现为个人对自己的行为、活动和态度的调控，包括自我检查、自我监督、自我控制等。自我检查是主体在头脑中将自己的活动结果与活动目的加以比较、对照的过程；自我监督是一个人以其良心或内在的行为准则对自己的言行实行监督的过程；自我控制是主体对自身心理与行为的主动掌握。

自我调节是自我意识中直接作用于个体行为的环节，它是一个人自我教育、自我发展的重要机制，是实现自我意识的能动性质的表现。自我意识的调节作用表现为：启动或制止行为，心理活动的转移，心理过程的加速或减速，积极性的加强或减弱，动机的协调，根据所拟订的计划监督检查行动，动作的协调一致等。

正确认识自我有助于提升个人综合素质、构建健康人格、发挥个人潜力，从而更好地驾驭人生，更好地实现自己的人生理想。一个人如果不能正确评估自己，就会影响个人在职业选择中的定位及在工作中的表现：一方面，如果过低评估自己，觉得自己处处不如别人，那就会产生自卑感，丧失自信心，在职业选择及职业发展中畏缩不前；另一方面，如果过高评估自己，就会产生骄傲情绪，盲目乐观，影响正确的职业定位与职业选择，也会导致职业生涯过程中的工作失误。

二、自我认识的产生与发展

自我认识是个体社会化的结果，自我认识的形成大致可以分为三个阶段，即生理的自我、社会的自我和心理的自我。

（一）生理的自我

生理的自我又称为物质的自我，它是一个人对自己身躯的认识，包括占有感、支配感和爱护感。美国心理学家奥尔波特认为，婴儿出生以后，最初他们不能区分属于自己与不属于自己的东西，对于自己的手、脚和周围的玩具，都视为同样性质的东西加以摆弄；3个月的婴儿能对人发出微笑，这表示婴儿对外界的刺激发生了反应；8个月的婴儿开始关心自己在镜子里的形象，但10个月的时候依然不知道镜子里的形象就是自己，一般认为，婴儿要到2岁零2个月以后，才会认识自己在镜子里的自我形象，与此同时，开始学会使用"你"这个人称代词。

心理学家大都认为儿童要到3岁的时候，自我意识中的生理自我才能形成，同时也开始更多地使用人称代词"我"字。这时候儿童所表现出来的行为，大多是以"我"为中心的，所以有些心理学家称这一时期为"自我中心期"。

（二）社会的自我

社会的自我阶段又称为个体客观化阶段。这个阶段是从3岁到青春期之前，这段时间是个体接受社会影响的重要时期，也是个体实现社会自我的最关键阶段。这期间儿童的游戏，往往是成人社会生活的缩影，儿童在游戏中扮演某种社会角色，也是他们学习角色行为的一种方式，在游戏中儿童揣摩着角色的心理状态，体验着角色与角色间的相互关系。特别是儿童通过学校中的社会化生活，更加速了他们社会自我的形成过程。

学校中的社会化过程，是个体自我意识形成的重要阶段。学校与家庭不同，在家庭中儿童往往是以"我"为中心，尤其是独生子女；而学校则是中性的，对任何人都一视同仁，老师对每一名学生都一样关心、一样严格要求。儿童在学校只能是班级和集体的一分子，而不能像在家里那样可以为所欲为地指挥别人，在学校他们必须承担一定的社会义务和社会责任，要完成这些义务和责任，本身就是一种压力，压力则可以使他们产生焦虑和不安。在家里可以听之任之的事，在学校则要认真对待，否则就要受到集体的谴责。在学校儿童必须学习文化科学知识，掌握各种技能技巧，按照一定的道德规范严格要求自己，逐步使自我实现的愿望和动机与社会的要求相吻合，最终达到社会的自我。

（三）心理的自我

心理的自我又称精神的自我。这个阶段主要是从青春期到成年，大约10年的时间。这期间，个体无论在生理上还是在心理上，都发生了一系列的变化，骨骼的增长、性器官的成熟、想象力的丰富、逻辑思维能力的日益完善，进一步使个体自我意识的发展趋向主观性。所以，这一时期又称为主观化时期。个体的主观性主要表现在以下四个方面。

1. 独立地认识外部世界

这个阶段的青年人，往往用自己的观点来认识和评价客观事物。自我意识是个体认识外界事物的中介因素。在客观化时期，儿童是以社会的观点来认识和评价事物的，他们以成人的观点为指导；而青年人则不同，他们不愿意盲目地追随别人，反而把跟在别人的后面随声附和看成耻辱，在观点上喜欢标新立异，在行为上喜欢别具一格。个体自我意识的发展并不是到此为止，否则人类社会的进步和创造力就无从谈起。其实个体早在客观化时期，就已经不断地把他们从社会吸取的知识、观点、理想、愿望等进行综合加工，到了主观化时期，个体就把这些经过综合加工形成的主观态度和主观意识作为评价客观事物的依据。

2. 个人价值体系的产生

在这个时期，青年人常常强调自己所独有的人格特征，目的是保护和提高自己在社会上的地位。强调自己的个人价值，实际上是一种自我防御机能。例如，一个身怀绝技的青年人，往往过分地强调该项技能的重要性；同样，一个学习优异的青年人，也会强调学习文化知识的重要性。青年人大多具有自我欣赏的人格特征，心理学中把这种自我欣赏的人格特征纳入一个人的价值体系，它能使一个人感到自豪和自信。实际上，这种价值体系也是在个体自我意识发展的过程中产生的，并被看成一个人的价值观。

3．追求自我理想

自我理想就是一个人对追求目标的向往。个体所追求的目标对本人来说，总被认为是最有意义的。想当医生的人，就认为医生的职业最高尚；想当企业家的人，就认为企业家的工作最有意义；想当社会活动家的人，也就认为社会活动家的工作最光荣；等等。由此可见，自我理想往往与价值观是一致的。一般来说，青年人在这个时期，由于精力充沛，大多具有自己追求的目标，目标在这个时期往往成为他们自我奋斗的一种象征，并由此产生巨大的吸引力。

4．抽象思维的发展

抽象思维的发展是个人智力发展的一个飞跃。抽象思维能力提高了，就能使人们的思维超越具体的环境而进入精神的境界，即所谓达到了心理的自我。心理的自我主要是通过人们的思维和想象实现的。当自我意识的发展从成人的约束下独立出来，而强调自我价值和自我理想的时候，个体的自我意识也就确立了。因此，自我意识形成的过程，就是个体不断成长的过程。

三、自我认识的方法

认识自己的方法有很多，常见的主要有以下几种。

（一）自我评价

春秋时期，曾子就曾说过："吾日三省吾身。"意思是我每天多次反省自己的言行。古希腊哲学家苏格拉底也曾说过："未经反省的生活是没有价值的生活。"所以，反省对于加强自我了解是非常必要的。

可以找个安静的地方，沉静下来，认真回顾自己过去的经历，了解和分析自己的兴趣、气质性格、能力等，然后思考一下自己的未来，挖掘自己内心的需要。通过回忆那些对自己人生有重要影响的关键事件并进行反思与分析，如高考的成败、专业与学校的选择等，将这些学习、生活中已经发生过的关键事件一一进行分析，这将有助于进行更深入的自我了解。同时，每个人也可以根据自己的实际情况，通过写日记的方式来进行自我评价。

（二）360度评估法

360度评估法又称多渠道评估法，是指通过收集与自己有密切关系的不同层面人员（如老师、家人、朋友、同学、社会人士等）的评估信息来全方位地评估自己。通过评估反馈，可以获得多层面人员对自己素质、能力等方面的意见，比较全面、客观地了解有关受评者的个人特质、优缺点等信息，作为自己进行职业生涯规划及能力发展的参考（见表3-1）。

表 3-1　360 度评估

	优点	缺点
自我评估		
辅导员评估		
家人评估		
同学评估		
兼职老板评估		
朋友评估		
客户评估		
专业课老师评估		
评估总结		

（三）周哈里窗口

英国心理学家鲁夫特与英格汉提出"周哈里窗口"（Johari Window）模型。"窗"是指一个人的心就像一扇窗，周哈里窗口展示了关于自我认知、行为举止和他人对自己的认知之间在有意识或无意识的前提下形成的差异，由此分割为四个范畴：一是面对公众的自我塑造范畴；二是被公众获知但自我无意识范畴；三是自我有意识在公众面前保留的范畴；四是公众及自我两者无意识范畴，也称为潜意识。应用此模式，自我认知可以分为相对应的四个部分，即开放我、盲目我、隐藏我、未知我（见图 3-1）。

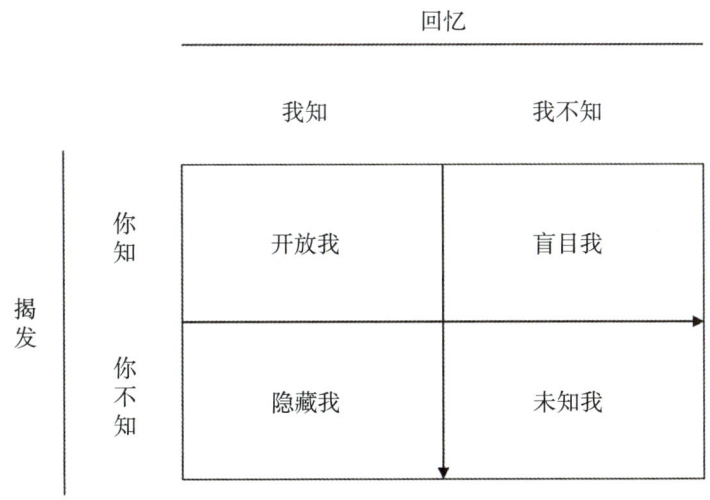

图 3-1　"周哈里窗口"模型

1. 开放我

图 3-1 中左上角那一扇窗称为"开放我"，也称"公众我"，属于自由活动领域。这是自己

清楚别人也知道的部分，即"当事者清，旁观者也清"。如我们的性别、外貌，以及某些可以公开的信息，包括婚否、职业、工作生活所在地、能力、爱好、特长、成就等。"开放我"的大小取决于自我心灵开放的程度、个性张扬的力度、人际交往的广度、他人的关注度、开放信息的利害关系等。"开放我"是自我最基本的信息，也是了解自我、评价自我的基本依据。

2. 盲目我

图3-1中右上角那一扇窗称为"盲目我"，也称"背脊我"，属于盲目领域。这是自己不知道而别人却知道的部分，即"当事者迷，旁观者清"。可以是一些很突出的心理特征，如有人轻易承诺，转眼间却忘得干干净净；也可以是不经意的一些小动作或行为习惯，如一个得意的或者不耐烦的神态和情绪流露，本人不察觉，除非有别人告知。盲目点可以是一个人的优点或缺点。因为事先不知、不觉，所以当别人告诉自己时，或惊讶，或怀疑，或辩解，特别是在听到与自己初衷或想法不相符的情况时。"盲目我"的大小与自我观察、自我反省的能力有关，通常内省特质比较强的人，盲目点比较少，"盲目我"比较小。而熟悉并指出你的"盲目我"的他者，往往也是关爱你的人、欣赏你的人、信任你的人（虽然也可能是最挑剔你的人）。所以，我们要学会用心聆听，重视他人的回馈，不固执，不过早下结论；学会感恩，帮助自己拨开迷雾见青天。

3. 隐藏我

图3-1中左下角那一扇窗称为"隐藏我"，也称为"隐私我"，属于逃避或隐藏领域。这是自己知道而别人不知道的部分，与"盲目我"正好相反。也就是我们常说的隐私、个人秘密，留在心底，不愿意或不能让别人知道的事实或心理。身份、缺点、往事、疾患、痛苦、窃喜、愧疚、尴尬、欲望、意念等，都可能成为"隐藏我"的内容。相比较而言，心理承受能力强的人、隐忍的人、自闭的人、自卑的人、胆怯的人、虚荣或虚伪的人，"隐藏我"会更多一些。适度地内敛和自我隐藏，给自我保留一个私密的心灵空间，避去外界的干扰，是正常的心理需要。没有任何隐私的人，就像住在透明房间里，缺乏自在感与安全感。但是"隐藏我"太多，"开放我"就会太少，如同筑起一座封闭的心灵城堡，无法与外界进行真实有效的交流与融合，既压抑了自我，也令周围的人感到压抑，容易导致误解和曲解，造成他评和自评的巨大反差，成为人际交往的迷雾与障碍。勇于探索自我者，不能只停留在"开放我"的层面，还应敢于直面"隐藏我"的秘密和实质。

4. 未知我

图3-1中右下角那一扇窗称为"未知我"，也称"潜在我"。这是自己和别人都不知道的部分，有待挖掘和发现。通常是指一些潜在能力或特性，如一个人经过训练或学习后，可能获得的知识与技能，或者在特定的机会里展示出来的才干；也包含弗洛伊德提出的潜意识层面，仿佛隐藏在海水下的冰山，力量巨大却又容易被忽视。只有对"未知我"进行探索和开发，才能更全面而深入地认识自我、激励自我、发展自我、超越自我。尝试探索全新的领域，挖掘潜力，就会收获惊喜。勇于自我探索者，要善于开发"未知我"。

案例分享

名人故事[①]

"天生我材必有用。"一个人能否成才，不仅需要树立雄心、下苦功，还需要树立正确的成才目标。曾是医生的契诃夫，在医术上未能作出特殊贡献，但在世界文坛上却显示出了光辉的一面。

科学家爱因斯坦在20世纪50年代，曾被邀请担任以色列总统，但他拒绝了。他说，我的一生都在同客观物质打交道，因而既缺乏天生的才智，也缺乏经验来处理行政事务以及公正地对待别人的能力，所以，本人不适合如此高官重任。

美国大文豪马克·吐温曾经经商，做过打字机生意，办过出版公司，结果亏了30万美元。他的妻子深知丈夫虽没有经商的本事，却有文学天赋，便帮助他鼓起勇气，振作精神，重走写作之路，马克·吐温很快摆脱了失败的痛苦，在文学创作上取得了辉煌的成就。

点评

在事业上有所作为的人，无不是从认识自我、设计自我、创造自我开始的。培根说："认识自己比认识世界更难。"一个人能否准确地认识自己，往往是一生中能否有所创造、有所成功的关键。

任务二　发现职业兴趣

一、认知兴趣

兴趣是人们力求认识、掌握某种事物，并经常参与该种活动的心理倾向，或者说，兴趣是人们积极探究某种事物的认识倾向。例如，个人对某种职业感兴趣，就会对该种职业活动表现出肯定的态度，并积极思考、探究和追求。

人的兴趣在人的发展过程中起着十分重要的作用。孔子曾经说过："知之者不如好之者，好之者不如乐之者。"爱因斯坦说："兴趣是最好的老师。"木村久一说："天才，就是强烈的兴趣和顽强的入迷。"

兴趣来源于好奇，好奇心是人类与生俱来的。一个人只有对某件事情产生了好奇心，有了兴趣，才会启动思维，苦思冥想；一个人只有对一个问题感兴趣，才会主动去寻找解决它的办法；一个人只有在做事情时感到其乐无穷，精神才会高度集中，才能充分发挥自身的聪明才智，才能有所创造，有所发明。兴趣是激发学习积极性的动力，兴趣也是激发创造力的必要条件。

[①] 杨炜苗. 大学生职业生涯规划与就业指导[M]. 北京：清华大学出版社，2020：43.

兴趣与选择[①]

孙某像许多大学生一样，在高考填报志愿选择专业的时候是懵懵懂懂的，不知道该选什么专业好。别人告诉她"选你自己喜欢的"，她却发现并不了解自己真正喜欢什么。她听从家长的意见，选了"女孩子比较适合"的外语专业。她对自己所学的专业谈不上非常喜欢，但也不是特别讨厌。她很在意别人的看法，如她所学的专业是否有前途，其他专业好不好，等等。每当这时候，她都会陷入困惑和迷茫，疑惑所学的专业究竟是否适合自己，不知道什么样的职业才是自己最喜欢的。

赵某则为他的兴趣太多而苦恼。他的兴趣十分广泛，从小到大，他学过武术、绘画、唱歌、乒乓球，收集过邮票，研究过昆虫、兵器乃至鞋子……在某些方面还得过奖。可就是没常性，过不了多久就扔一边了。面对职业选择时，他想知道到底什么才是自己真正的兴趣。

李某喜欢文学，当一个作家是她的梦想。可父母认为学计算机做IT精英才有前途。她现在在某大学的计算机专业读大二，成天郁郁寡欢。无论自己怎么努力，都没法喜欢上数学、计算机这些理论性很强的课程，所以学起来有些吃力。想换专业又很难实现，对自己也有些失去信心了。

点评

3位学生的经历在当今的大学生中并不少见。有的人觉得自己的兴趣十分模糊，有的人兴趣又过于广泛，还有的人兴趣明确却因为各种原因进入了一个与自己兴趣不相符合的专业。他们都对此感到苦恼，想要知道怎样才能将自己的兴趣与未来的职业结合起来。更重要的是，怎样正确地认识自己，了解自己的兴趣，并将它与自己的专业和职业相结合，这是当代大学生普遍面临的问题。

二、认知"兴趣—生涯发展"的关系

兴趣对大学生的学习活动和职业生涯有着相当重要的作用，在学习与实践中，大学生要发现、认识自己的兴趣，树立远大理想目标，将兴趣与理想信念相结合，科学规划职业生涯发展。

（一）认识兴趣对职业生涯发展的重要影响

马克思在《青年在选择职业时的考虑》中谈道："我们应当认真考虑所选择的职业是不是真正使我们受到鼓舞？我们的内心是不是同意？"大学生对将要从事的职业是否有浓厚的兴趣，对于他的学习活动和职业生涯有着相当重要的作用。

具体来说，兴趣对大学生生涯发展的影响主要表现在以下几个方面。

---

① 董葵，王独伊. 大学生职业生涯规划［M］. 北京：科学出版社，2020：70.

1．兴趣是职业生涯选择的重要依据

兴趣是最好的老师，是一种强大的精神力量。兴趣可以使人集中精力去获得所喜欢的职业知识，启迪智慧并创造性地开展工作。

当一个人对某种职业发生兴趣时，他就能发挥整个身心的积极性；就能积极地感知和关注该职业相关的知识、动态，并且积极思考，大胆探索；就能情绪高涨，想象丰富；就能增强记忆效果，增强克服困难的意志。反之，则不会取得良好效果，也很难在该职业上发挥个人的优势，作出巨大贡献。正如在日常生活中喜欢从事自己感兴趣的活动一样，人们更倾向于选择自己感兴趣的职业。一般来说，兴趣是职业生涯适应的一个基本方面，可以为职业生涯选择提供有效的信息。

2．兴趣可以提高工作效率，充分发挥才能

一个人对某一方面的工作有兴趣时，枯燥的工作会变得丰富多彩、趣味无穷。兴趣使工作不再是一种负担，而是一种享受。因为兴趣可以调动人的全部精力，以敏锐的观察力、高度的注意力、深刻的思维和丰富的想象力投入工作，促进能力的发挥，而兴趣和能力的合理结合也会大大提高工作效率。有关研究资料表明：如果从事自己感兴趣的职业，就能发挥全部才能的80%～90%，而且长时间保持高效率而不感到疲劳；相反，对所从事的工作没有兴趣，就只能发挥全部才能的20%～30%。

3．兴趣是保证职业生涯稳定发展的重要因素

兴趣是工作动力的主要源泉之一，对某一职业有浓厚的兴趣，是智力开发的"孵化器"。对于一个人来说，对工作感兴趣，就愿意钻研，就会出成就，这正是兴趣的作用所在。兴趣主要用于预测自己的工作满意度和工作稳定性，工作满意是职业生涯适应的一大标志。在其他条件相似的情况下，从事自己感兴趣的职业不但能让自己感到满意，而且能够让工作单位感到满意，并由此使工作具有长期性和稳定性。此外，多方面的兴趣可以使人善于应付多变的环境。如需变换工作，只要自己感兴趣，就能够很快地学会相关知识和技能，并能够很快地熟悉和适应新的工作。因此，兴趣是职场成功的一个重要因素，它能将人的潜能最大限度地调动起来，使人长期专注于某一方向，通过努力取得令人注目的成绩。

一个人如果能根据自己的爱好去选择生涯，他的主动性将会得到充分发挥。即使十分疲倦和辛劳，也总是兴致勃勃，心情愉快；即使困难重重也绝不灰心丧气，而能想尽办法，百折不挠地去克服困难，甚至废寝忘食，如醉如痴。爱迪生就是个很好的例子，他几乎每天都在实验室里辛苦工作十几个小时，在那里吃饭、睡觉，但丝毫不以为苦，"我一生中从未间断过一天工作"，他宣称"我每天其乐无穷"，所以他会取得卓越的成功。

因此，在选择长期、稳定的职业生涯时，不仅需要知道自己有能力从事什么样的工作，更重要的是需要知道自己对哪类工作感兴趣。只有将能力和兴趣结合起来考虑，才更有可能规划好职业生涯并取得职业生涯的成功。

（二）融合兴趣与理想信念，实现职业发展目标

自我并非单纯的自我，还是社会的自我、理想的自我，所以大学生要适应自己所处的社会

环境，紧跟时代步伐与社会发展潮流，将自己的兴趣爱好与理想信念相融合，才能更好地实现自己职业生涯发展目标。

孔子说："取乎其上，得乎其中；取乎其中，得乎其下；取乎其下，则无所得矣。"孙中山先生说："世界潮流，浩浩荡荡，顺之则昌，逆之则亡。"习近平总书记指出："青年时代树立正确的理想、坚定的信念十分紧要，不仅要树立，而且要在心中扎根，一辈子都能坚持为之奋斗。"[①]理想指引人生方向，信念决定事业成败，每个在校学习的大学生，都对生活怀有多彩的憧憬，想象着职业生涯之路，只有把人生理想融入国家和民族的事业，把兴趣与自身理想目标相结合，才能做到心中有阳光，脚下有力量，才能成为适应社会发展、社会需要的有用之才，才能真正实现自己的职业生涯发展目标，最终成就一番事业。

> **该不该把兴趣当作事业？**[②]
>
> 《职业经理人周刊》上有这样一篇文章《该不该把兴趣当作事业？》，若真是以兴趣爱好来衡量事业达成之远近，那么，乔布斯的爱好是电子产品？皮克斯的成功应该怎么解释？乔布斯的第二爱好是电影动画吗？
>
> 倒过来想这些事，就知道了。驱动他们的不是兴趣爱好，而是理想。
>
> 例如，乔布斯的理想是"改变世界"；盖茨的理想是"让每个家庭的桌面上都有一台计算机"。Sony做这么多电器，为什么没见过Sony电冰箱和Sony洗衣机？因为Sony自称是"一家激发并满足您好奇心的公司"，他们觉得电冰箱、洗衣机很无趣。这是理想，不是兴趣爱好。或者如果非要说他们之间有什么共同点，也许是热爱。
>
> **点评**
>
> 青年大学生要顺应社会潮流，要有远大理想，只有树立了远大理想，自身的爱好和兴趣才能找到正确的方向，才能在职业发展的路上有明确目标，这样的理想才能生根发芽，充满希望，人生才会有前进的动力。

三、人职匹配模型与测评

人的人格类型、兴趣与职业密切相关，所以，进行恰当的人职匹配具有非常重要的意义，而进行人职匹配的前提之一是必须对人的个体特性有充分的了解和掌握。人才测评是了解个体特征的最有效方法，人职匹配理论是现代人才测评的理论基础，其中影响较广泛的有霍兰德人职匹配理论。

（一）霍兰德人职匹配理论——职业兴趣六种类型

霍兰德人职匹配理论认为，人的人格类型、兴趣与职业密切相关，一个人的职业兴趣会极

---

① 中共中央文献研究室.习近平关于青少年和共青团工作论述摘编[M].北京：中央文献出版社，2017：25.
② 唐僧同志.该不该把兴趣当作事业？[J].中国青年，2015(12)：33.

大地影响职业的适宜度。当一个人从事的职业与其兴趣相吻合时，就可能发挥最佳水平，易于作出成就；反之则可能感到极不适应或者毫无兴趣，即使取得一定成绩也难以获得成就感。

霍兰德经过大量的分析研究，把职业兴趣分为六种基本类型，并把每一个人都归属于其中的一种或几种类型。

1. 社会型

社会型的特征：喜欢与人交往、不断结交新的朋友；善言谈、愿意教导别人；关心社会问题、渴望发挥自己的社会作用；寻求广泛的人际关系，比较看重社会义务和社会道德。

典型职业：喜欢做与人打交道的工作，能够不断结交新的朋友，主要从事提供信息、启迪、帮助、培训、开发或治疗等工作。如教育工作者（教师、行政人员）、社会工作者（咨询人员、公关人员）。

2. 企业型

企业型的特征：追求权力、权威和物质财富，具有领导才能；喜欢竞争、敢冒风险、有野心、有抱负；为人务实，习惯以利益得失、权力、地位、金钱等衡量做事的价值，做事有较强的目的性。

典型职业：具备经营、管理、劝服、监督和领导才能，主要从事实现机构政治、社会及经济目标的工作。如项目经理、销售人员、营销管理人员、政府公务员、企业领导、法官、律师。

3. 传统型

传统型的特征：尊重权威和规章制度，喜欢按计划办事，细心、有条理；习惯接受他人的指挥和领导，自己不谋求领导职务；喜欢关注实际和细节情况，通常较为谨慎和保守，缺乏创造性，不喜欢冒险和竞争，富有自我牺牲精神。

典型职业：注意细节、精确度，有系统、有条理，多从事记录、归档、根据特定要求或程序组织数据和文字信息的职业。如秘书、办公室人员、记事员、会计、行政助理、图书馆管理员、出纳员、打字员、投资分析员。

4. 现实型

现实型的特征：愿意使用工具从事操作性工作，动手能力强，做事手脚灵活，动作协调；偏好于具体任务，不善言辞，做事保守，较为谦虚；缺乏社交能力，通常喜欢独立做事。

典型职业：喜欢使用工具、机器，需要基本操作技能的工作，多从事要求具备机械方面的才能、体力或从事与物件、机器、工具、运动器材、植物、动物相关的职业。如技术性职业（计算机硬件人员、摄影师、制图员、机械装配工）、技能性职业（木匠、厨师、修理工、农民）。

5. 研究型

研究型的特征：抽象思维能力强，求知欲强，肯动脑，善思考，不愿动手；喜欢独立的和富有创造性的工作；知识渊博，有学识才能，不善于领导他人；考虑问题理性，做事喜欢精确，喜欢逻辑分析和推理，不断探讨未知的领域。

典型职业：喜欢智力的、抽象的、分析的、独立的定向任务，主要从事要求具备智力或分析才能，并将其用于观察、衡量、形成理论，最终解决问题的工作。如科学研究人员、教师、工程师、电脑编程人员、医生、系统分析员。

6．艺术型

艺术型的特征：有创造力，乐于创造新颖、与众不同的成果，渴望表现自己的个性，实现自身的价值；做事理想化，追求完美，不重实际；具有一定的艺术才能和个性；善于表达、怀旧、心态较为复杂。

典型职业：喜欢的工作要求具备艺术修养、创造力、表达能力和直觉，并将其用于语言、行为、声音、颜色和形式的审美、思索和感受。如艺术方面（演员、导演、艺术设计师、雕刻家、建筑师、摄影家、广告制作人）、音乐方面（歌唱家、作曲家、乐队指挥）、文学方面（小说家、诗人、剧作家）的工作。

（二）霍兰德人职匹配理论——职业兴趣类型相关性

霍兰德在研究中发现，尽管大多数人的人格类型可以主要地划分为某一类型，但个人又有着广泛的适应能力，其人格类型在某种程度上相近于另外两种人格类型，也能适应其他两种职业类型的工作。也就是说，某些类型之间存在着较多的相关性，同时每一类型又有极为相斥的职业环境类型。霍兰德用一个六边形简明地描述了六种类型之间的关系。霍兰德所划分的六大类型，并不是并列的、有着明晰边界的。他以六边形标示出六大类型的关系，如图3-2所示。

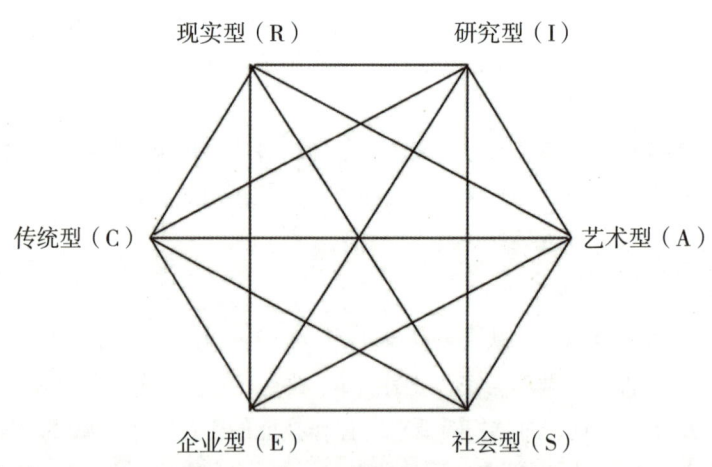

图3-2 霍兰德职业兴趣类型

从图3-2中可以看出：每一种类型与其他类型之间存在不同程度的关系，大体可描述为三类。

（1）相邻关系，如RI、IR、IA、AI、AS、SA、SE、ES、EC、CE、RC及CR。属于这种关系的两种类型的个体之间共同点较多，如现实型（R）、研究型（I）的人都不太偏好人际交往，这两种职业环境中也都较少有机会与人接触。

（2）相隔关系，如 RA、RE、IC、IS、AR、AE、SI、SC、EA、ER、CI 及 CS。属于这种关系的两种类型个体之间共同点较相邻关系少。

（3）相对关系，即在六边形上处于对角位置的类型之间的关系，如 RS、IE、AC、SR、EI 及 CA。相对关系的人格类型共同点更少，因此，一个人同时对处于相对关系的两种职业环境都感兴趣的情况较为少见。

人们通常倾向于选择与自我兴趣类型匹配的职业环境，如具有现实型兴趣的人在现实型的职业环境中工作，可以最好地发挥个人的潜能。但职业选择中，个体并非一定要选择与自己兴趣完全对应的职业环境。一是因为个体本身常是多种兴趣类型的综合体，单一类型显著突出的情况不多，因此，评价个体的兴趣类型时也时常以其在六大类型中得居前三位的类型组合进行，组合时根据分数的高低依次排列字母，构成其兴趣组型，如 RCA、AIS 等；二是因为影响职业选择的因素是多方面的，不完全依据兴趣类型，还要参照社会的职业需求及获得职业的现实可能性。因此，职业选择时会不断妥协，寻求相邻职业环境甚至相隔职业环境，在这种工作环境中，个体需要逐渐适应。但如果个体寻找的是相对的职业环境，则意味着所进入的是与自我兴趣完全不同的职业环境，工作起来就难以适应，或者难以做到工作时觉得快乐，甚至可能会每天工作得很痛苦。

（三）霍兰德人职匹配理论——职业兴趣测评

本测评是在霍兰德研究的《职业倾向能力测验量表》基础上，根据中国的具体国情修订而成。本测评将帮助人们发现和确定自己的职业兴趣和能力特长，从而使自己更科学地作出职业选择。

霍兰德职业兴趣测评问卷

本测验共有 4 个部分，共计 192 道题，请按自己的实际情况依次对每道测验题作出选择并打"√"标记，不要漏答任何一道题。

第一部分　你愿意从事下列活动吗？	
现实型活动（R）	艺术型活动（A）
1. 装配/修理电器或玩具	11. 素描/制图或绘画
2. 修理自行车	12. 参加话剧戏曲表演
3. 用木头做东西	13. 设计家具布置室内
4. 开汽车或摩托车	14. 练习乐器/参加乐队
5. 用机器做东西	15. 欣赏音乐或戏剧
6. 参加木工技术学习班	16. 看小说/读剧本
7. 参加制图描图学习班	17. 从事摄影创作

续表

现实型活动（R）	艺术型活动（A）
8. 驾驶卡车或拖拉机	18. 写诗或吟诗
9. 参加机械和电气学习	19. 进艺术(美术/音乐)培训班
10. 装配/修理机器	20. 练习书法
研究型活动（I）	**社会型活动（S）**
21. 读科技图书和杂志	31. 参加学校或单位组织的正式活动
22. 在实验室工作	32. 参加某个社会团体或俱乐部的活动
23. 改良水果品种，培育新的水果	33. 帮助别人解决困难
24. 调查了解土壤和金属等物质的成分	34. 照顾儿童
25. 研究自己选择的特殊问题	35. 出席晚会、联欢会、茶话会
26. 解算式或数学游戏	36. 和大家一起出去郊游
27. 学物理课	37. 想获得关于心理方面的知识
28. 学化学课	38. 参加讲座或辩论会
29. 学几何课	39. 观看或参加体育比赛和运动会
30. 学生物课	40. 结交新朋友
企业型活动（E）	**常规型活动（C）**
41. 说服、鼓动他人	51. 整理桌面和房间
42. 卖东西	52. 抄写文件和信件
43. 谈论政治	53. 为领导写报告或公务信函
44. 制订计划、参加会议	54. 查阅个人收支情况
45. 以自己的意志影响别人的行为	55. 参加打字培训班
46. 在社会团体中担任职务	56. 参加文秘等实务培训
47. 检查与评价别人的工作	57. 参加商业会计培训班
48. 结识名流	58. 参加情报处理培训班
49. 指导有某种目标的团体	59. 整理信件、报告、记录等
50. 参与政治活动	60. 写商业贸易信

续表

第二部分　你具有擅长或胜任下列活动的能力吗？

现实型能力（R）	艺术型能力（A）
61. 能使用电锯、电钻和锉刀等工具	71. 能演奏乐器
62. 知道万用表的使用方法	72. 能参加一部或四部合唱
63. 能够修理自行车或其他机械	73. 能独唱或独奏
64. 能够使用电钻床、磨床或缝纫机	74. 能扮演剧中角色
65. 能够给家具和木制品刷漆	75. 能创作简单的乐曲
66. 能够看建筑等设计图	76. 会跳舞
67. 能够修理简单的电气用品	77. 会绘画、素描或书法
68. 能够修理家具	78. 会雕刻、剪纸或泥塑
69. 能够修理收录机	79. 能设计海报、服装或家具
70. 能够简单地修理水管	80. 写得一手好文章
研究型能力（I）	社会型能力（S）
81. 懂得真空管或晶体管的作用	91. 有向各种人说明解释的能力
82. 能够列举出3种含蛋白质多的食品	92. 常参加社会福利活动
83. 能理解铀的裂变	93. 工作中能和大家友好相处
84. 会用计算尺、计算器、对数表	94. 善于与年长者相处
85. 会使用显微镜	95. 会邀请人、招待人
86. 能找到3个星座	96. 能简单易懂地教育儿童
87. 能独立进行调查研究	97. 能安排会议等活动的顺序
88. 能解释简单的化学式	98. 善于体察人心和帮助他人
89. 能理解人造卫星为什么不落地	99. 能帮助护理病人或伤员
90. 经常参加学术会议	100. 能安排社团组织的各种事务

续表

企业型能力（E）	常规型能力（C）
101. 担任过学生干部并且干得不错	111. 能够熟练地打字及打印
102. 工作上能指导和监督他人	112. 会用外文打字机或复印机
103. 做事充满活力和热情	113. 能快速记笔记和抄写文章
104. 有效地用自身的做法调动他人	114. 善于整理保管文件和资料
105. 销售能力强	115. 善于从事事务性的工作
106. 曾担任俱乐部或社团的负责人	116. 会用算盘
107. 能向领导提出建议或反映意见	117. 能在短时间内分类和处理大量文件
108. 有开创事业的能力	118. 能使用计算机
109. 知道怎样做能成为一个优秀的领导者	119. 能搜集数据
110. 健谈善辩	120. 善于为自己或集体作财务预算表

第三部分　你喜欢下列的职业吗？

现实型职业（R）	艺术型职业（A）
121. 飞机机械师	131. 乐队指挥
122. 野生动物专家	132. 演奏家
123. 汽车维修工	133. 作家
124. 木匠	134. 摄影家
125. 测量工程师	135. 记者
126. 无线电报务员	136. 画家、书法家
127. 园艺师	137. 歌唱家
128. 长途公共汽车司机	138. 作曲家
129. 火车司机	139. 电影电视演员
130. 电工	140. 节目主持人

研究型职业（I）	社会型职业（S）
141. 气象学或天文学家	151. 街道、工会或妇联干部
142. 生物学家	152. 小学、中学教师

续表

研究型职业（I）	社会型职业（S）
143.医学实验室的技术人员	153.精神病医生
144.人类学家	154.婚姻介绍所工作人员
145.动物学家	155.体育教练
146.化学家	156.福利机构负责人
147.数学家	157.心理咨询员
148.科学杂志的编辑或作家	158.共青团干部
149.地质学家	159.导游
150.物理学家	160.国家机关工作人员
企业型职业（E）	**常规型职业（C）**
161.厂长	171.会计师
162.电视片编制人	172.银行出纳员
163.公司经理	173.税收管理员
164.销售员	174.计算机操作员
165.不动产推销员	175.簿记人员
166.广告部部长	176.成本核算员
167.体育活动主办者	177.文书档案管理员
168.销售部部长	178.打字员
169.个体工商业者	179.法庭书记员
170.企业管理咨询人员	180.人口普查登记员

第四部分　请评定你在下述各方面的能力等级

［注：请先将自己与同龄人在相应方面的能力做比较，然后经斟酌后作出评定，并将评定的等级数填写在答卷上。评定共分7级(1、2、3、4、5、6、7)，数字越大表示能力越强］

181.你的机械操作能力等级为(1~7)：

182.你的艺术创作能力等级为（1~7)：

183.你的科学研究能力等级为(1~7)：

184.你的解释表达能力等级为（1~7)：

第四部分　请评定你在下述各方面的能力等级 续表
［注：请先将自己与同龄人在相应方面的能力做比较，然后经斟酌后作出评定，并将评定的等级数填写在答卷上。评定共分 7 级(1、2、3、4、5、6、7)，数字越大表示能力越强］
185．你的商业洽谈能力等级为(1~7)：
186．你的事务执行能力等级为(1~7)：
187．你的体力技能等级为(1~7)：
188．你的音乐技能等级为(1~7)：
189．你的数学技能等级为(1~7)：
190．你的交际能力等级为（1~7)：
191．你的领导能力等级为(1~7)：
192．你的工作技能等级为（1~7)：
计分规则：前三部分中，每勾中一题计 1 分，第四部分由被测者自己打分，合并计算后即可得出各个类型的总分。比较哪类分值高，即可得出大致人格倾向

任务三　分析职业性格

一、认知性格

在日常生活中，有的人勤奋，有的人懒惰；有的人认真，有的人马虎；有的人谦虚谨慎，有的人狂妄自大；有的人对人热情，有的人对人冷淡；有的人乐于助人，有的人自私自利；等等，这些不同的心理特征是人的性格差异造成的。

性格也称人格特质，是一个人在生活中对他人、事物、自己、外在环境所表现出来的一致性因应方式。每个人在其成长经历中，可能受到生理、遗传、家庭教养、文化、学习经验等因素的交互作用，从而形成自己的独特个性，在不同的情境中表现出特定的气质。

性格是在社会生活实践中逐渐形成的，它受社会历史文化的影响，有明显的社会道德评价意义，直接反映了一个人的道德风貌，一旦形成便比较稳定。气质更多地体现了人格的生物属性，性格则更多地体现了人格的社会属性，个体之间个性差异的核心是性格的差异。

二、测试性格（MBTI 方法）

大学生应该如何了解自己的性格，真正地认识自己的潜能，选择适合自己的发展方向？MBTI（Myers-Briggs Type Indicator）方法是世界上应用比较广泛，也是较权威的性格测试方法，能够帮助大学生做到自我认知。

MBTI性格理论的基础是瑞士著名心理学家卡尔·荣格先生关于心理类型的划分，后经美国一对心理学家母女凯瑟琳·库克·布里格斯与伊莎贝尔·布里格斯·迈尔斯研究并加以发展。这种理论可以帮助解释为什么不同的人对不同的事物感兴趣，擅长不同的工作，并且有时不能互相理解。

（一）MBTI中的4个维度

MBTI衡量的是个人的类型偏好，或称为倾向。所谓"偏好"，是一种天生的倾向性，是一种特定的行为和思考方式。这些偏好并无优劣之分，却形成了人与人之间的差异，它们各自识别了一些人正常和有价值的行为，也可能成为误解和偏见的来源。MBTI用4个维度偏好二分法来评估一个人的类型偏好，每个维度偏好二分法均由两极组成，具体见表3-2。

表3-2　MBTI维度解释

能量倾向：你更喜欢将自己的注意力集中于何处？你从何处获得活力？（E-I维度）	
外倾型（E） 　　注意力和能量主要指向外部世界的人和事，从与人交往和行动中得到活力 ・关注外部环境 ・喜欢用谈话的方式进行沟通 ・通过谈话形成自己的意见 ・用实际操作或讨论的方式能学得更好 ・兴趣广泛 ・好与人交往，善于表达 ・先行动，后思考 ・在工作和人际关系中都很积极主动	**内倾型（I）** 　　注意力和能量集中于自己的内心世界，从对思想、回忆和情感的反思中得到活力 ・关注自己的内心世界 ・更愿意用书面方式沟通 ・通过思考形成自己的意见 ・用思考、在头脑中"练习"的方式学得最好 ・兴趣专注 ・安静而显得内向 ・先思考，后行动 ・当情境或事件具有重要意义时会采取主动
接收信息：你如何获取信息？（S-N维度）	
感觉型（S） 　　用自己的五官来获取信息。喜欢收集实实在在的、确实已出现的信息。对于周围发生的事件观察入微，特别关注现实 ・着眼于当前的实际情况 ・现实、具体 ・关注真实的、实际存在的事物 ・观察敏锐，并能记住细节 ・经过仔细周详的推理一步步得出结论 ・通过实际运用来理解抽象的思维和理论 ・相信自己的经验	**直觉型（N）** 　　通过想象、无意识等超越感觉的方式来获取信息。喜欢看整个事件的全貌，关注事实之间的关联。想要抓住事件的模式，特别善于看到新的可能性 ・着眼于未来的可能 ・富于想象力和创造性 ・关注数据所代表的模式和意义 ・当细节与某一模式相关时才能记住 ・靠直觉很快得出结论 ・希望在应用理论之前先能对之进行澄清 ・相信自己的灵感

续表

处理信息：你是如何做决定的？（T-F 维度）	
思考型（T） 通过分析某一行动或选择的逻辑后果来作决定。会将自己从情境中分离出来，对事件的正反两方面进行客观的分析。从批判和分析事件的错误中获得解决问题的动力。目标是要找到一个能应用于所有相似情境的标准或原则 ·好分析的 ·运用因果推理 ·以逻辑的方式解决问题 ·寻求一个合乎真理的客观标准 ·爱讲理的 ·可能显得不近人情 ·公平意味着每个人都能得到平等的待遇	**情感型（F）** 喜欢考虑对自己和他人来说什么是重要的。会在头脑中将自己放在情境所牵涉的所有人的位置上并试图理解别人的感受，然后在此基础上根据自己的价值判断作出决定。从对他人表示赞赏和支持中获得活力。目标是创造和谐的氛围，把每一个人都当作一个独特的个体来对待 ·善于体贴他人、感同身受 ·受个人价值观的引导 ·衡量决定对他人产生的后果和影响 ·寻求和谐的气氛和积极的人际交往 ·富于同情心 ·可能会显得心肠软 ·公平意味着每个人都被作为独特的个体来对待

行动方式：你如何与外部世界打交道？（J-P 维度）	
判断型（J） 喜欢将事情管理得井井有条，过一种有计划的、井然有序的生活。喜欢作出决定，完成后继续下面的工作。生活通常会比较有规划、有秩序，喜欢把事情敲定下来，从完成任务中获得能量。照计划和日程安排办事对他们来说很重要 ·有计划的 ·喜欢组织管理自己的生活 ·有系统的 ·按部就班 ·爱制订短期和长期计划 ·喜欢把事情落实敲定 ·力图避免最后一分钟才能决定或完成任务的压力	**知觉型（P）** 喜欢以一种灵活、自发的方式生活，更愿意去体验和理解生活而不是去控制它。详细的计划或最后的决定会使他们感到被束缚。愿意对新的信息和选择保持开放，直到最后一分钟。足智多谋、善于调节自己适应当前场合的需要，并从中获得能量 ·自发 ·灵活 ·随意 ·开放 ·适应，改变方向 ·不喜欢把事情确定下来，以留有改变的可能性 ·最后一分钟的压力会使他们感到活力充沛

以上 4 个维度，每个人都会有自己天生就具有的倾向性，也就是处在两个方向分界点的这边或那边，我们称为"偏好"。

在现实生活中，每个维度的两个方面都会用到，只是其中的一个方面用得更频繁、更舒适，就好像每个人都会用到左手和右手，习惯用左手的人是"左撇子"，习惯用右手的人是"右撇子"。同样，在 4 个维度上用得最频繁、最熟练的那种方式就是在这个维度上的偏好，而将这些偏好加以组合，就形成了人的性格类型，它反映了人在一系列心理过程和行为方式上的特点。这些不同的心理特征就是人的性格差异。

（二）16种性格类型及特征

人的性格非常复杂，MBTI的各个维度之间会相互影响，所以，不能从单个维度去理解人，需要将4个维度结合起来，才能正确地了解一个人。在MBTI中，4个维度中的两极正好组合成 2×2×2×2=16 种性格类型，见表3-3。

表3-3　MBTI 16种性格类型及其通常具有的特征

名称	含义
ISTJ	沉静，认真；贯彻始终、得人信赖而取得成功；讲求实际，注重事实，能够合情合理地去决定应做的事情，而且坚定不移地把它完成，不会因外界事物而分散精神；无论在工作上、家庭上还是生活上，做事都以有次序、有条理为乐，重视传统和忠诚
ISFJ	沉静、友善，有责任感和谨慎，能坚定不移地承担责任，做事贯彻始终、不辞辛劳和准确无误；忠诚，替人着想，细心；往往记着他所重视的人的种种微小事情，关心别人的感受；努力创造一个有秩序、和谐的工作和家居环境
INFJ	探索意念、人际关系和物质拥有欲的意义和它们之间的关系；希望了解什么可以激发人们的推动力，对别人有洞察力；尽责，能够履行他们坚持的价值观念，有一个清晰的理念以谋取大众的最佳利益；能够有条理地、果断地去实践他们的理念
INTJ	有具有创意的头脑，有很大的冲动去实践他们的理念和达到目标；能够很快地掌握事情发展的规律，从而想出长远的发展方向；一旦作出承诺，便会有条理地开展工作，直到完成为止；独立自主；无论为自己或者为他人，都有高水准的工作表现
ISTP	容忍，有弹性；是冷静的观察者，但当有问题出现时，便迅速行动，找出可行的解决方法；既能够分析哪些东西可以使事情进行顺利，又能够从大量资料中找出实际问题的重心；很重视事件的前因后果，能够以理性的原则把事实组织起来，重视效率
ISFP	沉静，友善，敏感和仁慈；欣赏目前和他们周遭所发生的事情；喜欢有自己的空间，做事能把握自己的时间；忠于自己所重视的人；不喜欢争论和冲突，不会强迫别人接受自己的意见或价值观
INFP	理想主义者，忠于自己的价值观及自己所重视的人；外在的生活与内在的价值观相配合；有好奇心，很快看到事情的可能与否，能够加速对理念的实践；试图了解别人、协助别人发展潜能；适应性强，有弹性；如果和他们的价值观没有抵触，往往能包容他人
INTP	对任何感兴趣的事物，都要探索一个合理的解释；喜欢理论和抽象的事情，喜欢理念思维多于社交活动；沉静，满足，有弹性，适应力强；在他们感兴趣的范畴内，有非凡的能力去专注而深入地解决问题；有怀疑精神，有时喜欢批评，常善于分析

续表

名称	含义
ESTP	有弹性，容忍；讲求实际，专注即时的效益；对理论和概念上的解释感到不耐烦，希望以积极的行动去解决问题；专注于"此时此地"，喜欢主动与别人交往；喜欢物质享受的生活方式；能够通过实践达到最佳的学习效果
ESFP	外向，友善，包容；热爱生命，热爱人，爱物质享受；喜欢与别人共事；在工作上，能用常识、注意现实的情况，使工作富有趣味性；富有灵活性、即兴性，易接受新朋友和适应新环境；与别人一起学习技能可以达到最佳的学习效果
ENFP	热情而热心，富于想象力；认为生活充满可能性；能够很快地找出事件和资料之间的关联性，而且有信心依照他们所看到的模式去做；很需要别人的肯定，又乐于欣赏和支持别人；即兴而富于弹性，时常信赖自己的临场表现和流畅的语言能力
ENTP	思维敏捷，机灵，能够激励他人，警觉性高，勇于发言；能随机应变地去应付新的和富于挑战性的问题；善于引出在概念上可能发生的问题，然后很有策略地加以分析；善于洞察别人，对日常例行事务感到厌倦；甚少以相同的方法处理同一事情，能够灵活地处理接二连三的新事物
ESTJ	讲求实际、注重事实；果断，很快作出实际可行的决定；能够安排计划和组织人员以完成工作，尽可能以最有效率的方法达到目的；能够注意日常例行工作的细节；有一套清晰的逻辑标准，会有系统地跟着去做，也想别人跟着去做，会以强硬态度去执行计划
ESFJ	有爱心，尽责，合作；渴望有和谐的环境，而且有决心营造这样的环境；喜欢与别人共事以能够准确地、准时地完成工作；忠诚，即使在细微的事情上也如此；能够注意别人在日常生活中的需要而努力供应他们，渴望别人赞赏他们和欣赏他们所作的贡献
ENFJ	温情，有同情心，反应敏捷和有责任感；高度关注别人的情绪、需要和动机；能够看到每个人的潜质，并帮助别人发挥自己的潜能；能够积极地协助他人和组织的成长；忠诚，对赞美和批评都能很快地作出回应；社交活跃，在一组人当中能够惠及别人，有启发人的领导才能
ENTJ	坦率，果断，乐于作为领导者；很容易看到不合逻辑和缺乏效率的程序和政策，从而开展和实施一个能够顾及各方面的制度去解决一些组织上的问题；喜欢长远的计划，喜欢有一套既定的目标；往往是博学多闻的，喜欢追求知识，又能把知识传给别人；能够有力地提出自己的主张

三、运用MBTI方法选择职业

知道自己的MBTI类型，就可以帮助大学生了解职业倾向。有研究数据表明，S-N、T-F两种维度的组合ST、SF、NF、NT与职业的选择更为相关。

ST型的人更关注通过实效和实际的方式应用详细资料，如商业领域。例如，一位ST型的心理咨询硕士将会成为心理测评和应用方面的专家。

SF型的人喜欢通过实践的方式帮助别人，如健康护理和教育领域。例如，一位SF型的心理咨询硕士会关注自己的管理、督导技能，以发展和促进同事之间有效的工作关系。

NF型的人希望能通过在宗教、咨询、艺术等领域的工作来帮助人们。例如，一位NF型的心理咨询硕士将成为临床专家来帮助人们成长、发展，学习如何更好地了解自己和他人。

NT型的人更关注理论框架，如科学、技术和管理，喜欢挑战。例如，一个NT型的心理学硕士将运用他的战略重点和管理技巧，成为人力资源领域的管理者。

工作安全感则受到IJ、IP、EP、EJ的影响较大，其中EJ类型的人最容易有工作安全感，而IP类型的人常常在工作中对组织、未来等缺乏安全感。

16种MBTI性格类型都对应着一种职业倾向，见表3-4。每一个职业倾向后面又都对应着适合选择的一些典型工作。但要注意的是，每一种职业倾向描述的都是一种类别，每一组典型工作列举的目的都是能让大学生知晓自己适合的性格类型，并能灵活地运用性格类型理论来帮助自己选择工作。

表3-4　MBTI 16种性格类型的职业倾向

ISTJ	ISFJ	INFJ	INTJ
·管理者 ·行政管理 ·执法者 ·会计 或者其他能够让他们可以利用自己的经验和对细节的注意完成任务的职业	·教育 ·健康护理（包括生理、心理） ·宗教服务 或者其他能够让他们运用自己的经验亲力亲为帮助别人的职业，这种帮助是协助或辅助性的	·宗教 ·咨询服务（包括个人、社会、心理等） ·教学/教导 ·艺术 或者其他能够促进人们情感、智力或精神发展的职业	·科学或技术领域 ·计算机 ·法律 或者其他能够让他们运用智力创造和技术知识去构思、分析和完成任务的职业
ISTP	**ISFP**	**INFP**	**INTP**
·熟练工种 ·技术领域 ·农业 ·执法者 ·军人 或者其他能够让他们动手操作、分析数据或事情的职业	·健康护理（包括生理、心理） ·商业 ·执法者 或者其他能够让他们运用友善、专注于细节的相关服务的职业	·咨询服务（包括个人、社会、心理等） ·写作 ·艺术 或者其他能够让他们运用创造和集中于他们的价值观的职业	·科学或技术领域 或者其他能够让他们基于自己的专业技术知识独立、客观分析问题的职业
ESTP	**ESFP**	**ENFP**	**ENTP**
·市场 ·熟练工种 ·商业 ·执法者 ·应用技术 或者其他能够让他们利用行动关注必要细节的职业	·健康护理（包括生理、心理） ·教学/教导 ·教练 ·儿童保育 ·熟练工种 或者其他能够让他们利用外向的天性和热情去帮助那些有实际需要的人的职业	·咨询服务（包括生理、心理） ·教学/教导 ·宗教 ·艺术 或者其他能够让他们利用创造和交流去帮助促进他人成长的职业	·科学 ·管理者 ·技术 ·艺术 或者其他能够让他们有机会不断承担新挑战的工作

续表

ESTJ	ESFJ	ENFJ	ENTJ
·管理者 ·行政管理 ·执法者 或者其他能够让他们运用对事实的逻辑和组织完成任务的职业	·教育 ·健康护理（包括生理、心理） ·宗教 或者其他能够让他们运用个人关怀为他人提供服务的职业	·宗教 ·艺术 ·教学/教导 或者其他能够让他们帮助别人在情感、智力和精神上成长的职业	·管理者 ·领导者 或者其他能够让他们运用实际分析、战略计划和组织完成的职业

在分析 MBTI 性格类型时，应该注意每种类型都是独特的，没有哪种是更好的或者更坏的。认识自己的性格类型，可以让人更好地了解自己，理解自己的行为、做事和思维特点，找到适合自己性格特点的职业类型。世界上没有百分之百适合某种性格的职业，也没有百分之百不适合某种性格的职业。同时，性格认识还有助于理解他人为何与自己不同，从而更加尊重对方，在相处或合作时也可以取长补短，整合资源。当然，评价的标准不止一个，人也会随着人与环境的互动而进行调整和变化，所以，不要在工作中因性格类型而固化地看待甚至歧视某些人。

 案例分享

MBTI是什么？——名人案例分享[①]

1. 责任肩负者（ISTJ）

老布什（George Herbert Walker Bush）坚信中国会和平发展与崛起，不相信中国会谋求霸权。在"中国科学与人文论坛"上发表题为"新世纪的中美关系"的演讲中，他认为，中美双边关系将是 21 世纪最重要的双边关系，将对全世界造成很深远的影响。他的理想信念是公私繁荣的融合。他还认为青年一代所要做的最重要的是把握好自己的世界观。

2. 弱者保育者（ISFJ）

德兰修女（Blessed Teresa of Calcutta）是阿尔巴尼亚人，但她一生都在印度的加尔各答为穷人服务，所以大家都称她为印度修女。德兰修女是 1979 年诺贝尔和平奖的获得者，她是继史怀泽博士 1952 年获得诺贝尔和平奖以来，最没有争议的一名得奖者。她除了被誉为"穷人的圣母"外，还被誉为"慈悲天使""贫民窟的守护者""贫民窟的圣人"等。

3. 心灵护卫者（INFJ）

甘地，印度现代民族解放运动的著名领袖，现代民族资产阶级政治学说——甘地主义的创始人。1916 年，他开始发表演讲，宣传自己的主张，从事非暴力斗争，试验并发展了非暴力学说。在印度全民反英斗争高涨的形势下，甘地的不合作思想趋于成熟，并率先在哈里发运动中发起群众性的抵制殖民政府的立法机构、法院、学校、封号与洋货的非暴力不合作运动，进

[①] 顾旭娥. 高校大学生职业规划与就业实践引导 [M]. 北京：中国水利水电出版社，2019：69-70.

而推广全民反帝斗争形式。

4. 从政者（INTJ）

施瓦辛格讲到自己的政治理念时说："我相信世界上每一个好的想法都是由基层组织或某个人想出来的。他们为此付出了不懈的努力，好的想法迅速传播，最终政府获悉了该想法并将其以立法的形式付诸实施。"

5. 理想主义者（INFP）

威廉·莎士比亚（1564—1616）是文艺复兴时期英国及至欧洲最重要的作家，举世闻名的剧作家和诗人。他所创作的剧本，在四百年后的今天仍不断在剧场演出，或改编成知名电影。

6. 科学家（INTP）

阿尔伯特·爱因斯坦于1879年出生在德国。他一生科研成果卓著，其中最卓著的是他用实验证实了原子的存在，创立了相对论，并发展了普朗克提出的量子假说。他一生为现代物理学发展作出了卓绝贡献，其最卓绝的成就是他突破牛顿经典物理学的框架，创立了适用于微观高速运动领域的相对论。爱因斯坦在物理学的许多领域都有贡献，如研究毛细现象、阐明布朗运动、建立狭义相对论并推广为广义相对论、提出光的量子概念，并以量子理论完满地解释光电效应、辐射过程、固体比热，发展了量子统计。他相信世界的统一性和逻辑的一致性。

7. 关怀者（ESFJ）

美国第42任总统克林顿：我的政治生活充满了欢乐。我喜欢竞选，我喜欢主政。我总是努力让事情朝着正确的方向发展，给更多人梦想成真的机会，让人们振奋精神，携手共进。我就是这样给自己打分的。

8. 给予者（ENFJ）

迈克尔·乔丹——一个集优雅、力量、艺术、即兴能力于一身的卓越运动员，他重新定义了NBA超级明星的含义。他不仅是他那个时代的最佳篮球运动员，而且几乎是NBA中最棒的。他有永不放弃的斗志。他的信念就是：我要让篮球飞起来。

9. 执行者（ENTJ）

比尔·盖茨有如下名言：

（1）生活是不公平的，要去适应它。

（2）这世界在你有成就前不会在意你的自尊。

（3）高中毕业别指望拥有太多。

（4）在有老板前别认为你老板严厉，而老板是没有任期限制的。

（5）烙牛肉饼不会有损你的尊严。

（6）你的困境不是你父母的过错。

（7）你的父母一直为你付账单才变成现在的乏味的人。

（8）你的学校可能不分优等生和劣等生，但这与现实生活没有任何相似之处。

（9）生活中你没有暑假可以休息，也无人帮你发现自我。

（10）电视不是真实的生活。

（11）善待乏味的人，你可能会为一个乏味的人工作。

四、测试性格类型（MBTI方法）

对性格类型进行测试，有助于研究人的性格类型，本书通过"MBTI性格类型测试问卷"的方式进行讨论。

（一）MBTI性格类型测试

1. MBTI性格类型测试说明

（1）请在心态平和及时间充足的情况下开始答题。

（2）每道题均有两个答案：a和b。请仔细阅读题目，按照与你性格相符的程度分别给a和b赋予一个分数，并使一组中的两个分数之和为5。最后，请在问卷后的答题纸上相应的方格内填上相应的分数。

（3）请注意，题目的答案无对错之分，你不需要考虑哪个答案"应该"更好，不要在任何问题上思考太久，而是应该凭你心里的第一反应作出选择。

（4）说明：0——从不，1——很少，2——居中，3——很多，4——极多，5——总是。

（5）如果你觉得在不同的情境里，两个答案或许都能反映你的倾向，请选择一个对于你的行为方式来说最自然、最顺畅和最从容的答案。

举例：你参与社交聚会时：

a. 总是能认识新朋友。（4分）

b. 只跟几个亲密挚友待在一起。（1分）

很明显，人们参与社交聚会时有时能认识新朋友，有时又会跟几个亲密挚友待在一起。在以上的例子中，我们给"总是能认识新朋友"打了4分，而给"只跟几个亲密挚友待在一起"打了1分。当然，在你看来，也可能是"3＋2"或者"5＋0"，也可能是其他的组合。

2. MBTI性格类型测试问卷

（1）a. 先了解别人的想法，再下决定。　　　　　　　　　　　　　　（　　）

　　　b. 不和别人商量，就下决定。　　　　　　　　　　　　　　　　（　　）

（2）a. 认为自己是一个富于想象或凭直觉的人。　　　　　　　　　（　　）

　　　b. 认为自己是一个讲求精确、讲求事实的人。　　　　　　　　（　　）

（3）a. 根据现有资料及对情境的分析，对他人作评价。　　　　　　（　　）

　　　b. 运用感觉以了解他人需要及价值观，并以之对他人作评价。（　　）

（4）a. 顺从他人意思作出承诺。　　　　　　　　　　　　　　　　　（　　）

　　　b. 作明确的承诺，并确实加以实践。　　　　　　　　　　　　　（　　）

（5）a. 有安静、独自思考的时间。　　　　　　　　　　　　　　　　（　　）

　　　b. 与他人打成一片。　　　　　　　　　　　　　　　　　　　　（　　）

（6）a. 运用熟悉的好方法来完成工作。　　　　　　　　　　　　　（　　）

　　　b. 尝试运用新的方法完成工作。　　　　　　　　　　　　　　（　　）

（7）a. 以合乎逻辑思考及按部就班的分析得出结论。　　　　　　（　　）

　　　b. 根据过去生活的体验及信息来得出结论。　　　　　　　　　（　　）

（8）a. 定下完成工作的最后期限。 （　　）
　　　b. 拟订时间表，并严格遵行。 （　　）
（9）a. 和人讨论话题后，再自我思考一番。 （　　）
　　　b. 和他人尽兴畅谈某事后，再自我思考一番。 （　　）
（10）a. 设想各种可能发生的情况。 （　　）
　　　b. 按实际情况处理问题。 （　　）
（11）a. 被认为是一个擅长思考的人。 （　　）
　　　b. 被认为是一个敏于感觉的人。 （　　）
（12）a. 事前详细考虑各种可能性，事后反复思考。 （　　）
　　　b. 收集需要的数据，稍作考虑后，作出明确决定。 （　　）
（13）a. 拥有内在的思想和情感，而不为他人所知。 （　　）
　　　b. 与他人共同做某些活动或事件。 （　　）
（14）a. 抽象与理论。 （　　）
　　　b. 具体与实际。 （　　）
（15）a. 协助别人探索他们自己的感受。 （　　）
　　　b. 协助别人作出合理决定。 （　　）
（16）a. 问题的答案保持弹性，且可以修改。 （　　）
　　　b. 问题的答案是明确的、可预知或可预测的。 （　　）
（17）a. 很少表达自我内在的想法及感受。 （　　）
　　　b. 自在地表达自我内在的想法及感受。 （　　）
（18）a. 从大处着眼。 （　　）
　　　b. 从小处着眼。 （　　）
（19）a. 运用常识，凭着信念来作决定。 （　　）
　　　b. 运用资料分析事实来作决定。 （　　）
（20）a. 事先作出详细的计划。 （　　）
　　　b. 临时视需要作出计划。 （　　）
（21）a. 结交新朋友。 （　　）
　　　b. 独处或只与熟识者交往。 （　　）
（22）a. 重视概念。 （　　）
　　　b. 重视事实。 （　　）
（23）a. 相信自己的想法。 （　　）
　　　b. 相信经证实的结论。 （　　）
（24）a. 尽可能用记事簿记下事情。 （　　）
　　　b. 尽可能少用记事簿记载事情。 （　　）
（25）a. 在团体中详细地讨论新奇且未决定的问题。 （　　）
　　　b. 自己先想出结论然后再和他人讨论。 （　　）

（26）a. 拟订周密的计划，然后确定执行。　　　　　　　　　　　　（　　）
　　　 b. 拟订计划，但不一定执行。　　　　　　　　　　　　　　　（　　）
（27）a. 是理性的。　　　　　　　　　　　　　　　　　　　　　　（　　）
　　　 b. 是感性的。　　　　　　　　　　　　　　　　　　　　　　（　　）
（28）a. 随心所欲做些事。　　　　　　　　　　　　　　　　　　　（　　）
　　　 b. 尽量事先了解别人期望我做什么。　　　　　　　　　　　　（　　）
（29）a. 成为众人的焦点。　　　　　　　　　　　　　　　　　　　（　　）
　　　 b. 退居幕后。　　　　　　　　　　　　　　　　　　　　　　（　　）
（30）a. 自由想象。　　　　　　　　　　　　　　　　　　　　　　（　　）
　　　 b. 检视实情。　　　　　　　　　　　　　　　　　　　　　　（　　）
（31）a. 体验感人的情境或事物。　　　　　　　　　　　　　　　　（　　）
　　　 b. 运用能力，分析情境。　　　　　　　　　　　　　　　　　（　　）
（32）a. 在预定的时间内开会。　　　　　　　　　　　　　　　　　（　　）
　　　 b. 在一切妥当或安适的情况下，宣布开会。　　　　　　　　　（　　）

（二）MBTI 性格类型计分方法

具体的计分方法如下：

（1）将计分表（表3-5）上每一直栏的总分相加，共4对8个分数。

（2）分别找出每一对分数中，数字较大者，即个人风格，每人均可有4种风格。例如，内向型18分，外向型22分，则取外向型多的风格，其他以此类推。

（3）每个风格都有程度上的差别，如果在相对应的两个风格中（如外向型对应内向型），有一方的程度较强，即表示另一方程度较弱。其比照分数如下：

30~40 分：表示此风格非常强，几乎没有另一风格。

25~29 分：表示此风格比另一风格强。

22~24 分：表示此风格比另一风格稍强一些。

20~21 分：表示兼具两个风格的特质。

请看一看给每一个问题所分配的分数，最终将这些分数相加填入表中。

表3-5　计分表

内倾型（I）	外倾型（E）	直觉型（N）	感觉型（S）	思考型（T）	情感型（F）	知觉型（P）	判断型（J）
1. b	1. a	2. a	2. b	3. a	3. b	4. a	4. b
5. a	5. b	6. b	6. a	7. a	7. b	8. a	8. b
9. a	9. b	10. a	10. b	11. a	11. b	12. a	12. b
13. a	13. b	14. a	14. b	15. b	15. a	16. a	16. b

续表

内倾型（I）	外倾型（E）	直觉型（N）	感觉型（S）	思考型（T）	情感型（F）	知觉型（P）	判断型（J）
17. a	17. b	18. a	18. b	19. b	19. a	20. b	20. a
21. b	21. a	22. a	22. b	23. b	23. a	24. b	24. a
25. b	25. a	26. b	26. a	27. a	27. b	28. a	28. b
29. b	29. a	30. a	30. b	31. b	31. a	32. b	32. a
合计：	合计：	合计：	合计：	合计：	合计：	合计：	合计：

各种风格优缺点对照见表3-6。

表3-6 各种风格优缺点对照

类型	优点	缺点
内倾型（I）	独立自主、埋头工作、勤勉奋发、沉思的、依自己的理想行事	对外在环境误解、逃避他人、掩饰自己、坐失良机、易被他人误会、不喜欢被打断工作
外倾型（E）	能运用外在环境资源、乐意与他人来往、开放的态度、行动派、易为他人所了解	立场不坚定、需要和他人共事、喜欢变化、冲动派、讨厌规范约束
直觉型（N）	对事情能面面观之、以整体概念看事、富有想象力、尝试新鲜构思、喜欢复杂的工作、喜欢解决新奇的问题	不注重细节、不注意实际、不耐沉闷、不合逻辑、把握不住现在、妄下断语
感觉型（S）	注意细节、重视实际、能记住琐碎细节、耐得住烦闷的工作、有耐性、有细心、有系统	失去整体概念、想不出各种可能解决的途径、不求创新、无法应付太复杂的工作、不喜欢预测未来
思考型（T）	合乎逻辑、善于分析、公正、有逻辑系统的思考、具有批判能力、坚定	忽略他人感受、误解别人的价值观、不流露感情、悯情较少、不能说服人
情感型（F）	体谅他人感受、了解他人的需要、喜欢和谐的人际关系、易表露情感、喜欢去说服他人	不合乎逻辑、不够客观、没有组织系统的思考、不具批判精神、全盘接受、感情用事
知觉型（P）	易于协调、可由各角度欣赏事物、具有弹性、开放的态度，依据可靠的资料作决定、不任意批评	犹豫不决、散漫无计划、不能有效地控制情况、易被分心、不易按计划办事
判断型（J）	有计划的、有系统的、有决心的、有控制能力、做决定迅速	固执、不易妥协、没有弹性、依手边现有的少许数据作决定、任何批评都为工作计划所控制

案例分享

职业生涯设计像画图[①]

如何看待职业生涯设计，决定了人能否有效缓解职业压力，不断得到成长，并持续获得成功。一个人职业生涯的过程就像是画圆，人的一生就是在画这个职业生涯之"圆"，直到退休。

1. 画好职业生涯之"圆"的两个条件

我们知道，画一个标准的圆要具备两个条件，一个是圆心，另一个是半径，只有这两个条件同时具备，画圆才成为可能。

职业生涯设计之初首先要确定一个圆心，这个圆心就是我们的职业目标。目标是引领一个人取得成功的最重要条件。试想，一个人连自己想要什么都不知道，那他怎么去奋斗？所以，首先要清楚自己究竟要做什么，自己的目标是什么，未来5年、10年的目标是什么。

"圆心"就是我们未来职业生涯之路的一个支点，阿基米德说："给我一个支点，我将撬起整个地球。"我们不奢望能撬起地球，但我们却十分渴望自己能撬起职业生涯，能全面掌握自我，实现职业生涯的成长与成功。

"圆心"确定之后，为了能够在职业生涯之路上持续获得成功，我们必须不断延长画圆所必备的第二个条件——"半径"，在职业生涯这个"圆"里，"半径"就是我们所具备的综合能力。

综合能力是个比较抽象的概念，它包括三部分：一个人所拥有的知识、经验和技能的多少。一定意义上讲，一个人具不具备竞争力，其根本区别就在这三个方面。这既是我们从事职业的基础，也是区分职业差别的重要标准。

任何职业都离不开专业的知识、专门的技能和独特的经验。在这个职业化的社会里，一个人是否受到认可，是否得到重用并获得发展，与他的专业知识、专业技能和经验的保有程度密切相关。这里，我们所指的专业知识，不仅指帮助一个人获得学位的专业知识，而且指所从事的那份工作所需要的专业知识。也许一个人不是那个专业毕业的，但通过自学，掌握了那份工作所要求的专业知识，形成了完整的知识体系，那就是专业的，就具备了专业的知识、技能和经验，从而具备了竞争力和战斗力。

2. 怎样画大职业生涯之"圆"

职业生涯设计的第一步是确立自己的职业目标。"圆心"与"半径"相比较，"圆心"显得更为重要。因为，无论"半径"有多长，如果没有"圆心"这个支点，就永远也无法画一个成功的圆。如果"圆心"不固定，经常忽左忽右、摇摆不定，则必然导致所画的圆不规则，必然出现很多的重合和交叉。落实到职业生涯的设计上，典型的表现，就是跳槽频繁，所从事工作繁多，彼此之间缺乏紧密联系，职业生涯始终在低层次徘徊。

在职业目标确定的基础上，规划职业生涯所要做的另外一项工作，就是不断延长"圆"的

[①] 闫杰. 当代大学生就业指导与职业生涯规划[M]. 长春：吉林大学出版社，2020：92-93.

"半径"。延长"半径"就是要不断扩大专业知识面,提高专业技能,积累更多更有用的经验,使自己的职业获得延伸和拓展,在组织内部成为专家,在组织之外扩大知名度,不断提升自己的市场价值。

随着职业目标的逐渐清晰,个人知识、经验、技能的不断增长,见识的逐渐增多,视野的逐渐开阔,职业生涯之"圆"的"圆心"就愈加清晰和固定,职业生涯之"圆"的"半径"就越长,所画出"圆"的周长和面积就越大,与之相随的是职业生涯的丰富和开阔。

其实,这个"圆"就是职业势力范围,"圆"的外面是美好的世界。随着个人的努力,人的职业生涯之"圆"会越画越大,与外面世界的接触会越来越多,所尝试的职业层次也就会越来越高,从而职业生涯就越丰富,就越能触摸到成功。

从另一个角度讲,目前所在的组织就是"圆心",市场的需求和认可就是"半径",立足现在,眼光向外,骑驴寻马,这同样是职业生涯设计的一个上佳路线。立足现在,是积蓄力量、储备能量的需要;眼光向外,是更加认清自我、坚定信念的选择。

点评

通过稳步扎实地确定圆心,寻找半径的画圆过程,人的职业就在自然的状态下获得了成长,职业生涯也因此而变得更加轻松和丰富。

任务四　了解职业气质

一、认知气质

气质是个人与生俱来的心理活动的动力特征。气质使人的心理活动具有某种稳定的动力特征,即心理过程的强度、速度、稳定性及心理活动指向性特点等方面在行为上的表现。个人的气质特点不以活动的内容为转移,是一个人的自然特性。

具有活泼好动气质特征的人,无论在课堂上还是在生活中,都会表现出活泼的气质特征。在同样的活动中也可以看出不同的人不同的表现,例如,在课堂上或会议中,有的人踊跃发言、反应灵活,有的人则静默不语、反应迟缓;在堵车或等人时,有的人急躁不安,有的人则泰然自若;在遇到同样的困难或烦恼时,有的人心平气和,有的人却坐立难安。

因材施教[①]

《论语》记载:有一次,孔子与学生公西华正在座谈,子路来向孔子请教。子路问道:"听到了就马上行动吗?"孔子答:"有父兄在,为什么急于行动呢?"一会儿,冉由也来请教同样

---

① 杨炜苗. 大学生职业生涯规划与就业指导[M]. 北京:清华大学出版社,2020:76.

的问题，孔子说："听到了就马上行动！"公西华不明白老师为什么对同一个问题给予不同的回答，孔子解释说："子路总是好胜，我是有意让他遇事后退一步；冉由畏缩，我是有意鼓励他遇事极力向前。"

点评

孔子的因材施教充分证明了一点，那就是每个人都具有不同的个性特征。

二、气质类型与职业选择

心理学家把气质分为胆汁质、多血质、黏液质、抑郁质，这四种气质类型在行为方式上的典型表现分别为：不可遏制、活泼、安静和抑制。各气质类型具有不同特点，相对应也适合不同的职业选择。

（一）胆汁质

1．气质特点

胆汁质的人心理特征属于兴奋而热烈的类型，表现为有理想、有抱负、有独立见解。他们精力旺盛，行动迅速，行为果敢，表里如一。在语言上、面部表情和体态上都给人以热情直爽、善于交际的印象。不愿受人指挥而愿意指挥别人。一旦认准目标，就希望尽快实现，遇到困难也不屈不挠，有魄力，敢负责，但往往比较粗心，容易感情用事，自制力差，性情急躁，主观任性，有时刚愎自用。由于神经过程的不平衡，工作带有明显的周期性，能以较大的热情投身于事业，一旦筋疲力尽，情绪顿时转为沮丧而心灰意冷。

2．职业分析

胆汁质的人适合于竞争激烈、冒险性和风险意识强的职业或者是社会服务型的职业，如体育运动员、企业改革者、航空员、勘探者、探险者、演说家、教师、营业员等。

（二）多血质

1．气质特点

多血质的人心理特征属于敏捷好动的类型。由于神经过程平衡且灵活性强，这种人更易于适应环境的变化，性情开朗、热情，喜闻乐道，善于交际。在群体中精神愉快，相处自然，常能机智地解脱困境。在工作和学习上肯动脑筋，常表现出机敏的工作能力和较高的办事效率。对外界事物有广泛的兴趣，充满自信，不安于循规蹈矩的工作，情绪多变，富于幻想，易于浮躁，时有轻诺寡信、见异思迁的表现，缺乏忍耐力和毅力。

2．职业分析

多血质的人情感丰富，求知欲强，兴趣广泛，工作能力较强，容易应付和适应新的环境场面，善于交际。相对来说，此类气质人群有较宽广的职业选择范围和机会，一般适合从事记者、律师、公关人员、艺术工作者、秘书和其他一些社会性工作。

（三）黏液质

1. 气质特点

黏液质的人心理特征属于缄默而安静的类型。由于神经过程平衡且灵活性低，反应较迟缓，无论环境如何变化，都能保持心理平衡。凡事力求稳妥，深思熟虑，一般不做无把握的事，具有很强的自我克制能力。外柔内刚，沉静多思，很少露出内心的真情实感。与人交往时，态度持重适度，不卑不亢，不爱抛头露面。行动缓慢而沉着，有板有眼，严格恪守既定的生活秩序和工作制度，心境平和，沉默少语。因此，能够高质量地完成那些要求有坚忍不拔、埋头苦干的品质和长时间集中注意力、有条不紊的工作。其不足之处是过于拘谨，不善于随机应变，常墨守成规、故步自封。

2. 职业分析

黏液质人的出色之处在于，他们大多数都能很好地利用协调性、积极性、社会性及情感稳定性，冷静而出色地表现自己的才能，发挥卓越的能力。而且，无论地位高低，都能在自己的行业中占有重要位置。

此类气质人群不仅可以从事学术、教育、研究、技术、医疗等内向型职业，而且可以活跃在政治、商业、法律等外向型职业领域。他们中的一些人以独特的才能驰骋在文学、艺术、广告宣传、新闻报道领域。在实际工作岗位上，黏液质人多数精明强干，如出色的公务员、有才气的作家、头脑精明的银行家。典型特征是安静、温和、坚定、谨慎、善于克制自己、反应迟缓、不好交际。

（四）抑郁质

1. 气质特点

抑郁质的人心理特征属于呆板而羞涩的类型，对事务敏感，精神上难以承受过大的精神紧张，常为微不足道的小事引起情绪波动。情绪体验的方式比较少，极少在外表上流露自己的情感，但内心体验却相当深刻。沉静含蓄、感情专一、喜欢独处、交往拘束、性格孤僻，在友爱的集体里，可能是一个很容易相处的人，但对力所能及的工作认真完成，遇事三思而后行，求稳不求快，因而显得迟缓刻板。学习工作易疲倦，在困难面前怯懦、自卑、优柔寡断。遇事多疑，往往缺乏果断和信心。

2. 职业分析

抑郁质的人在只需要一个人刻苦奋斗，不太需要人际交往的学术、教育、研究、医学等职业领域往往有较好的发展，一般适合当诗人、作家、画家，也适合从事哲学、心理学、实用科学、理论研究等方面的工作。

不同的气质适合不同的职业。在进行职业规划时，应尽可能根据自己的气质类型选择适合自己的职业。

三、测评自我气质

(一)气质测试

1. 测试说明

下面 60 道题，完全符合自己情况的记 2 分；比较符合的记 1 分；介于符合与不符合之间的记 0 分；比较不符合的记 -1 分；完全不符合的记 -2 分。

2. 测试题目

(1) 做事力求稳妥，不做无把握的事。（　）
(2) 遇到可气的事就怒不可遏，想把心里话全说出来才痛快。（　）
(3) 宁可一人干事，也不愿很多人在一起。（　）
(4) 到一个新环境很快就能适应。（　）
(5) 厌恶那些强烈的刺激，如尖叫、器材音、危险镜头等。（　）
(6) 和人争吵时，总先发制人，喜欢挑衅。（　）
(7) 喜欢安静的环境。（　）
(8) 善于和人交往。（　）
(9) 羡慕那种善于克制自己感情的人。（　）
(10) 生活有规律，很少违反作息制度。（　）
(11) 在多数情况下情绪是乐观的。（　）
(12) 碰到陌生人觉得很拘束。（　）
(13) 遇到令人气愤的事，能很好地自我克制。（　）
(14) 做事总是有旺盛的精力。（　）
(15) 遇到问题常常举棋不定，优柔寡断。（　）
(16) 在人群中从不觉得过分拘束。（　）
(17) 情绪高昂时，觉得干什么都有趣；情绪低落时，又觉得什么都没意思。（　）
(18) 当注意力集中于一事物时，别的事物很难使我分心。（　）
(19) 理解问题总比别人快。（　）
(20) 碰到危险情景，常有一种极度恐惧感。（　）
(21) 对学习、工作、事业怀有很高热情。（　）
(22) 能够长时间做枯燥、单调的工作。（　）
(23) 符合兴趣的事情，干起来劲头十足，否则就不想干。（　）
(24) 一点小事就能引起情绪波动。（　）
(25) 讨厌做那种需要耐心、细致的工作。（　）
(26) 与人交往不卑不亢。（　）
(27) 喜欢参加热烈的活动。（　）
(28) 爱看感情细腻、描写人物内心活动的文学作品。（　）

（29）工作学习时间长，常感到厌倦。（　　）
（30）不喜欢长时间谈论一个问题，愿意实际动手干。（　　）
（31）宁愿侃侃而谈，也不愿窃窃私语。（　　）
（32）别人说我总是闷闷不乐。（　　）
（33）理解问题常比别人慢些。（　　）
（34）疲倦时只需短暂休息一下就能精神抖擞，重新投入工作。（　　）
（35）心里有话，宁愿自己想，也不愿说出来。（　　）
（36）认准一个目标就希望尽快实现，不达目的誓不罢休。（　　）
（37）和别人同样学习、工作一段时间后，常比别人更疲倦。（　　）
（38）做事有些莽撞，常常不考虑后果。（　　）
（39）老师或师傅讲授新知识、新技术时，希望他讲慢些，多重复几遍。（　　）
（40）能够很快忘记那些不愉快的事情。（　　）
（41）做作业或完成一件工作总比别人花的时间多。（　　）
（42）喜欢运动量大的剧烈体育活动，或喜欢参加各种文艺活动。（　　）
（43）不能很快地把注意力从一件事转移到另一件事上去。（　　）
（44）接受一个任务后，就希望迅速解决。（　　）
（45）认为墨守成规比冒风险强些。（　　）
（46）能够同时注意几件事。（　　）
（47）当我烦闷时，别人很难使我高兴。（　　）
（48）爱看情节起伏跌宕、激动人心的小说。（　　）
（49）对工作认真严谨，具有始终一贯的态度。（　　）
（50）和周围人的关系总是处不好。（　　）
（51）喜欢复习学过的知识，重复做已经掌握的工作。（　　）
（52）希望做变化大、花样多的工作。（　　）
（53）小时候会背的诗歌，我似乎比别人记得清楚。（　　）
（54）别人说我"出语伤人"，可我并不觉得这样。（　　）
（55）在体育活动中，常因反应慢而落后。（　　）
（56）反应敏捷，头脑机智灵活。（　　）
（57）喜欢有条理而不麻烦的工作。（　　）
（58）兴奋的事常常使我失眠。（　　）
（59）老师讲新概念常常听不懂，但是弄懂以后就很难忘记。（　　）
（60）假如工作枯燥无味，马上情绪低落。（　　）

（二）测试结果分析

将以上各题按气质类型的划分分别汇总得分。

胆汁质题号：2、6、9、14、17、21、27、31、36、38、42、48、50、54、58。

多血质题号：4、8、11、16、19、23、25、29、34、40、44、46、52、56、60。
黏液质题号：1、7、10、13、18、22、26、30、33、39、43、45、49、55、57。
抑郁质题号：3、5、12、15、20、24、28、32、35、37、41、47、51、53、59。

（1）如果其中一种气质得分明显高出其他3种，且均高出4分以上，则可定为该类气质型。如果该类得分超过20分，则为典型；如果该类得分在10~20分，则为一般型。

（2）两种类型得分接近，其差异低于3分，而且又明显高于其他两种，高出4分以上，则可认定为这两种类型的混合型。

（3）三种气质得分均高于第四种，而且接近，则为三种气质的混合型，如"多血—胆汁—黏液质"混合型或"黏液—多血—抑郁质"混合型。

任务五　认识职业能力

一、认识能力

（一）能力的内涵

能力是完成一定活动的本领，是一种力量，是完成活动的基本条件。

任何一种活动都要求参与者具备一定的能力，而且能力直接影响着活动的效率。一个人能否取得事业的成功与个人的能力水平有直接的关系。例如，从事外交工作，要具有灵活而敏捷的思维、较好的语言表达、较强的记忆等能力；从事管理工作，要具备一定的组织、交际、宣传说服等能力。

不同的职业对从业人员的能力有不同的要求，大学生在进行职业规划时，应了解自身的能力状况，了解自己的能力优势所在，了解希望从事的职业对能力的要求，根据自身的能力状况选择职业，尽量使自身的能力与职业要求相一致，这有助于成功择业，把自身能力最有效地发挥出来，做到人尽其才。

（二）培养自身的能力

对个体而言，一个人往往拥有多种能力，它们组成一个能力系统，在这个系统中，各种能力的发展是不均衡的，会有一两种特殊能力占优势。历史上许多杰出人物都是如此，例如，爱因斯坦在物理方面具有杰出的才能，同时也是一个小提琴手；张衡是个天文学家，同时也是个文学家。大学生在进行职业规划时，要注重对自身能力的分析，有计划、有步骤地发展、提升自己的能力，努力培养以下应对就业的能力。

1. 自我决策能力

自我决策能力是一个人独立思考、果断处事和独立完成某项工作的能力。对于即将毕业走向社会的大学生来说，求职择业时，会面对别人的意见和忠告等，但最终要靠自己决定，这就是对自我决策能力的一次检验。在未来的工作中，每一件事情、每一个问题以及它们的变化进展都不可能像在学校那样有老师的指导，而必须靠自己迅速作出决定，及时处理。因此，具有良好的自我决策能力对大学生就业是十分重要的。

2．适应社会能力

适应社会和改造社会是对立统一的两个方面。现实生活常常不尽如人意，五彩纷呈的现实生活使刚刚步入社会的大学毕业生眼花缭乱，很不适应。大学毕业生面对现实生活中的消极现象常常会产生不安、不满的情绪，而以改造社会为己任的大学生却常常忽视了适应社会这个前提。人类文明总是在继承与创新的矛盾运动中发展的。适应社会，正是为了担当社会赋予我们的职责和使命。对社会、对环境的适应，是主动的、积极的适应，不是消极的等待，更不是对消极现象的认同，大学生只有具备较强的社会适应能力，走向社会后才能尽可能地缩短自己的适应期，充分发挥自己的聪明才智。

3．实践操作能力

实践操作能力是人们将知识转化为物质力量的手段和方法，是专业工作者必须具备的一种能力。在现实生活中，尤其是在教学、科研、生产第一线，大学生实践操作能力的强弱，将直接影响到其作用的发挥。例如，作为一名教师，只有丰富的知识是不够的，还要具有把自己的知识传授给学生的能力。因此，大学生应注意克服只注重理论学习，而轻视实践操作的倾向。一个大学毕业生如果在实践操作上有过硬的本领，一定会受到用人单位的青睐。仍以教师这个职业为例，许多用人学校在挑选毕业生时，往往注重的是毕业生的试讲能力和试讲效果，而不仅是他们的专业考试成绩。

4．表达能力

表达能力是指运用语言阐明自己的观点、意见或抒发感情的能力，主要包括口头表达能力和书面表达能力。一个人要想被别人了解和重视，以便能更好地发挥自己的才能，其前提就是要有表现自己的能力。要准确表现自己，就离不开出色的表达能力。大学生在参加工作后，会强烈地意识到这一点，在求职择业的时候更会有深切的感受。如撰写求职信、自荐信、个人材料，回答招聘人员提问，接受用人单位的面试等，每一个环节都需要较强的表达能力。

5．社交能力

社交能力实际上就是与他人相处的能力。社会上的人际关系远没有学校中的同学、师生关系那么简单。大学生步入社会后，要与各种各样的人发生这样或那样的关系。能否正确、有效地处理、协调好工作和生活中人与人的各种关系，不仅影响着一个人对环境的适应状况，而且影响着他的工作效能、心理健康、生活的愉快和事业的成就，因此，大学生自觉地培养良好的社交能力非常重要。

6．组织管理能力

虽然不是每个大学毕业生都会从事管理工作，但是在实际工作中每个从业者都会不同程度地需要组织管理才能。现代社会职业表明，不仅领导干部、管理人员应当具备组织管理才能，其他专业人员也应当具备。随着时代的发展，纯"书生型"的人才已不能适应社会的需要。近

年来，许多用人单位在挑选录用大学毕业生时，在同等条件下，往往会优先考虑那些曾担任过学生干部、具有一定组织管理能力的毕业生，这正反映了时代的客观要求。以上主要是从普遍性这个角度来谈大学毕业生应具备的知识和技能的。

二、认识职业发展能力

（一）职业发展能力的内涵

职业发展能力是指建立在职业素质基础上，能适应经济和职业发展要求而不断获得成长和发展的职业能力。具体表现为不断地获取新知识、更新专业理论、及时掌握新技术的能力；适应岗位变迁的操作能力；运用所学知识处理和解决不同岗位中出现的问题的能力；良好的人际交往能力、心理随和能力；良好的做人道德、助人为乐的思想情操、积极乐观的价值取向等。

（二）培养自身的职业发展能力

大学生应当积极培养自己的职业发展能力，努力提升职业发展能力核心要素意识与水平。

1．诚信品质

具体来说，诚信就是所做的事情要符合社会、组织的利益（以符合社会利益为前提），而不能损害社会、组织的利益，不以职务之便谋取个人利益等。从点滴中就可以体现一个人的诚信，如约会准时、信守承诺、客观评价他人等。相反，有一些事情是违背诚信的，如简历作假、与企业签约后随便毁约等。

2．敬业精神

敬业精神包括对工作负责，切实、按质按量地完成本职工作；当集体利益与个人利益发生冲突时，作出恰当的行为。用人单位会关注学生能否做好自己分内的事情，以及能否主动去做更多的事情。例如，担任学生干部时，能否认识到自身的角色与作用，用心为大家服务；在宿舍里能否主动为大家做一些力所能及的事情（如打扫卫生、打开水等）；能否体谅家人，承担起应有的责任，如有些家庭经济困难的同学会做兼职争取自食其力；还有参加义工组织与活动等，承担对社会的一份责任。

3．沟通协作意识

在工作中很多事情都是需要通过团队协作完成的，每位员工应合理地进行自我定位，发挥应有的作用，同时给予他人支持；当发生问题或矛盾时，应尊重他人，坦诚沟通，接纳不同的观点，并妥善处理冲突，促进工作目标的完成。

用人单位通常采取无领导小组讨论的方式考查学生的沟通协作意识，让一组学生围绕一个话题进行自由讨论，然后在一旁观察每个人在群体中的表现。那些表现积极，在充分展现自我的同时，能够倾听别人的意见，并吸取有益观点对自身观点进行必要调整，最后总结出一个更优的解决方案的学生，以及在讨论过程中能较好地肯定、呼应、衔接与协调其他团队成员，把握好讨论的节奏的学生更容易获得用人单位的青睐。

4．客户导向意识

让客户满意是职业人的宗旨，因此要有主动服务与配合的精神，永远保持工作热情，追求细节的完美，随时给客户提供便捷的服务，处处体现组织的良好形象，使自己的言行成为公司的一面镜子。

在校园招聘过程中，用人单位也时刻在向学生传递客户导向意识，例如，在通往会场的路上竖立明显的指引路标、开宣讲会时站立回答学生问题、笔试面试准时开始、征求大家对招聘过程的意见并及时改进等。用人单位会观察学生能否做到客户导向，例如，准时到场、服装得体、轻声关门、材料齐备、安静等待、礼貌问候等。在公司实习或工作期间，用人单位会提醒学生注意一些细节问题，如接待客户要及时、主动给客户倒水、亲自送客户出门等。

5．适应环境与持续增值的意识

要有主动适应社会环境和组织的意识，而不是让社会环境适应自己。要敢于承认自身的不足，不断超越与刷新自我，提升岗位胜任能力，通过创造性的工作给组织提供价值。

三、测评职业能力

（一）职业能力自测表

表3-7中的各组问题都是从日常活动出发来反映人的某一方面的能力。请根据自己的实际情况，对这些活动作出评价。

表3-7　职业能力自测

题目	强	弱
第一组		
1．善于表达自己的观点		
2．阅读速度快，并能抓住中心内容		
3．清楚地向别人解释难懂的概念		
4．对文章的字、词、段落的理解、分析和综合的能力		
5．掌握词汇量的程度		
6．读书期间的语文成绩		
总计次数		

续表

题目	强	弱
第二组		
1. 目测能力（如测量长、宽、高等）		
2. 解应用题的速度		
3. 笔算能力		
4. 心算能力		
5. 使用工具（如计算器、算盘等）的计算能力		
6. 读书期间的数学成绩		
总计次数		
第三组		
1. 绘图能力		
2. 画三维立体图形		
3. 看几何图形的立体感		
4. 想象盒子展开后的平面形状		
5. 想象立体物体的能力		
6. 玩拼板游戏		
总计次数		
第四组		
1. 发现相似图形中的细微差异		
2. 识别物体的形状差异		
3. 注意到多数人所忽视的物体的细节部分		
4. 观测物体的细节		
5. 观察图案是否正确		
6. 善于改正计算中的错误		
总计次数		

续表

题目	强	弱
第五组		
1. 快速而正确地抄写资料（如姓名、日期、电话号码等）		
2. 发现错别字		
3. 发现计算错误		
4. 发现图表中的细小错误		
5. 在图书馆很快地查找编码卡片		
6. 持久工作的能力（如较长时间地进行抄写资料）		
总计次数		
第六组		
1. 操作机器的能力		
2. 玩电子游戏或瞄准打靶		
3. 运动中身体的协调和灵活性		
4. 打球（如篮球、排球、乒乓球、羽毛球等）的姿势与水平		
5. 手指的协调性（如打字、珠算等）		
6. 身体平衡的能力（如走平衡木等）		
总计次数		
第七组		
1. 灵巧地使用手工工具（如榔头、锤子等）		
2. 灵巧地使用很小的工具（如镊子、缝衣针等）		
3. 弹乐器时手指的灵活度		
4. 动手做一件小手工艺品		
5. 很快地削水果（如苹果、梨子）		
6. 修理、装配、拆卸、编织、缝补一类活动		
总计次数		

续表

题目	强	弱
第八组		
1. 善于在陌生的场合发表自己的意见		
2. 去新场所并结交新朋友		
3. 口头表达能力		
4. 善于与人友好交往并协同工作		
5. 善于帮助别人		
6. 擅长做别人的思想工作		
总计次数		
第九组		
1. 善于组织集体活动		
2. 在集体活动或学习中，经常关心他人的情况		
3. 在日常生活中能经常动脑筋、出点子		
4. 冷静果断地处理突然发生的事情		
5. 在工作中认可自己的工作能力		
6. 善于解决朋友或同事之间的矛盾		
总计次数		

（二）测评方法

现在请把每组回答的"强""弱"的总次数填入表3-8。

表3-8　回答记录表

组别	相应的职业能力	强（次数）	弱（次数）
第一组	言语能力		
第二组	数理能力		
第三组	空间判断能力		
第四组	察觉细节能力		

续表

组别	相应的职业能力	强（次数）	弱（次数）
第五组	书写能力		
第六组	运动协调能力		
第七组	动手能力		
第八组	社会交往能力		
第九组	组织管理能力		

在"强（次数）"栏中找出数字最大和第二大的两个组，这两个组所表示的能力就是测试者在职业能力上最强的两个方面，然后可以对照下面的分析，看到最适宜从事的职业有哪些；反之，也可在"弱（次数）"栏找出数字最大和第二大的两个组，这两组所反映的职业能力对测试者来说是其最弱的。

第一组：言语能力。这类人具有较强的对词、句子、段落、篇章的理解能力及清楚且正确地表达自己的观念和向别人介绍信息的能力。最适宜从事的职业有外销员、商务师、导游、演员、导演、编辑、播音员、节目主持人、教师、律师、审判员等。

第二组：数理能力。这类人能迅速而准确地运算，并具有在快速准确计算的同时，进行推理、解决应用问题的能力。最适宜从事的职业有会计、银行职员、保险公司职员、税务员、审计员、统计员、自然科学家、计算机工程师等。

第三组：空间判断能力。这类人具有较强的对立体图形及平面图形与立体图形之间关系的理解能力，包括能看懂几何图形、对立体图形的三个面的理解力、识别物体在空间运动中的联系，以解决几何问题。最适宜从事的职业有技术员、工程师、服装设计师、艺术家、家具设计师、建筑师、摄影师、家电维修专家、自然科学家、军官、司机等。

第四组：察觉细节能力。这类人对物体或图形的有关细节具有正确的知觉能力，对于图形的明暗、线的宽度和长度能作出区别和比较，可以看出其细微的差别。最适宜从事的职业有技术员、工程师、电工、房管员、咨询师、运动员、教练员、导演、图书馆管理员、会计、银行职员、保险公司职员、审计员、统计员、编辑、播音员、自然科学家、计算机工程师等。

第五组：书写能力。这类人具有对词、印刷品、账目、表格等细微部分正确知觉的能力，以及善于发现错字和正确地校对数字的能力。最适宜从事的职业有教师、公务员、社会科学家、秘书、打字员、编辑、银行职员、咨询师、经理、记者、作家等。

第六组：运动协调能力。这类人的眼、手、脚、身体能够迅速、准确、协调地做出动作或运动反应，手能跟随眼所看到的东西迅速行动，具有正确控制身体的能力。最适宜从事的职业有运动员、教练员、演员、工人、农民、服装设计师、家具设计师、美容师、电工、司机、服务员、导游、医生、护士、药剂师、导演、警察、战士等。

第七组：动手能力。这类人的手指、手腕能迅速而准确地活动，可以操作很小的物体，在拿取、放置、调换、翻转物体时能作出精巧的动作。最适宜从事的职业有医生、护士、药剂师、

运动员、教练员、自然科学家、工人、农民、技术员、工程师、服装设计师、家具设计师、艺术家、美容师、售货员、服务员、保育员、摄影师、演员、导演、战士等。

第八组：社会交往能力。这类人对于人与人之间的相互交往、相互联系、相互帮助、相互作用和影响极为擅长，具有协同工作或建立良好的人际关系的能力。最适宜从事的职业有采购员、推销员、公共关系人员、外销员、商务师、编辑、调度员、经理、服务员、房管员、导游、咨询师、银行信贷员、税务员、审计员、保险公司职员、演员、导演、教师、社会科学家、公务员、秘书、警察、律师等。

第九组：组织管理能力。这类人擅长组织和安排各种活动，具有协调人际关系的能力。最适宜从事的职业有调度员、导游、教练员、导演、教师、经理、公务员、商务师、保育员、咨询师、税务员、秘书、律师、警察等。

任务六　明确职业价值观

一、认知价值观

（一）价值观的内涵

价值观就是我们在生活和工作中所看重的原则、标准和品质，是指一个人对周围的客观事物（包括人、事、物）的意义、重要性的总评价和总看法。这种对诸事物的看法和评价在人心目中的主次、轻重的排列次序，就是价值观体系。价值观和价值观体系是决定人的行为的心理基础。

价值观代表一系列基本的信念，从个人或社会的角度来看，某种具体的行为类型或存在状态比之相反的行为类型或状态更可取。价值观是一种内心尺度，它凌驾于整个人性当中，支配着人的行为、态度、信念、理解等；支配着人认识世界、明白事物对自己的意义和自我了解、自我定向、自我设计等；也为人自认为正当的行为提供充足的理由。

（二）价值观在职业生涯规划中的应用

1. 在职业决策中，使用价值观作为评判的标准之一

价值观是人在考虑问题时所看重的原则和标准，是人内在的驱动力。举例说明，著名歌星席琳·迪翁在其歌唱事业的巅峰时期退出乐坛相夫教子，因为她的价值观是：与家人相处的时光是有限的，而且比事业更宝贵。价值观在人的职业生涯发展中起到极其重要的、决定方向性的作用，甚至超过了兴趣和性格对人的影响。当我们遇到矛盾冲突或妥协或放弃时，通常也是出于对价值的考虑。

2. 个人价值观与机构价值观（企业文化）的适配

不同的企业有不同的企业文化。例如，一家公司可能会非常重视员工的独立与创新，而另一家公司更提倡合作与互助，那么，一位野心勃勃、独立进取的销售人员也许就更适合在第一家公司工作。求职时可以通过公司的网站、文字介绍、人物访谈等方式了解企业的文化之后再作出选择。

3. 正确认识价值观在职业生涯规划中的应用

很少有工作能够完全满足一个人所有的重要价值观，生活中亦是如此。例如，某人面临的工作选择有二：要么留在总公司从事行政管理工作，没有业务压力，每天下班回家可以照顾家人；要么到分公司出任领导，但要到外地工作，近几年不能很好地照顾家人，但是基层管理的工作经验能为日后的提升以及重回总公司管理层奠定良好的基础。因此，我们总是要不断地作出妥协和放弃，这是不可避免也是必要的。只有厘清自己的价值观并排序，才能知道如何取舍。

二、认知职业价值观

（一）职业价值观的内涵

职业价值观是指人生目标和人生态度在职业选择方面的具体表现，也就是一个人对职业的认识和态度以及他对职业目标的追求和向往。理想、信念、世界观对于职业的影响，集中体现在职业价值观上。

每种职业都有各自的特性，不同的人对职业意义的认识、对职业好坏有不同的评价和取向，这就是职业价值观。职业价值观决定了人们的职业期望，影响着人们对职业方向和职业目标的选择，决定着人们就业后的工作态度和劳动绩效水平，从而决定了人们的职业发展情况。哪个职业好，哪个岗位适合自己，从事某一项具体工作的目的是什么，这些问题都是职业价值观的具体表现。

（二）职业价值观的类型

职业专家通过大量的调查，把职业价值观分为九类，并将个人适合的职业类型与之相对应。

1. 自由型（非工资生活者型）

具有该类型职业价值观的人不愿受别人指使，凭自己的能力拥有自己的小"城堡"；不愿受人干涉，想充分施展本领。适合偏艺术性的职业。

2. 小康型

具有该类型职业价值观的人追求虚荣，优越感也很强，渴望提升社会地位和名誉、受到众人尊敬。欲望得不到满足时，由于过分强烈的自我意识，有时反而很自卑。适合的职业类型有记账员、会计、银行出纳、税务员、核算员、打字员、计算机操作员、统计员、秘书等。

3. 支配型（权力型）

具有该类型职业价值观的人想当组织的"一把手"，不太重视他人的想法，控制欲较强。适合的职业类型有推销员、进货员、商品批发员、旅馆经理、饭店经理、广告宣传员、律师、政治家、零售商等。

4. 自我实现型

具有该类型职业价值观的人不关心平常的幸福，一心一意想发挥个性，追求真理。不考虑收入、地位及他人对自己的看法，尽力挖掘自己的潜力，施展自己的本领，并视此为有意义的生活。适合的职业类型有气象学家、生物学家、天文学家、动物学家、化学家、报刊编辑、地质学家、物理学家、数学家、实验员、科研人员、科技工作者等。

5．志愿型

具有该类型职业价值观的人富有同情心，把他人的痛苦视为自己的痛苦，不愿干哗众取宠的事，把默默地帮助不幸的人视为快乐。适合的职业类型有社会学家、福利机构工作者、导游、咨询人员、教师、护士等。

6．技术型

具有该类型职业价值观的人认为立足社会的根本在于拥有一技之长，钻研一门技术，靠本事吃饭既可靠又稳当。适合的职业类型有木匠、农民、工程师、飞机机械师、机械工、电工、司机等。

7．经济型（经理型）

具有该类型职业价值观的人断然地认为世界上的各种关系都建立在金钱的基础上，包括人与人之间的关系，甚至父母与子女之间的爱也带有金钱的烙印。这种类型的人确信，金钱可以买到世界上所有的幸福。各种职业中都有这种类型的人，商人居多。

8．合作型

具有该类型职业价值观的人人际关系较好，认为朋友是最大的财富。适合的职业类型有公关人员、推销人员、秘书等。

9．享受型

具有该类型职业价值观的人喜欢安逸的生活，不愿从事任何具有挑战性的工作。无固定职业类型。

随着社会的发展，一些职业可能会退出社会生活，同样也会出现一些新的职业，而各种职业自身所代表的社会声望、实际收入水平、工作环境背景也将会发生很大的变化，这些都将影响个人的职业指向。要想确定个人的职业方向，还需综合考虑个人的个性、兴趣、能力以及社会环境等因素。

三、认知职业锚

（一）职业锚的内涵

职业锚又称职业系留点。锚，是使船只停泊定位用的铁制器具。职业锚，就是人们选择和发展自己的职业时所围绕的中心，是指当一个人不得不作出选择的时候，他无论如何都不会放弃的职业中的那种至关重要的东西或价值观。

职业锚是自我意向的一个习得部分，是个人进入早期工作情境后，由习得的实际工作经验所决定，与在经验中自省的动机、价值观、才干相符合，达到自我满足和补偿的一种稳定的职业定位。职业锚强调个人能力、动机和价值观三个方面的相互作用与整合。职业锚是个人同工作环境互动作用的产物,是在实际工作中不断调整的。

了解职业锚的概念,要注意以下几个方面。

第一,职业锚以员工习得的工作经验为基础。职业锚发生在早期职业阶段,员工工作若干年,习得工作经验后,方能选定自己稳定的长期贡献区。个人在面临各种各样的实际工作生活情境之前,不可能真切地了解自己的能力、动机和价值观以及其在多大程度上适应可行的职业选择。因此,新员工工作经验的产生和演变发展了职业锚。换句话说,职业锚在某种程度上由员工实际工作所决定,而不是只取决于潜在的才干和动机。

第二,职业锚不是员工根据各种测试得出的能力、才干、作业动机、价值观,而是在工作实践中,依据自省和已被证明的才干、动机、需要和价值观,现实地选择和准确地进行的职业定位。

第三,职业锚是员工自我发展过程中的动机、需要、价值观、能力相互作用和逐步整合的结果。员工个人及其职业不是固定不变的,职业锚是个人稳定的职业贡献区和成长区,员工以职业锚为其稳定源,可以获得该职业工作的进一步发展,以及个人社会生命周期和家庭生命周期的成长、变化。此外,职业锚本身也可能变化,员工在职业生涯的中、后期可能会根据变化的情况,重新选定自己的职业锚。

(二)职业锚的功能

大学生在进行职业规划和定位时,可以运用职业锚思考自己已具有的能力,确定自己的发展方向,审视自己的价值观是否与将来选择的职业工作相匹配。只有个人的定位和要从事的职业相匹配,才能在工作中发挥自己的长处,实现自己的价值。尝试各种具有挑战性的工作,在不同的专业和领域中进行工作轮换,对自己的资质、能力、偏好进行客观的评价,是使个人的职业锚具体化的有效途径。

1. 对个人发展的功能

职业锚在员工的工作生命周期及在组织的事业发展过程中,发挥着重要的作用。

(1)使员工能够给组织以正确的反馈。职业锚是员工经过搜索所确定的长期职业贡献区或职业定位。这一搜索定位过程,依循着员工的需要、动机和价值观进行。所以,职业锚清楚地反映了员工的职业追求与抱负。

(2)为员工设置可行有效的职业渠道。职业锚可准确地反映员工职业需要及其所追求的职业工作环境。透过职业锚,组织可获得员工正确信息的反馈,这样组织才能有针对性地对员工职业发展设置可行的、有效的、顺畅的职业渠道。

(3)增长员工工作经验。职业锚是员工职业工作的定位,不但能使员工在长期从事某项职业中增长工作经验,而且员工职业技能也能不断增强,直接产生提高工作效率或劳动生产率的明显效益。

(4)为员工奠定中后期工作的基础。之所以说职业锚是中后期职业工作的基础,是因为职业锚是员工通过工作经验的积累产生的,它反映了该员工的价值观和才干。员工抛锚于某一种职业工作的过程,就是其自我认知的过程,就是把职业工作与自我相结合的过程,这将决定员工成年期的主要生活和职业选择。

2. 对组织的功能

对于组织而言，通过员工在不同的工作岗位之间的轮换，了解员工的职业兴趣爱好、技能和价值观，将他们放到最合适的职业轨道上去，可以实现企业和个人发展的双赢。

日本丰田公司在运用员工的职业锚方面给了我们有益的借鉴。丰田对于岗位一线工人采用工作轮调的方式来培养和训练多功能作业员，这样既提高了工人的全面操作能力，又使一些生产骨干的经验得以传授。员工还能在此过程中发现自己的优势在哪里，从而进行准确定位，找到真正适合自己的岗位。一旦员工确立了自己的职业锚，工作起来将会更具积极性和主动性，效率将会有很大提高。

丰田采取5年调换一次工作的方式对各级管理人员进行重点培养。每年1月1日进行组织变更，一般以本单位相关部门为调换目标，调换幅度在5％左右。短期来看，转岗会有熟悉操作的适应过程，可能导致生产效率的降低，但对企业长久发展来说则是利大于弊。经常地有序换岗还能给员工带来适度的压力，促使员工不断学习，使企业始终保持生机勃勃的氛围。

案例分享

职业选择：是做个"螺丝钉"还是"弹簧"[①]

事实上，频繁更换工作的人在哪里都不受欢迎。根据招聘软件公司Bullhorn一项针对1 500位招聘人员和招聘经理的匿名调查，39％的人认为频繁变更工作或者在目前的公司服务未满一年是求职者的最大障碍，这个因素甚至超过了失业超过一年或者就业历史有间隙给求职者带来的负面影响。

六年前，为了写《反思华尔街》一书，笔者在纽约采访了IJC合伙人有限公司创始人之一的Kyle J. Ramkissoon先生。IJC是专门为另类投资公司(如对冲基金)和顶级银行自营部寻找人才的猎头公司。

笔者曾问Kyle这样一个问题："您曾经见到的最糟糕的简历是什么？"他回答："最差的简历是那些两年之内换了5次工作的人，这显示了很差的判断力。常常有些雇主会找我们，让我们查清楚求职者的具体工作时间段，他们主要担心该求职者是否经常跳槽。"Kyle面对的求职者是那些拿着数十万美元甚至数百万美元高薪的华尔街精英。那他的看法是否适用中国一般企业职员呢？

…………

2014年4—5月，笔者有幸参与了上海立信会计学院经济运行风险预警与管理研究中心(筹)组织的"上海居民就业状况调查"。作为第一阶段的调查，我们在上海市闵行区的各个居(村)委会中抽取了1 200户进行入户调查。

针对是做个"螺丝钉"好还是"弹簧"好，我们提出了"您5年内更换工作几次"这个问题。绝大多数人(78.64％)表示过去5年内没有更换过工作；17.93％的人更换过1~2次工作；而有3.43％的人换过3次或3次以上工作。我们的调查结果和一些国际研究是一致的。据美国劳工统计局在2012年9月公布的一组数据，美国雇员为目前所服务的雇主服务年限的中位数是4.6年。

---

① 阎志鹏.职业选择：是做个"螺丝钉"还是"弹簧"[N].上海证券报，2014-06-18.

但是频繁更换工作的"弹簧"人收入就会比没有挪窝的"螺丝钉"的收入高吗？针对此疑问，我们又询问了："您过去一年各类收入总计是多少？"

在换过工作至少3次的人当中，只有16.67%的人收入超过10万元；而从未换过工作的有28.21%的人收入超过10万元。在我们样本中两个收入过100万元的人在过去5年从未换过工作。当然更换工作频率和收入的关系并不是线性的。对于换过1次和2次工作的人，收入超过10万元的比例分别为31.03%和22.22%。也许在一定时间内，更换1次或2次工作，有助于提高收入。但是横向比较来看，过于频繁地更换工作对于多数人来说并不见得是个明智的选择。

……

当然，年轻人刚刚进入社会开始工作时难免会不断尝试不同的工作机会，这就导致了他们比较倾向于频繁更换工作；当他们逐渐成长、成熟，工作也会相对稳定下来，工作更换频率自然会下降。我们的数据印证了这个推断。对于年龄段处于20~30岁的被调查者来说，他们中只有54.95%的人在5年内没有"挪过窝"，而对于30~40岁、40~50岁以及50~60岁年龄段的被调查者来说，他们过去5年没有换过工作的比例分别为56.91%、75.94%和91.12%。很显然，年纪越大，人们越不愿意"挪窝"！

我们再来看被调查人的政治面貌是否和更换工作频率相关，是否党员更乐于做一颗永不生锈的"螺丝钉"，工作在哪里，就在哪里发光？果然，在过去5年中，有83.06%的党员未更换过工作；而一般群众中只有78.13%没有换过工作。在过去5年中，只有1.65%的党员换过不少于3次的工作；而一般群众中有3.75%的人换过不少于3次的工作。

更换工作的频率和被调查者的工作单位类型也是相关的。在向我们提供工作单位类型和5年更换工作次数的362人中，有106人服务于政府机关、事业单位和国有企业，256人服务于其他类型的工作单位，如私营/个体企业或外商独资企业。我们发现在服务于政府、事业单位和国有企业的人中只有2.83%的人在过去5年中换过不少于3次工作；而服务于其他类型工作单位的有9.76%的人换过多次工作。也许前一类单位更需要"螺丝钉"，也更吸引愿意做"螺丝钉"的求职者。

在我们就业调查报告初稿即将完成时，笔者和一个多年来一直在外企担任人力资源经理的朋友黄女士聊天，笔者问她："你们对那些经常更换工作的求职者怎么看？"黄女士不假思索地说："非常痛恨！不会考虑！"

看来，多数人的选择还是明智的——做颗闪闪发光的"螺丝钉"，而不是跳来跳去的"弹簧"！

四、测评职业价值观

（一）职业价值观测试量表

说明：下面有52道题目，每个题目都有5个备选答案，请根据自己的实际情况或想法，在题目后面圈出相应字母，每题只能选择一个答案，通过测验，可以大致了解自己的职业价值观念倾向。

A.非常重要；B.比较重要；C.一般；D.较不重要；E.很不重要。

（1）你的工作必须经常解决新的问题。　　　　　　　　　　　　A B C D E
（2）你的工作能为社会带来看得见的效果。　　　　　　　　　　A B C D E
（3）你的工作奖金很高。　　　　　　　　　　　　　　　　　　A B C D E
（4）你的工作内容经常变换。　　　　　　　　　　　　　　　　A B C D E
（5）你能在你的工作范围内自由发挥。　　　　　　　　　　　　A B C D E
（6）工作能使你的同学、朋友非常羡慕你。　　　　　　　　　　A B C D E
（7）工作带有艺术感。　　　　　　　　　　　　　　　　　　　A B C D E
（8）你的工作能使人感觉到你是团体的一分子。　　　　　　　　A B C D E
（9）不论你怎么干，你总能和大多数人一样晋级和涨工资。　　　A B C D E
（10）你的工作使你有可能经常变换工作地点、场所或方式。　　 A B C D E
（11）在工作中你能接触到各种不同的人。　　　　　　　　　　 A B C D E
（12）你的工作上下班时间比较随便、自由。　　　　　　　　　 A B C D E
（13）你的工作使你不断获得成功的感觉。　　　　　　　　　　 A B C D E
（14）你的工作赋予你高于别人的权力。　　　　　　　　　　　 A B C D E
（15）在工作中，你能试行一些自己的新想法。　　　　　　　　 A B C D E
（16）在工作中你不会因为身体或能力等因素，被人瞧不起。　　 A B C D E
（17）你能从工作的成果中，知道自己做得不错。　　　　　　　 A B C D E
（18）你的工作经常要外出，参加各种集会和活动。　　　　　　 A B C D E
（19）只要你干好工作，就不再会被调到其他意想不到的单位和工种上去。 A B C D E
（20）你的工作能使世界更漂亮。　　　　　　　　　　　　　　 A B C D E
（21）在你的工作中，不会有人常来打扰你。　　　　　　　　　 A B C D E
（22）只要努力，你的工资会高于其他同年龄的人，升级或涨工资的可能性比
干其他工作大得多。　　　　　　　　　　　　　　　　　　　　A B C D E
（23）你的工作是一项对智力的挑战。　　　　　　　　　　　　 A B C D E
（24）你的工作要求你把一些事务管理得井井有条。　　　　　　 A B C D E
（25）你的工作单位有舒适的休息室、更衣室、浴室及其他设备。 A B C D E
（26）你的工作有可能结识各行各业的知名人物。　　　　　　　 A B C D E
（27）在你的工作中，能和同事建立良好的关系。　　　　　　　 A B C D E
（28）在别人眼中，你的工作是很重要的。　　　　　　　　　　 A B C D E
（29）在工作中你经常接触到新鲜的事物。　　　　　　　　　　 A B C D E
（30）你的工作使你能常常帮助别人。　　　　　　　　　　　　 A B C D E
（31）你在工作单位中，有可能经常变换工作。　　　　　　　　 A B C D E
（32）你的作风使你被别人尊重。　　　　　　　　　　　　　　 A B C D E
（33）同事和领导人品较好，相处比较随便。　　　　　　　　　 A B C D E
（34）你的工作会使很多人认识你。　　　　　　　　　　　　　 A B C D E
（35）你的工作环境很好，例如，有适度的灯光，安静、清洁的工作环境，
甚至恒温、恒湿等优越的条件。　　　　　　　　　　　　　　　A B C D E

（36）在工作中，你为他人服务，使他人感到很满意，你自己也很高兴。　　A B C D E
（37）你的工作需要计划和组织别人的工作。　　A B C D E
（38）你的工作需要敏锐的思考。　　A B C D E
（39）你的工作可以使你获得较多的额外收入。例如，常发实物、常购买打折扣的商品、常发商品的提货券、有机会购买进口货等。　　A B C D E
（40）在工作中你是不受别人差遣的。　　A B C D E
（41）你的工作结果应该是一种艺术而不是一般的产品。　　A B C D E
（42）在工作中不必担心会因为所做的事情领导不满意，而受到训斥或经济惩罚。　　A B C D E
（43）在你的工作中能和领导有融洽的关系。　　A B C D E
（44）你可以看见你努力工作的成果。　　A B C D E
（45）在工作中常常要你提出许多新的想法。　　A B C D E
（46）由于你的工作，经常有许多人来感谢你。　　A B C D E
（47）你的工作成果常常能得到上级、同事或社会的肯定。　　A B C D E
（48）在工作中，你可能做一个负责人，虽然可能只领导很少的人，你信奉"宁做兵头，不做将尾"的俗语。　　A B C D E
（49）你从事的工作经常在报刊、电视中被提到，因而在人们的心目中很有地位。　　A B C D E
（50）你的工作有数量可观的夜班费、加班费、保健费或营养费。　　A B C D E
（51）你的工作比较轻松，精神上也不紧张。　　A B C D E
（52）你的工作需要和影视、戏剧、音乐、美术、文学等艺术打交道。　　A B C D E

（二）评分与评价

上面的 52 道题分别代表 12 项工作价值观，选 A 得 5 分、选 B 得 4 分、选 C 得 3 分、选 D 得 2 分、选 E 得 1 分。

请根据下面评价中每一项前面的题号，计算每一项的总得分，并把它填在每一项的得分栏上，然后在后面依次列出得分最高和最低的 3 项。

得分题号价值观说明如下。

（1）利他主义。2、30、36、46 工作的目的和价值，在于直接为大众的幸福和利益尽一份力。

（2）美感。7、20、41、52 工作的目的和价值，在于能不断追求美的东西，得到美感的享受。

（3）智力刺激。1、23、38、45 工作的目的和价值，在于不断追求，进行合理的操作，动脑思考，学习以及探索新事物，解决新问题。

（4）成就感。13、17、44、47 工作的目的和价值，在于不断创新，不断取得成就，不断得到领导与同事的赞扬，或不断实现自己想要做的事。

（5）独立性。5、15、21、40 工作的目的和价值，在于能充分发挥自己的独立性和主动性，按自己的方式、步调或想法去做，不受他人的干扰。

（6）社会地位。6、28、32、49 工作的目的和价值，在于所从事的工作在人们的心目中有

较高的社会地位，从而使自己得到人们的重视与尊重。

（7）管理。14、24、37、48工作的目的和价值，在于获得对他人或某事物的管理支配权，能指挥和调遣一定范围内的人或事物。

（8）经济报酬。3、22、39、50工作的目的和价值，在于获得优厚的报酬，使自己有足够的财力去获得自己想要的东西，使生活过得较为富足。

（9）社会交际。11、18、26、34工作的目的和价值，在于能和各种人交往，建立比较广泛的社会联系和关系，甚至能和知名人物结识。

（10）安全感。9、16、19、42工作的目的和价值，不管自己能力怎样，希望在工作中有一个安稳局面，不会因为奖金、涨工资、调动工作或领导训斥等经常提心吊胆，心烦意乱。

（11）舒适。12、25、35、51工作的目的和价值，希望能将工作作为一种消遣、休息或享受的形式，追求令人感到愉快的、自然的、优越的工作条件和环境。

（12）人际关系。8、27、33、43工作的目的和价值，希望一起工作的大多数同事和领导人品较好，相处愉快、自然，就是很有价值的事，是一种极大的满足。

（13）变异性或追求新意。4、10、29、31工作的目的和价值，希望工作的内容应该经常变换，使工作和生活显得丰富多彩，不单调枯燥。

任务七　认识社会

一、认识行业与选择就业

（一）行业的发展趋势和分类

1．认识行业发展趋势

行业是指按生产同类产品或具有相同工艺过程或提供同类劳动服务划分的经济活动类别，如饮食行业、服装行业、机械行业、金融行业、移动互联网行业等。

从人类社会行业发展趋势来看，行业的发展变化主要体现在四个方面：一是第一产业和第二产业的行业不断分化，第三产业的行业迅速发展；二是行业分工更精细，专业化增强；三是行业内涵和功能不断更新；四是行业的更替更快、更多，变化更大。

2．认识行业分类

从行业的持续时间来看，行业可分为三种类型，即长期性行业、短期性行业和新兴行业。

长期性行业以教师、会计、医生、警察为例，无论是从中国，还是从世界的角度来看，每个国家都存在这些行业，并一直发展着。随着时代的发展，这些长期性行业被赋予了时代的内涵与特色，行业的要求也在不断提高。

短期性行业以模特、演员为例，这些行业注重工作人员的年龄，职场周期较短，人员更替较频繁，竞争也较激烈。

新兴行业的兴起与发展。随着社会经济、政治和文化的发展，也促进了不同行业的发展与调整。如电子信息技术行业的发展促进了网络的发展，网络的发展促进了网络工程、软件开发等行业的发展。因此，新兴行业的崛起与行业的发展密不可分，也就是说，行业的兴起与发展是在行业的发展与调整这个大环境下产生的。2016年全面开放"二孩"政策，再加上社会经济压力和收入水平等因素的影响，妇女儿童服务行业逐步发展壮大起来，其中月嫂就是其中的一员，薪资非常丰厚。除此之外，新兴行业还包括人工智能、环境保护工程等。

（二）"一带一路"倡议对当代大学生就业的影响

"一带一路"倡议是习近平主席于2013年9月提出的，是"丝绸之路经济带"和"21世纪海上丝绸之路"的简称。它提倡合作发展的理念，依靠中国与有关国家既有的双、多边机制，借助既有的、行之有效的区域合作平台，借用古代"丝绸之路"的历史符号，高举和平发展的旗帜，主动发展与沿线国家的经济合作伙伴关系，共同打造政治互信、经济融合、文化包容的利益共同体、命运共同体和责任共同体。这一倡议受到了国际社会的广泛关注。

"一带一路"倡议充分利用我国的优势，对现有的经济格局进行调整和完善，通过政策引导和贸易带动，用经济发展地区的优势带动不发达地区的经济发展，符合我国实际状况，不急于齐头并进才能逐步实现国内经济的均衡化和稳定性，因此，"一带一路"倡议将会扎实稳定地带动经济不发达地区的经济发展。同时，"一带一路"倡议的实施对我国的经济环境和经济布局都将进行大量的调整，进而对我国区域间的经济发展状况以及发展观念等产生相应的影响。不同的发展环境和发展观念也间接地改变着当代大学生的就业。

1．就业环境

就业环境一直是大学生就业时考虑的关键因素。经济发展水平高的地区，具有较高的生活水平和保障水平，在这些区域内就业，能够获得较好的生活环境和就业环境，能为大学生提供更高、更大的人生舞台；而经济发展水平较为落后的地区，文化发展以及整体的社会环境较差，因此，高校毕业生往往不愿意到这些地区就业。

"一带一路"倡议的提出，为经济不发达地区带来更多的发展机遇和发展优势，促进我国的经济发展趋于均衡化，促进我国经济发展整体水平的提升，由此，大学生的就业环境也将得到改善。

2．就业观念

大学生就业的方向不仅取决于自身的学历和专业，还取决于大学生的就业观念。想要好的生活环境和就业环境，就会倾向于到经济发展水平较高的地区就业；想要实现自身的抱负，为偏远地区的经济发展贡献自身的力量，就会倾向于到经济发展较差的地区就业。另外，不同地区展现出的不同的生活面貌，也会对大学生的就业产生影响。

随着"一带一路"倡议的实施，区域经济的整体发展使经济发展环境得到不断改善，将会促进大学生就业观念不断改变，更多的发展机会、更广的发展平台将会成为吸引大学生就业的主要因素。

3．就业趋势

随着"一带一路"倡议的提出给我国经济发展带来的深刻影响，大学生就业的趋势也将发生改变，大学生自主创业的比重将会不断增加，就业的灵活性将不断提高，大学生整体的就业状况将会有所好转。找到适合自己的岗位，充分发挥自身价值和自身优势将是大学生进行择业和就业的主要标准和目的。

从总体来看，"一带一路"倡议的实施，将会更加有利于我国区域间经济的均衡化发展，制约大学生就业的因素将会逐渐减少，因此，"一带一路"倡议在有利于我国经济发展的同时，也将会对我国大学生的就业产生积极的影响。

二、认知工作世界

工作世界是一个人实现其职业生涯理想的外部平台。如何更好地利用这个外部平台，帮助个人实现其理想，是职业生涯中很关键的一部分内容。

（一）认识工作世界探索的作用

1. 促进学业规划与职业规划的有效对接

大学生只有找到专业学习与职业发展的结合点，才能使自己真正提前认识、融入工作世界，才能在职业发展的方向上做到把握自我。每一个大学毕业生都需要结合工作世界的相关信息来分析未来职业所需要的人才应该具备哪些素质和从业经验；自己的竞争优势是什么，不足又在哪里。只有充分地了解了工作世界后，大学生才能更为关注自己的"长远利益"，才能够有针对性地规划自己的大学学业，进而促进学业规划与职业规划的有效对接。

2. 有针对性地提升大学生的素质技能

当前，很多大学生在一定程度上普遍存在动力不足，缺乏恒心和奉献精神，社会交往能力以及自理、自立和解决实际问题的能力不足等问题。很多同学寄希望于学校、职业辅导老师或其他专业的职业辅导工作人员告诉他们工作世界是什么样的，但结果常常令人失望，因为每个人（包括专业的职业辅导人士）由于个人知识、经验的局限性不可能完全掌握所有工作世界的信息，所以，工作世界的探索更多地需要学生自己来完成。在这个探索的过程中，大学生可以培养和提升自己很多方面的能力，如自我管理能力中的为自己负责，可迁移技能中的沟通、收集、观察能力等。

3. 科学把握工作世界的发展趋势

放眼工作世界，目前我国大学生就业矛盾既存在总量问题，也存在结构问题；既要尽最大努力适应当前经济社会发展对大学生素质技能的要求，又要改革人才培养模式，使人才培养质量能够满足未来工作世界对人才的需求。因而，工作世界信息可以帮助学生预测未来可能发生的情况，预先做好准备；以及知道预测的风险所在，并为此做好心理准备。

4. 正确制定生涯决策

现在所说的大学生就业难，很大程度上不是找不到工作，而是找不到"理想"的工作。相当多的大学毕业生对自身认识不清，对工作世界认识不深入，对工作的期望值却非常高。学生应清晰、全面地了解工作世界，知道毕业生众多，竞争激烈。只有自己仔细了解企业用人要求及工作发展的普遍路径和规律等，才能够结合自己的特点在社会中找到适合自己的工作，从而作出合理的生涯决策，而不是盲目跟风追逐"好工作"，最后却迷失在求职大军中。

（二）认识工作世界

1．认识宏观工作世界现状

纵观历史的演进，近两百年的变化大于过去两千年的变化。工业革命中机器的发明和使用，机械化的大生产改造了世界，取代了农业社会的生活形态。计算机的发明与应用，使得自动化大量应用，信息化改造了工业社会，近20年的变化又大于过去两百年的变化。

在此背景下，工作环境、工作内容、工作种类以及人的职业素质、就业观念、生活方式，甚至是求职途径、竞争要求、教育培训都发生了深刻变化。

一方面，职业变动增加，跳槽现象大量出现，人在一生中可能要进行多次职业转换；同时，工作方式更加多元，传统的朝九晚五不再是社会唯一认可的工作方式。

另一方面，人们的职业选择自由度很高，大学生毕业时不再实行国家分配，而是实行双向选择的市场化就业政策，这就决定了个人能力成为职业生涯的重要影响因素。随着市场经济和全球化的发展，职业对于人力资源的配置在很多领域中开始趋向公平与合理。这些变化无疑在影响着工作世界，同时也成为工作世界的重要内容。

就中国而言，随着高等教育大众化的实现，高等教育走出了"象牙塔"，由"少数人的特权"变为"多数人的权利"，接受高等教育的人数和大学毕业生的数量正在急剧增加，给大学生的就业造成了极大的压力，大学生就业已经从卖方市场变为买方市场。高等教育由精英教育向大众化教育转变的实现，要求大学生要怀着普通劳动者的心态和定位去参与就业选择、就业竞争。因而，当今大学生必须学会以正确的心态、科学的方法探索工作世界。

论坛上网友的一封信[①]

李老师：

我辞掉第一份工作已经有3个月了。可是不知为什么在新单位里，我却无法找到辞职前的那种激情了。我原来在某公司工作一年，公司各方面条件还可以，但总觉得与同学相比，薪资比较低。于是我便辞职到了一家新的公司，还是从事原来的工作，待遇与原来相比提高了一些，可是工作环境却差多了，与上司和同事的关系也搞不好。我现在开始怀疑自己这次跳槽是不是太仓促了。我在想办法回到原来的公司，但可能比较困难了，因为离开的时候与部门领导闹得不太愉快。现在我非常郁闷，精神也不好，工作时提不起精神。所以希望李老师能给我一些建议。

小江

点评

据了解，像小江这种情况相当普遍。参加工作后，不珍惜自己的第一份工作，动辄就想辞

---

① 王志洲，韦静坚，李树斌. 职业生涯规划［M］. 北京：人民邮电出版社，2019：120.

职。某些大学毕业生对自己的第一份工作不满意或与领导发生一些冲突，于是头脑一热，辞职不干了。他们认为既然自己有能力找到第一份工作，也一定很容易找到第二份、第三份工作。然而不理智给他们带来了深刻的教训：由于第一份工作时间太短，许多用人单位认为他们是眼高手低才跳槽，从而无人问津。还有一些人越跳越差，后悔不迭，又想回到原来的单位。一些人辞了工作后本以为工作很好找，但事与愿违。第一个月在劳务市场应聘时还要求月薪5 000元，然而几个月找不到工作就慌了手脚，把薪资标准一降再降，2 000元都可以考虑。早知今日，何必当初？他们大都表示要知道工作这么不好找当初就不那么冲动了。因此，理性地对待求职和跳槽对大学毕业生来说是非常重要的。

2．与工作相关的概念及职业特征

一件物品从原材料加工一直到消费者购买，它的制造涉及许多的人和职业，例如，从管理到制造，从研发到市场，因此，同一个专业可以从事多种职业，例如，机械设计专业毕业的学生，既可以从事助理、售前工程师等与人打交道的工作，也可以从事研发等相关工作。以与手机相关的职业为例分析，其涉及的工作如图3-3所示。

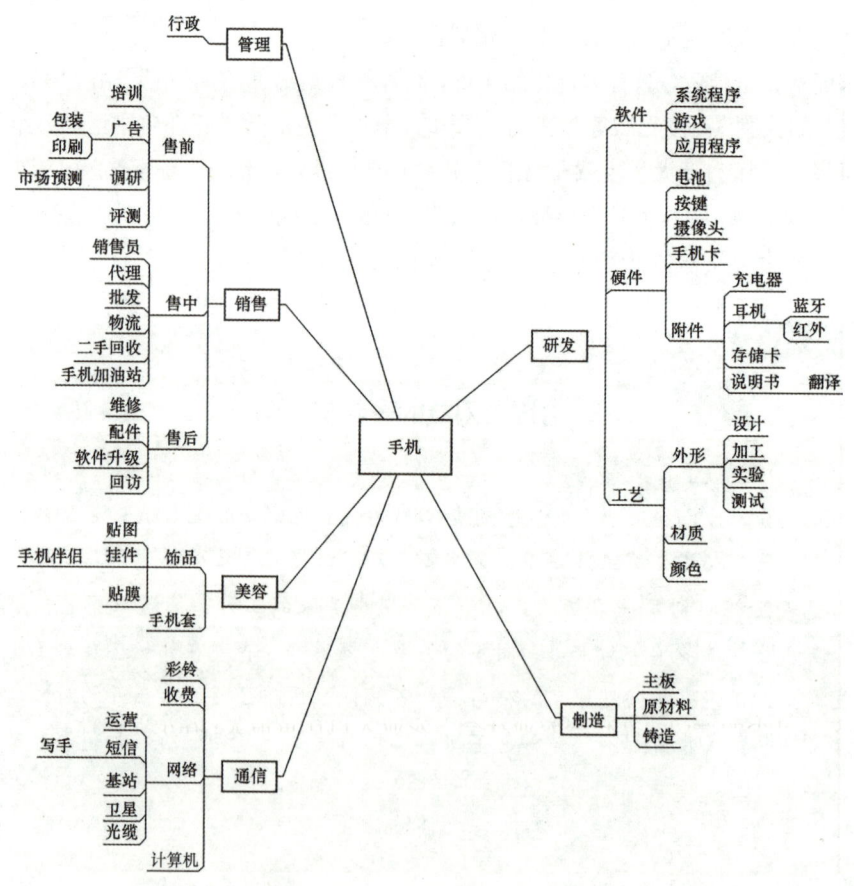

图3-3　与手机相关的职业

（1）职位、工作、职业的区别。职位是和分配给个人的一系列具体任务直接相关的。因此，职位和参与工作的个人相对应，有多少参与工作的个人，就有多少个职位。例如，一个足球队需要11名队员，就意味着这个足球队中有11个职位，而无论这些职位是前锋还是后卫。工作是由一系列相似的职位所组成的一个特定的专业领域。例如，一个足球队中有左前卫和右前卫，它们是同一个工作，即前卫。职业是在不同的专业领域中一系列相似的服务。例如，运动员是一种职业。

通过图3-4可以直观地理解上述概念，不仅可以帮助大学生更好地按照职业、工作、职位、职责、技能顺序去探索了解工作世界，还能使其更详细地了解探索的目标职业所能提供的岗位、所需具备的能力。

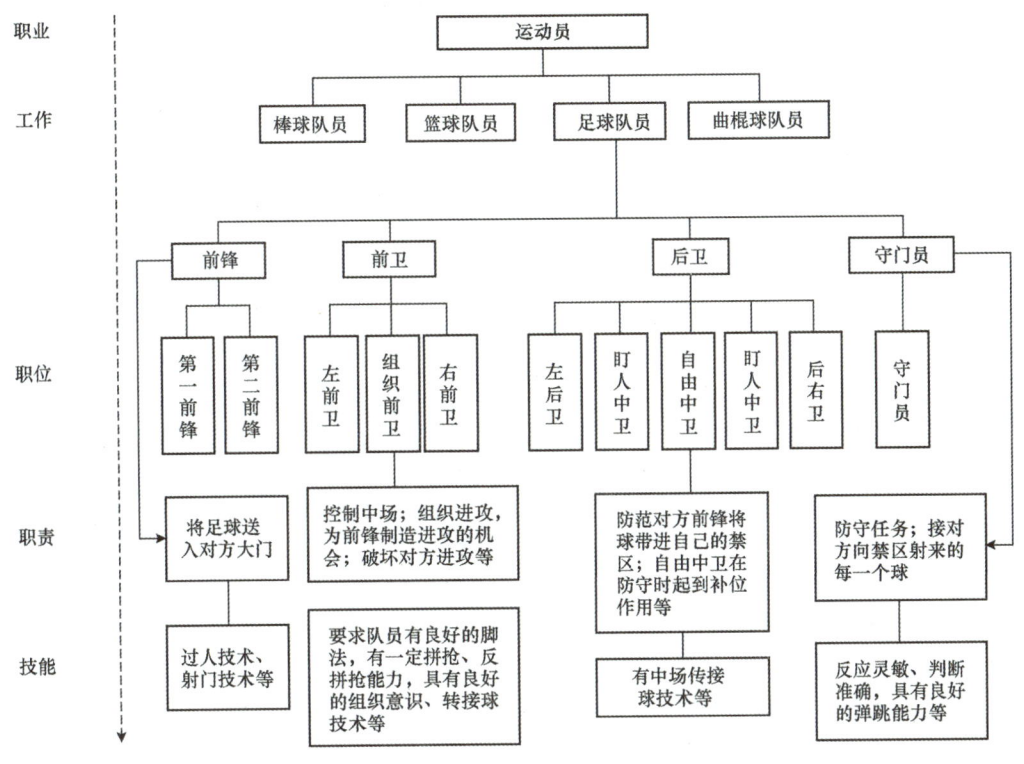

图3-4 足球队的职位

（2）职业的特征。①产业性。一个国家，一个社会，就大的方面产业可以分为三类。第一产业和第二产业都是物质生产部门，第三产业虽然并不生产物质财富，但却是社会物质生产和人民生活必不可少的部门。在传统农业社会，农业人口比重最大；在工业化社会，工作领域中的职业数量和就业人口显著增加；在科学技术高度发达和经济发展迅速的社会，第三产业职业数量和就业人口显著增加。②行业性。行业是根据生产单位所生产的物品或提供服务的人的不同而划分的，按企业、事业单位、机关团体和个体从业人员所从事的生产或其他社会经济活动性质的同一性来分类。某行业的职业内部，其劳动条件、工作对象、生产工具、操作内容相同或相近。由于环境的同一性，人们就会形成相同的行为模式，有共同的语言习惯和道德规范。不同职业间存在很大的差异，劳动条件、工作对象、工作性质等都不相同。随着社会的进步和发展，新的职业将会不断涌现，各种职业间的差异也会不断变化。③职位性。职位是一定的职权和相应责任的集合体。职权和责任是组成职位的两个基本要素。职权相同，责任一致，就是同一职位。在职业分类中每一种职业都含有职位的特性。从社会需要角度来看，职业并没有高低贵贱之分，但是，现实生活中，由于对从事职业的素质要求不同以及人们对职业的看法或舆论的评价不同，职业便有了层次之分，这种职业的不同层次往往是由不同职业体力、脑力劳动的付出，收入水平，工作任务的轻重，社会声望，权力地位等因素决定的。④组群性。无论以何种依据来划分，职业都带有组群特点。如科学研究人员中包含哲学、社会学、经济学、理学、工学、医学等各类研究人员，咨询服务事业工作者包括科技咨询工作者、心理咨询工作者、职业咨询工作者等。⑤时空性。随着社会的发展和进步，职业变化迅速，除了弃旧更新外，同一种职业的活动内容和方式也会发生变化。所以职业的划分带有明显的时代性，不同时代有不同的热门职业。我国曾出现过的"当兵热""从政热"，后又发展到"下海热""外企热"等，这些都反映出特定时期人们对某种职业的热衷程度。

3．工作世界的发展趋势

（1）社会职业种类越来越多。随着社会分工的发展和职业的分化，职业已远远超过"三百六十行"。据有关资料介绍，大约在20世纪70年代，全世界职业种类就超过了42 000种，现在则更多。全国信息分类与编码标准化技术委员会于2015年10月发布的《职业分类与代码》，按照工作性质同一性的基本原则，对我国社会职业进行科学划分和归类，突破了以往按行业部分分类的模式，突出了职业应有的社会性、目的性、规范性、稳定性和群体性特征，并对职业的性质和工作活动的内容、范围以及与工种的联系作了准确的界定和表述。

（2）产业结构变化的速度越来越快。从农业革命到产业革命经历了数千年，而从工业革命到新的产业革命才200多年。在这200多年里，不断出现新的行业，且行业的主次地位变化也越来越快。工业革命时期，纺织业是主要的行业；20世纪，钢铁、汽车和建筑业先后超过纺织业；而电子行业从产生到发展成为一个主要行业，只用了几十年时间。

（3）对从业人员的素质要求越来越高。随着世界范围内新技术革命的深入发展和信息产业的迅猛崛起，职业在以下三个方面发生了深刻变革：一是职业分工越来越细；二是职业活动的内容不断更新变化；三是现代科学技术运用到职业领域中的周期越来越短。三个因素的综合作用，使得职业的专业性越来越强。在我国，脑力劳动者和专业技术人员的比重在不断增大。有关专家预测，今后几年增长最快的将是以下行业：计算机应用与信息处理、院外保健（如家庭护理）、个人供应服务及其他新的服务项目，如咨询、演讲、电话、电信服务等。职业专业性的增强，必然促使职业对从业人员的素质提出越来越高的要求。

（4）可供选择的工作形式越来越多。工作的形式有很多种，最常见的就是全职工作，即连续为同一雇主工作，每周工作40个小时及以上。学生在求职时都是希望能够找到一份全职工作，因为其具有相对的保障和稳定性。

兼职工作是近些年增长很快的工作形式之一；另外一种和兼职工作有些类似的工作形式是多重工作，是指一个人同时兼有2个或2个以上独立的工作角色；自由职业，是目前社会中比较受追捧的一种自雇的工作形式；自我创业，做一个企业家，也是一种工作形式，其风险最高。

此外，随着经济社会的发展，弹性工作制和工作分享制也逐步扩展开来。

（5）国际化人才竞争越来越激烈。国际人才竞争的加剧，从根本上说是由全球化的进程所决定的，尤其是全球经济的一体化以及分工协作的深化，必然要求作为高级生产要素的人才走向自由流动，形成能够跨越国界的世界人才市场。同时，经济全球化与人才国际化又相互促进，全球化导致国际人才竞争；反过来，这种国际人才竞争又主宰着各国在全球化中的命运。随着全球化在未来进一步深化，国际人才在世界竞争格局当中还将发挥举足轻重的作用。这样，使用外籍员工也会带来更加激烈的人才竞争压力。

4．关于工作世界的一些基本事实

大学生在探索工作世界时，应了解和自己专业相关的职业有哪些。学习专业知识的目的是帮助人更好地发展自己，绝不是限制人的发展。当大学生用更开阔的思路来看工作世界时，会更容易理解一些基本事实。一是目前工作世界中有超过 42 000 种的职业，对于大多数人来说，会有数种职业适合他们，可以从中选择自己热爱的工作。二是没有哪一种工作能够完全满足人所有的需要。所有工作都有其局限性和令人失望之处。人需要通过其他活动来平衡自己的生活，才有可能感觉到圆满。三是工作市场和经济形势都时常发生变化，甚至是急剧的变化。有的行业在目前可能充满了机会，却也可能会在数年内出现饱和。四是一些新职业不断涌现，如 2019 年人社部发布了十三个新职业，即人工智能工程技术人员、物联网工程技术人员、大数据工程技术人员、云计算工程技术人员、数字化管理师、建筑信息模型技术员、电子竞技运营师、电子竞技员、无人机驾驶员、农业经理人、物联网安装调试员、工业机器人系统操作员、工业机器人系统运维员，新兴职业层出不穷。自主创业也成为更多人的选择。与此同时，有很多工作也在慢慢消失。

所以，在工作世界中，每个学生都有可能找到属于自己的那份工作，只是需要做好心理准备。变化是工作中必然要面对的，一个决定常伴随着风险，因此需要个人不断调整和变化才能保持满意度。面对工作世界，大学生需要学会正确应对工作的变动，而不是一味地回避它。

5．与具体工作相关的信息

当探索工作世界涉及某个具体工作时，需要了解的信息更为细致，通常包括以下几个方面：公司文化和规范；工作内容和职责；工作要求的知识、技能和素质；工作要求的资历和资格；工作时间、地点和环境；工作的可发展空间；薪酬待遇和福利；如果要去应聘，还需要了解公司的招聘文化。

（三）探索工作世界的方法与途径

1．查阅文献

将个人希望了解的职业方向（或职业群），通过网络、书籍、期刊及有关声像资料进行初步查阅；选定各种典型职业，进一步对其入门所需的基本条件如学历、资格证书、身体条件等进行查阅；通过查阅使自己对做好职业工作所需要的知识、技能、生理条件及个性特征有一个初步的认识，对该职业的生存环境及发展前途以及个人循此发展可能取得的职业成就等形成初步印象。

2. 向学长和老师咨询

向学长和老师咨询是我们认知环境的重要途径。因为，无论是校园环境还是城市环境，无论是专业背景还是职业要求，学长和老师都可以为我们提供更加详细准确的信息，这有助于我们认知环境。

3. 借助媒体

现代社会，媒体几乎无所不能，尤其是近年来新媒体及自媒体的发展，使得信息非常丰富。从媒体上，我们可以了解国际国内政治经济形势，了解某一领域或区域的经济发展状况和政策，了解各行各业的发展动态，了解某个企业甚至产品的市场情况。所以，充分利用媒体去初步了解相关信息是十分重要的。

4. 见习和实习

当代大学生缺乏社会实践，对社会的认识不多，所以必须鼓励大学生尽可能多地参加社会实践活动，尤其是与专业或就业有关的见习或实习。在见习或实习中，大学生不仅可以了解社会，也可以检验自己所有专业知识与现实工作的吻合度，发现自己所学知识与现实工作之间的差距；还可以巩固自己所学的知识，提升自己的职业技能；以及可以增加自己对环境的认知程度。因此，见习和实习是认知自我和认知环境的重要途径。

5. 职业体验

大学生职业体验是通过短期实习、参观和见习活动来认知环境的有效方式。职业体验能使大学生对企业的运行模式和企业文化有更多直观的认识，同时对企业和人才成长素质的要求有更深的感受。

（1）职业体验的意义。① 通过对职业的亲身体验，学生可以了解目标行业的发展现状和前景，明确自己的发展目标，为自己的人生规划提供科学依据。② 职业体验可以帮助学生更好地将理论与实践相结合，强化专业知识学习，提高专业素养。③ 职业体验为学生创造提前与用人单位接触的机会，有利于用人单位和学生的相互熟悉，加深了解，增强学生就业能力。

（2）职业体验的流程。① 确认准备体验的工作岗位。② 查找体验单位信息。③ 联系体验单位。④ 确定体验时间。⑤ 体验过程（记住要拍工作照）。⑥ 撰写体验报告。

（3）职业体验报告内容。① 体验单位的名称及详细的体验时间、地点、体验目的。② 具体体验过程及描述。③ 专题报告结论、建议、心得体会，或是在此次实践中感到不足的部分。④ 体验活动的相关证明材料。

6. 生涯人物访谈

生涯人物访谈是通过与一定数量的职场人士（尤其是自己感兴趣的职业的从业人员）会谈而获得关于某一个自己打算进入的行业、职业或企业信息的一种职业探索活动。

（1）生涯人物访谈的意义。通过生涯人物访谈，一般可以了解该行业或企业的相关信息，了解该职业的岗位要求及薪酬标准、发展空间等，进而可以作为自己是否进入该领域的重要参考，也可以检验自己是否真的对这项工作感兴趣。这实际上是一次简捷、快速的职业体验，是大学生了解职业的一个好方法。具体而言，生涯人物访谈有以下作用：① 实地考察职业，进而明确职业生涯目标。② 扩大职业人际关系网。③ 树立工作面试的信心。④ 了解企业内部的组织管理,获取最新的职业信息。⑤了解自己专业优势和自身能力与职业要求能力的差距,更好地认知自己的职业能力。

(2) 生涯人物访谈的主要内容。为了能更全面地了解职业相关信息,在做生涯人物访谈时,既要理解相关职业的客观要求,又要想办法了解从业者的主观感受。以下是一份生涯人物访谈内容清单(见表3-9),分别从职业的客观要求和从业者的主观感受两方面获取信息的内容。

表3-9 生涯人物访谈内容清单

职业需求方面	生涯经验方面
工作性质、任务或内容	个人的教育经历和工作经验
工作环境、工作地点和工作时间	选择从事该职业的原因
职业所需个人学历、资格、技能或经验	职业发展历程
收入或薪资范围以及各项福利	工作心得:乐趣和困难
职业的相关就业机会	对工作的个人看法
进修和升迁机会	取得良好工作业绩的方法
组织文化和规范	对未来职业发展的设想
职业未来发展前景	对职业新人的建议

(3) 生涯人物访谈的方法。当决定要进行生涯人物访谈时,可以按照以下的方法进行,将生涯人物访谈分为7个步骤(见图3-5)。

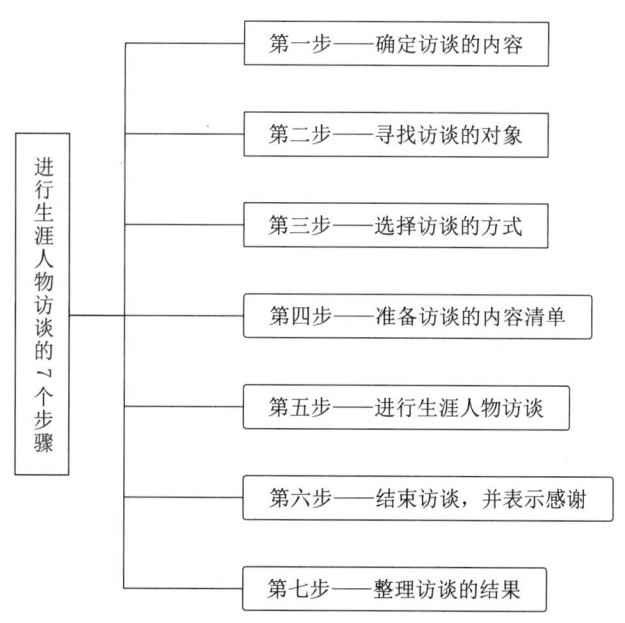

图3-5 进行生涯人物访谈的7个步骤

第一步，确定访谈的内容。首先要明确通过访谈了解什么内容，是行业、企业方面的信息，还是职业、职位方面的信息。这就需要先对自己的职业发展方向有个大致的了解，在此基础上确定自己的职业探索内容。

第二步，寻找访谈的对象。通过老师、家人、校友等的推荐找到这些被访谈者，也可以按照自己的志愿去主动寻找他们，还可以通过网络社区、辅导网站、专家博客等网上途径寻找访谈对象。

第三步，选择访谈的方式。生涯人物访谈的形式包括面对面访谈、电话访谈、书面访谈（通过电子邮件、QQ、微信、网上专题答疑节目）等。

第四步，准备访谈的内容清单。为了提高访谈效率，需要认真做好访谈前的准备，提前制作访谈内容清单。

第五步，进行生涯人物访谈。如果是面谈就一定要守时，不要浪费对方的时间。

第六步，结束访谈，并表示感谢。访谈结束时，要礼貌地表示感谢，可以赠送一些自己的作品、所学专业的宣传资料或小礼物给对方；在访谈结束后一天之内，发一条短信表示感谢，或者写一封感谢信给被访问者，并简要说明自己的访谈收获。

第七步，整理访谈的结果。访谈结束后，要及时整理、分析和归纳访谈记录，并确定是否要进行后续或其他的访谈。

（4）生涯人物访谈的注意事项。①要根据访谈的内容确定不同的访谈对象，而且每个职业领域的生涯人物应结构合理，既有初入职场的人士，也有工作了一定年限的中高层人士。②在预约被访者之前要做好充分的准备。电话联系时还应备好纸和笔，以备临时电话采访；电话联系时一定要有礼貌，时间一般控制在3分钟以内。③要根据不同的访谈对象和内容设置不同的访谈内容清单。在正式访谈前，对生涯人物的信息掌握得越全面越好，姓名、职务和联系方式是必须要了解的，关于生涯人物的讲话、文章以及在大众传媒和单位网页上获得的信息要尽可能地收集。④面谈前征求生涯访谈人物的意见，视情况对谈话进行录音录像或文字记录，提问要灵活变通，可以适当增加或减少一些问题，不要按照清单顺序机械地提问；尊重被访谈对象的感受，当涉及年龄、职务、收入、家庭等敏感话题时，要斟酌措辞；注意观察被访谈者的工作环境，感受真实的工作氛围。下面以不同访问对象的访谈清单为例进行说明（见表3-10）。

表3-10 不同访问对象的访谈清单

访谈对象	访谈内容
人力资源部相关工作人员	1. 在您的企业中，从事这一职业需要具备哪些基本职业素质，例如，个人性格特点、个人兴趣爱好、职业道德修养等 2. 在您的企业中从事这一职业需要具备哪些专业知识、技能和经验 3. 您的企业对应聘这一职业的应届大学毕业生有哪些具体的要求 4. 请您评价一下从事这一职业的往届大学毕业生的工作现状

访谈对象	访谈内容
从事某职业的在岗员工	1. 在您的企业中，从事这一职业需要具备哪些基本职业素质，例如，个人性格特点、个人兴趣爱好、职业道德修养等 2. 在您的企业中从事这一职业需要具备哪些专业知识、技能和经验 3. 请您谈谈在从业过程中，您遇到过哪些具体的问题和困难，例如，岗位技能、人际关系、个人待遇等
从事某职业的往届毕业生	请您谈谈您在工作中遇到过哪些问题和困难，例如，岗位技能、个人待遇、与同事的关系等

 案例分享

生涯人物访谈提纲[①]

（1）您是如何找到这份工作的？
（2）就您的工作而言，您最喜欢什么，最不喜欢什么？
（3）您的职位是什么，您的主要职责是什么？
（4）从事此行业的人做些什么？
（5）工作地点一般在哪里？
（6）在行业内，先从什么样的工作岗位做起，能学到最多的知识，最有益于发展？
（7）工作场所性质有哪些特征？
（8）在工作方面，您每天都做些什么？
（9）您在做这份工作时，日常面临的问题是什么，什么最有挑战性？
（10）个人的主要成就是什么，最成功的是什么？
（11）在这个职位上，如果想获得成功必须拥有并保持什么样的能力？
（12）目前还缺乏的必须改进的能力有哪些，怎么改善它们？
（13）在您的组织中，能够将在同一个岗位上的成功和不成功区别开来的行为是什么？
（14）您认为做好这份工作应该具备哪些知识、技能和经验？
（15）目前，行业内要求从事这份工作的人应该具备什么样的教育和培训背景？
（16）您认为什么样的个人品质、性格和能力对做好这份工作来讲是重要的？
（17）这项工作需要的个人品质、性格和能力与其他工作要求的有什么不同吗？
（18）学校中的哪些课程对从事这个行业比较有帮助？
（19）行业内，单位对刚进入该领域工作的员工一般会提供哪些培训？
（20）在您的工作领域里初级职位和略高级别职位的薪水一般是什么水平？
（21）男女工作者在这份工作上机会均等吗？
（22）这个行业的从业者，对于他们所从事的工作有什么满意与不满意之处？
（23）从事这份工作实现了您的人生价值吗？家庭对您现在的工作满意吗？

---

① 闵杰. 当代大学生就业指导与职业生涯规划[M]. 长春：吉林大学出版社，2020：131-132.

（24）这个行业的人才供求关系怎样？据您所知，从事这份工作的人在单位或者行业内发展的前景怎样？

（25）最近这个行业和工作因为科技进步、经济的全球化发生变化了吗？

（26）您如何看待该单位的组织文化和该领域的工作方式在将来的变化趋势？

（27）这个行业是否有季节性或地理位置的限制？

（28）这个行业存在的困难及前景如何？

（29）据您所知，有什么职业杂志、行业网站或其他渠道能帮助大学生深入了解这个领域？

（30）您的熟人中有谁能够成为我下次采访的对象吗，可以说是您介绍的吗？

点评

（1）以上问题仅供参考，提的问题要根据自己的具体情况进行设计。进行生涯人物访谈，是要从生涯人物那里获得对自己有用的信息，千万不要设计成先进人物事迹访谈。

（2）设计的问题应以封闭式为主，既节约时间，又能得到需要的答案。

（3）问题设计要尽量口语化、通俗易懂。

7．参加社团及社区活动

参加社团活动可以锻炼自己的协调、组织、人际沟通能力，可以多方面展示自我才干，当然也可以增加对校园环境的了解和对社会环境的认知。

参加社区活动可以走出校门，增加与社会接触的机会，可以帮助自己对社会进行更贴近的认知，还可以帮助大学生从社会人的角度来看待社会及社会上的各种现象。这对帮助大学生做好环境认知也是很重要的。

8．做志愿者

20世纪90年代以来，随着青年志愿服务活动的蓬勃开展，越来越多的大学生参加到志愿服务中来，大学生志愿者已经成为青年志愿者队伍中最活跃、最积极、最有影响力的群体。大学生多以自己的知识、技能和体能等来服务社会发展，在当前科学发展的大背景下，我国大学生志愿服务发挥着重要的作用。

大学生参加志愿服务是大学生提高个人综合素质的重要载体。在经济全球化和各种思潮的冲击下，不少当代大学生出现了迷失自我和迷失信仰的危机，社会不公平造成的诚信缺失，市场竞争和就业难带来的心理畏惧，经济的快速发展带来的功利取向等都对大学生产生了一定的负面影响。然而大学生能够通过参加志愿服务，在志愿服务中进一步了解中国国情、民情、校情，燃烧热爱社会主义祖国的高尚情感；在志愿服务中养成良好的行为道德习惯；在志愿服务中明确社会对当代大学生的要求和评价；在志愿服务中学以致用，提高自己的学习应用能力；在志愿服务中不断提高自己的综合能力，如动手能力、沟通能力、创新能力、交往能力、协调能力等。

大学生志愿服务由于其特有的紧扣育人主题、注重社会实践、形式新颖多样等内在特点，决定了它必将成为加强和改进大学生思想政治教育的有效活动载体。

实践拓展

1. 兴趣探索练习。请具体、详细地回答下列问题。回答时特别注意问题的第二部分，即"为什么"感兴趣的部分。如有可能，请与一位同伴相互讲述自己对问题的思考和回答。同伴可以提问、帮助讲述的人发掘细节和原因。这个练习的目的是帮助答卷人回忆并梳理日常生活中有关个人兴趣的一些代表性事件，增进自我觉察，因此仔细思考和讲述的过程非常重要。

（1）我的白日梦：请列举出3种你非常感兴趣的职业（摒除所有现实的考虑）。这些工作中的哪些特征吸引着你？

（2）请回忆3段从事某件事情时令你感到快乐（满足）的经历。请详细地描述这3个画面，是什么令你感到如此快乐（满足）？

（3）从小到大你担任过哪些职务，你喜欢的是哪些职务，不喜欢的是哪些？请具体说明原因。

（4）你最崇拜（敬佩）的人是谁，他（她）对你产生了什么影响，你最像他（她）的是什么地方，最不像他（她）的是什么地方？

（5）你最喜欢看哪种杂志，这些杂志中的哪些部分吸引着你？或者，如果你到书店看书，你通常会停留在哪类书架前（不是仅仅因为学习需要的情况下）？

（6）除了单纯的娱乐放松以外，你最喜欢看哪几类电视节目，节目中什么吸引着你？

（7）你喜欢浏览哪类网站，你喜欢看网站的哪部分内容，它们属于哪个专业或领域？

（8）休闲的时候，如果只是出于兴趣的考虑，你最想做什么或学什么，这里面又是什么吸引着你？

（9）你最喜欢的科目是什么，为什么喜欢它（们）？

（10）我们生活中都有过某些时刻，因为全神贯注地做某件事情而忘了时间。什么事情会让你如此专注？

（11）你的答案里面有什么共同点吗，是否可以归纳出主题或者关键词，这些主题或关键词可能和霍兰德的哪些类型相对应，你如何能够让这样的主题在你今后的生活中得到更充分的彰显？

提示：对最后一个问题的回答将有助于你总结和归纳前面所有的问题，并将你在日常生活中的一些表现与本章所讲的职业兴趣类型挂钩。所归纳出的主题或关键词是你今后在做职业决策时需要尽可能纳入的一些关键因素。

2. 活动：兴趣岛（在本活动中请以兴趣而不是能力作为选择的标准）。

恭喜你！你获得了一次免费度假游的机会，有机会去下列6个岛屿中的1个。唯一的要求是你必须在这个岛上待满至少半年的时间。请不要考虑其他因素，仅凭自己的兴趣按一、二、三的顺序挑出你最想前往的3个岛屿。

（1）岛屿R：自然原始的岛屿。岛上保留有原始森林，自然生态保持得很好，有各种各样的野生动物。岛上居民生活状态还相当原始，他们以手工见长，自己种植花果蔬菜、修缮房屋、打造器物、制作工具，喜欢户外运动。

（2）岛屿I：深思冥想的岛屿。岛上人迹较少，建筑物多僻处一隅，平畴绿野，适合夜观星象。岛上有多处天文馆、科技博览馆以及科学图书馆等。岛上居民喜好观察、学习、探究、分析，崇尚和追求真知，常有机会和来自各地的哲学家、科学家、心理学家等交换心得。

（3）岛屿A：美丽浪漫的岛屿。岛上布满了美术馆、音乐厅，街头雕塑和街边艺人随处可见，弥漫着浓厚的艺术文化气息。当地的居民很有艺术、创新和直觉能力，他们保留了传统的舞蹈、音乐与绘画，许多文艺界的朋友都喜欢来这里找寻灵感。

（4）岛屿S：友善亲切的岛屿。岛上居民个性温和、十分友善、乐于助人，社区均自成一个个密切互动的服务网络，人们重视互助合作，重视教育，关怀他人，充满人文气息。

（5）岛屿E：显赫富庶的岛屿。岛上的居民善于企业经营和贸易，能言善辩，以口才见长。岛上的经济高度发展，处处是高级饭店、俱乐部、高尔夫球场。来往者多是企业家、经理人、政治家、律师等，曾数次在这里召开财富论坛和其他行业巅峰会议。

（6）岛屿C：现代有序的岛屿。岛上建筑十分现代化，是进步的都市形态，以完善的户政管理、地政管理、金融管理见长。岛民个性冷静保守，处事有条不紊，善于组织规划，细心高效。

在团体内做这个活动，可以将房间分为6个区域，分别代表上述6个岛屿。按自己第一选择的岛屿就座。如果同一小组的人数太多，可分为两组。

同一岛屿的人交流一下：自己为什么选择这个岛屿，看看大家有什么共同的兴趣爱好，归纳为关键词。根据大家的交流给自己的小组命名并选取一个标志物（Logo），并制作一张本小组的宣传图。每个小组请一位代表用两分钟时间展示、介绍小组宣传图，并在全班分享自己小组成员共同的特点。

个人需总结：我最想前往的3个岛屿；我们的岛屿名称；岛屿标志物及其含义；岛屿关键词。

提示：这6个岛屿实际上代表着霍兰德提出的6种类型。做完这个活动后，测试者应当能得出自己最有兴趣的前3个类型，亦即你的霍兰德代码，并对六种类型的基本特征有所了解。

需要注意的是，这只是对兴趣类型的一个初步判断。因为霍兰德理论比较复杂，初学者对霍兰德类型的掌握不够深入，再加上社会期望和缺乏自我认识等原因，个人不易准确地判断自己的职业兴趣类型，因此最好通过职业兴趣测试来加以确认。

3. 按专业分小组，参照本章所讲述的方法，采用多种途径对本专业进行探索，其中每人必须进行一次生涯人物访谈。要求每个小组成员都参与，并形成报告，内容包括：我的专业可从事的职业有哪些，我对感兴趣的职业的了解是什么？

4. 回顾自己做兼职、担任干部、参加社团活动、参与竞赛、参加志愿者活动的感受，请以具体的事件陈述为主，适当评价并谈谈收获。

模块四 决策目标

🕊 青春寄语

青年的价值取向决定了未来整个社会的价值取向，而青年又处在价值观形成和确立的时期，抓好这一时期的价值观养成十分重要。这就像穿衣服扣扣子一样，如果第一粒扣子扣错了，剩余的扣子都会扣错。人生的扣子从一开始就要扣好。"凿井者，起于三寸之坎，以就万仞之深。"

——习近平

学习要点

1. 了解职业决策的内涵、原则和方法。
2. 掌握影响大学生职业决策的主要因素。
3. 探索自己的生涯决策风格和决策模式。
4. 掌握职业目标管理的原则。

案例导入

敢问路在何方[①]

1. 基本情况

小林，男，就读于广东某独立学院，计算机科学与技术专业。在校期间表现优秀，品学兼优，专业成绩突出。

不久前，小林进入一家IT企业实习，实习的具体内容和自己的专业有着一定的联系。由于他工作比较出色，公司决定正式录用他，但希望他从技术支持岗位转做销售岗位，因为人力资源部门认为他性格比较外向，适合做销售，且公司销售岗正好有需求。这件事让小林困惑不已。他在大学的所有努力都是为了将来从事计算机技术工作，现在从事的技术支持也与自己当

---

① 王和金，田军. 高职生职业生涯规划 [M]. 北京：科学出版社，2020：201-202.

初预期的职业目标大致吻合。可如果转做销售，大学辛苦所学的专业知识似乎都浪费了，而不接受这个机会也挺可惜的，毕竟这家公司无论是培训、薪酬、环境等各方面都很不错，同时也觉得销售工作是个挑战，可以去尝试。经过几天焦虑的思考之后，他还是拿不定主意，于是打来电话预约了职业咨询。

2. 案例分析

经过交谈，笔者认为本案例属于职业决策咨询的范畴。职业决策困难在即将面临毕业选择的大学生中非常普遍。本案例中，小林在面临职业选择时，感到困惑、迷茫，主要有以下几方面的原因。

（1）自我认识模糊。小林对自己的性格、兴趣、价值观等方面没有深入思考，想做技术工作也仅仅是按照所学专业给自己设定的职业理想，事实上他并不清楚自己为什么要做技术工作，是否适合做技术工作，当面临转岗要求时，他对做技术的想法也并不是很坚定，因此，缺乏对自我的了解，可能是小林困惑的根源。

（2）缺乏对职业的深入了解。小林对销售工作了解得不够全面，单从简单片面的职业信息来看觉得适合自己，或靠职业名称等表面信息去理解其含义，至于职业的性质、作用、特点、文化及其发展趋势等信息则一无所知，这势必会影响决策的准确性，也会让他更加束手无策。

（3）缺乏科学决策的方法和技巧。小林除了对自我认识不清、对职业信息了解片面外，还缺乏职业决策的方法和技巧。他不知道怎么把自己的兴趣、价值观等与两个职业进行合理匹配，并且比较容易受环境和别人的影响，缺乏主见，造成职业选择的犹豫不决。

针对本案例中小林的情况，笔者建议其在公司销售部门见习一周，不仅可以真实地参与销售工作，而且可以融入团体的文化氛围，从而更现实地评价自己对该职业的胜任程度和喜好程度。

一周以后，小林回到了咨询室，谈了他的见习感受。他说，这一周的工作让他有点抓狂，本以为性格外向就可以做好销售工作，但这一周的见习完全颠覆了他的看法。他发现做销售除了要有一定的沟通能力和学习能力，还要有比较强的服务意识和成功愿望，要掌握客户的心理，想方设法进行说服，这一点小林觉得自己做不到，也不喜欢。而技术支持的工作内容和他大学期间学到的专业知识相关，在面对一些棘手的技术问题时能很好地解决，这让他更容易有成就感和满足感。

点评

即将毕业时，很多学生都无所适从，不知道该选择什么工作，面对未知的工作环境一片茫然。因此，在选择职业时，首先要做的是了解自己，对自己的兴趣、性格、能力进行全面的分析，清楚自己的优缺点、擅长什么、具备哪些能力、想干什么、能干什么、该干什么。其次，绝大多数工作都需要从业者与别人进行有效合作，所以，知道自己是怎样与别人相处的，对职业选择也很重要。最后，还需进行自我人生价值和角色的定位。要搞清楚自己想成为一个什么样的人，希望在哪些方面取得成就。可以试着设想一下五年后、十年后的人生。

任务一　职业生涯决策概述

一、决策相关概念

（一）决策

决策就是"作出决定""拍板"，是为了达到一定的目标，从两个或两个以上的可行方案中选择一个合理方案的分析判断过程；是个人对将要进行的重要问题，或将要从事的重要工作作出的审慎决定。具体而言，决策是指个人将数据加以组织，而后在许多可能的选择项目中加以评估、选择、确定，并承诺付诸实施的一个过程。

（二）职业生涯决策

职业生涯决策又称职业决策或职业决定，它有广义和狭义之分。广义的职业决策是指一个完整职业规划的过程，狭义的职业决策是指职业规划过程中的一个环节。

职业生涯决策是个体一生中必然要面临的重要决策，是指个体对自己将要从事的职业作出的选择。有效的职业决策不仅有益于个体，而且有益于整个社会。大学生的职业生涯规划犹如钓鱼时选择池塘的大小一样，对的池塘并不意味着一定是大的池塘，而应该关注的问题是：这个池塘是否有自己想钓的鱼，这个池塘的鱼是否能够钓起来。只有选对了池塘，才可能钓到大鱼，钓到更多的鱼。

职业生涯决策的内容包括：选择何种专业与行业；选择行业中的哪一种职业（工作）；选择使用何种策略以获得某一特定的工作；从数个工作机会中选择其一；选择工作地点；选择工作取向，即个人的工作作风；选择生涯目标或升迁目标。

二、决策的风格

决策是一件不容易的事情，同时它又是一件无法回避的事情。从我们早晨醒来到夜晚入睡，都在不断地作决定：如何安排这一天的时间、穿什么衣服、吃什么食品、读什么书、与什么人交往等。当清晨听到闹钟响起，考虑是继续睡下去还是立即起床时，就已经在作选择了。生活中充满了对日常琐事的决定。通常，一个决定越重要，决策也就越困难。挑选一双鞋要比挑选一个职业容易。可见，决策是不可避免、不断发生而又有点难度的人类活动。那么我们通常采用什么方式来进行决策呢？

美国职业生涯专家斯科特和布鲁斯于1995年提出决策风格是在后天的学习经验中逐渐形成的，并将决策风格划分为五种类型：理智型、直觉型、依赖型、回避型和自发型。

（一）理智型

以周全的探求、对选择的逻辑性评估为特征。理智型的决策者在决策时常常深思熟虑、理性分析，且逻辑性强。这类决策者会评估决策的长期效用并以事实为基础作出决策。理智型决策风格是比较受到推崇的决策方式，强调综合全面地收集信息、理智地思考和冷静地分析判断，具有其他决策风格的个体需要培养的良好的思考习惯。但理智型的决策风格也并不是理想的、完美的决策方式，即使采用系统的、逻辑的方式，也会出现因为害怕承担决策的后果而不能整合自己和他人观点的困扰。

（二）直觉型

以依赖直觉和感觉为特征，比较关注内心的感受。直觉型的决策风格以自我判断为导向，在信息有限时能够快速作出决策，当发现错误时能迅速改变决策。由于以个人直觉而不是理性分析为基础，这类决策发生错误的可能性较大，因此，易造成决策不确定性，以及令人丧失对直觉型决策者的信心。

（三）依赖型

以寻求他人的指导和建议为特征。依赖型的决策者往往不能够承担自己作决策的责任，允许他人参与决策并共同分享决策成果，会受到他人的正面评价，但也可能因为简单地模仿他人的行为导致负面的效果。依赖型的决策者需要关注生活中其他人对自己的影响程度。

（四）回避型

以试图回避作出决策为特征。回避型的决策风格是拖延、不果断，面对决策问题会产生焦虑，往往因为害怕作出错误决策而采取这样的反应。由于决策者不能够承担作决策的责任，而倾向于不考虑未来的方向，不去做准备，也不知道自己的目标，不思考，更不寻求帮助。因此，这类决策者需要意识到自身的决策风格及其可能造成的危害，努力调整，增强职业生涯规划的意识和动机。

（五）自发型

以渴望即刻、尽快完成决策为特征。自发型的个体往往不能够容忍决策的不确定性及由此带来的焦虑情绪，是一种具有强烈即时性，并对快速作决策的过程有兴趣的决策风格。自发型决策者常会基于一时的冲动，在缺乏深思熟虑的情况下作出决策，通常会给人果断或过于冲动的感觉。

三、大学生职业决策的基本思路

成功的职业决策包含两个过程：一是定义目标，二是选择目标。

大学生的职业决策简单地说，是在对自身条件和客观条件正确分析的基础上，定义目标，选择目标。"我想要什么"和"我能够做什么"主要由个人的价值观和人格特征决定，这与个人的生活积累、气质类型等有密切的关系，由学生成长环境和遗传因素决定。"我可以做什么"主要由环境需求、个人的社会支持系统和个人对自我的认可度等方面的因素决定。应该说，职业决策的过程是一个循环的、动态发展的过程，兴趣取向、能力取向和机会取向三者的发展呈现相互促进的正相关关系。

职业决策的最终目标，对个体而言，要达到"四吻合"，即性格和职业的吻合、兴趣和职业的吻合、能力和职业的吻合、气质和职业的吻合；对社会和家庭而言，要能为社会和家庭所

用，能对社会和家庭的发展起到良好的促进作用。因此，完美的职业决策所选择的职业能给决策者带来愉悦的内心体验，能达到工作成效和社会成效、个人幸福感和家庭幸福感的完美统一。

任务二 职业决策的原则和方法

大学生的职业决策，要求大学生遵循一定的原则，根据自身特点，并结合当时的就业环境，在对各种影响因素进行综合分析的基础上，在一种或多种职业道路中进行取舍，不断修正提高再决策，最终选择一条适合自己的职业发展道路。

一、大学生职业决策过程中应遵循的原则

（一）生存优先

先就业再择业，大学生要先找到一份可以维持生活、达到经济独立的工作，然后边工作边找更好的工作。

（二）兴趣所在

兴趣是最好的老师，大学生要明确自己的兴趣，从事自己喜欢的事业，变被动的谋生为主动的创新。

如果一个人性格内向、不善与人沟通，没有很好的交际意识，那么这个人就很难成为一名成功的管理人员。制订职业规划一定要认真分析自己的优缺点。从事一份自己擅长的并喜欢的工作，工作会很愉快，也容易脱颖而出，这正是成功的职业规划的核心所在。

（三）自身优势

任何职业都需要从业者掌握一定的技能，具备一定的能力。高等职业教育就是培养专门人才的教育。大学生在选择职业时要充分考虑自身的优势。

很多大学生刚开始工作时雄心万丈，一心想着出人头地，而在实际工作中，会存在一些难以跨越的问题，但是更多的时候是缺少积累的过程——资历的积累、经验的积累、知识的积累；所以职业规划不能好高骛远，只有根据自己的实际情况和社会现实情况，一步一个脚印，层层晋升，方能成就梦想。

（四）社会需求

人的本质属性是社会性，就业本身是一种社会行为，因此职业决策不能仅从自身出发，还应充分考虑社会的长远发展需求，预测未来行业发展的趋势。

职业决策不应只制订一个阶段性的目标，而应该制订一连串的、可以贯穿自己整个职业发展生涯的目标。如果职业决策制订的目标过于短浅，又没有后续职业决策点支撑，决策者很快就会丧失奋斗热情，并且对于自己的长远发展也会产生不利的影响。

二、影响大学生理性职业决策的因素

(一)个人因素

个人因素是指影响大学生进行职业决策时的自身内部心理特征,它们与大学生的自我认识密切相关,包括个人的兴趣、职业价值观、能力等,它们往往是大学生进行职业决策的主要影响因素。

1. 兴趣

孔子曾经说过:"知之者不如好之者,好之者不如乐之者。"这里说的是对学习的态度,可见孔子在教育学生的时候就强调兴趣对于学习的重要性。在大学生职业生涯发展阶段,兴趣同样起着举足轻重的作用。如果从事的工作是自己的兴趣所在,那么工作就会成为一种享受。社会学研究表明,在进行职业决策时,选择和自己兴趣爱好、能力相符的职业的劳动者,其劳动生产率比二者不相符的劳动者要高40%。大学生能够在职业选择中取得突出成就或者获得职业幸福感,其重要原因之一就是从事了自己感兴趣的职业。

2. 价值观

价值观是我们在生活和工作中所看重的原则、标准或品质,它是人一生中最重要的东西,也是一套自我激励机制。舒伯认为,职业价值观是个人追求的与工作有关的目标,亦即个人的内在需求及在从事活动时所追求的工作特质或属性。大学生在决策之前首先要对自己的价值观进行澄清,了解在职业决策时,自己最看重的东西是什么,才不会在价值观的取舍方面感到迷茫,乃至影响个人的职业决策。

3. 能力

能力是指完成一定活动的本领,包括完成一定活动的具体方式以及所必需的心理特征。能力按其获取方式分为两种,即能力倾向(天赋)和技能。对于大学生而言,无论是天赋异禀还是平平无奇,都需要通过后天的学习与训练才能够获得更高的职业技能。大学生能够跨入大学校门,这一事实已证明他们具备了一般能力,而当今许多大学生都以自身能力强弱作为职业决策的考虑因素。尽管他们会出现对能力的错误估计,但进行决策时仍会把能力作为一个重要方面来权衡。有些能力不足的大学生有时会有意识地选择能力要求较低的职业,或能力较高的大学生有意识地俯就低能力型职业,这都是现实存在的。这两种选择通常会造成职业满意度和职业稳定性的降低,并形成职业倦怠,同时也造成了人才资源的浪费。

(二)家庭因素

大学生在进行职业决策时深受家长的影响。职业决策的前提是专业的选择,许多大学生在高考专业选择时就已经服从了家长的意志,而在大学毕业进行职业决策时,也同样会受到家长意识的影响。尤其是大学生在进行职业决策时往往会遇到各种阻力而难以决断,这时家庭的作用便会放大,对大学生的职业决策产生重要影响。

1. 家庭背景

大学生的家庭环境和家庭背景往往对其职业决策有直接的影响。出身农民家庭的大学生,

对父母每天辛苦劳作但收入微薄的工作有着强烈的感受，从父母的言传身教中，这些大学生在进行职业决策时就很少会选择父母从事的职业；知识分子家庭出身的大学生，会长期受到父母及其他家庭成员的教诲和影响，很可能继承父母、家人的职业价值观和职业素养，从而继承了父母的职业道路。但是，当大学生与家长的价值观不同时，在职业决策上就会发生冲突；或者大学生想极力摆脱父母意志的时候，两者的矛盾就会产生。

2．家庭的期望

家庭中期望值较高的大学生在职业决策时会选择社会声望较好的职业，而且社会地位和收入等都相对较高，但有时也会出现大学生选择了不适合自己的职业；而家庭中期望值较低的大学生在职业决策时会比较容易选择那些与自己的兴趣、能力、价值观等相匹配的职业方向。

3．家庭的支持

家庭对大学生选择较好职业的支持态度是毋庸置疑的，但支持的力度也会有很大差别，主要是由大学生父母和其他家庭成员的社会地位、社会关系、经济条件等决定的。如果没有家庭的支持，大学生在职业决策时，就会将自己的兴趣、爱好等忽略，转向较容易进入或获得的职业；反之则会寻求更符合大学生自身发展的职业方向。

（三）社会因素

1．工作地域

地区是大学生就业决策的一个重要因素。总体来讲，市场化水平和经济增长水平相对发达的区域是就业的主战场，而经济不发达地区和偏远山区则少人问津。

2．职业声望

大学生身处校园，并没有完全地进入社会生活和职业生活。社会对各类职业的评价是通过舆论、习惯等渠道渗透到大学生心里的。尽管经常会听到关于"职业分工不同，职业没有高低贵贱"之类的话，但是，在现实社会中，人们普遍地存在着职业具有好坏之分的认识，这种认识即指的是职业声望。职业声望受到社会的强有力制约，从而对大学生的职业心理产生直接或间接的影响。职业声望对大学生职业决策的影响是潜移默化的，它已经进入了大学生的职业认知和社会认知领域，成为职业决策的考虑因素之一，尤其是在他们对工作世界的探索还不够全面时，职业声望的作用会尤其重要。大学生观念的更新、思想的变化、价值取向的调整，都会改变大学生职业认知的内容，并重新对职业选项进行排序、组合。但不管怎样变迁，职业声望对大学生职业决策的影响是始终存在的，问题仅在于大学生所受影响的大小。

3．经济利益

经济利益在当今大学生职业选择中扮演着重要的角色。发展中的商品经济必然导致金钱意识的提升，对于刚刚走出"象牙塔"、尚未迈入职业社会的大学毕业生来说，经济因素也是不能忽略的重要因素。在大学毕业初期，其薪资水平相对较低，如果大学生付出的劳动不能获得合理的经济报酬，那么就会促使其重新选择职业，并且将经济利益放到更重要的考虑因素中。

(四)国家因素

国家因素方面主要是政治和政策因素。政治制度和氛围与经济是相互影响的,政治既会影响一国的经济体制,也会影响组织体制,从而直接影响到个人的职业发展;政治制度和氛围还会潜移默化地影响个人的追求,从而对个人的职业生涯产生影响。大学生就业政策是国家为实现一定时期的路线、方针而制定的高层次人力资源配置的行动准则,体现了一定时期社会发展的需要,是大学生职业决策过程中所应遵循的基本规范。

(五)其他因素

影响大学生择业的因素还有社会热门、父母亲友意见、老师的建议、传统的性别观念等。社会的热点话题或者行业,对大学生职业决策有着不可忽视的影响,如大城市热、外资热、考公务员热等一系列现象,都会使大学生在职业决策过程中形成从众、攀比等心理倾向和盲目行动;老师是学生学业发展的指导者,专业老师对本专业的认同态度和对职业声望的个人意见,直接或间接地影响着学生对职业的选择;男女性别的差异导致劳动能力和工作时间的差别,传统认为"男主外、女主内"的观点也影响到大学生择业,还有某些用人单位从本部门的自身利益出发,不愿意接收女毕业生,这都造成了女毕业生的就业心理压力。

三、常用的大学生职业生涯决策基本方法

(一)SWOT分析法

SWOT分析法又称为态势分析法,它是由旧金山大学的研究人员于20世纪80年代初提出来的,SWOT的4个英文字母分别代表:优势(strength)、劣势(weakness)、机会(opportunity)、威胁(threat)。所谓SWOT分析,就是将与研究对象密切相关的各种主要内部优势、劣势、机会和威胁等,通过调查列举出来,并依照矩阵形式排列,然后用系统分析的思想,把各种因素相互匹配加以分析,从中得出一系列相应的结论,而结论通常带有一定的决策性。

运用这种方法,可以对研究对象所处的情景进行全面、系统、准确的研究,从而根据研究结果制订相应的发展战略、计划及对策等。SWOT分析法通常被用于制订集团发展战略和分析竞争对手情况,在战略分析中,它是最常用的方法之一。SWOT分析法同样适用于职业生涯决策。

1. 优势

大学生的"优势"主要分为个人优势和资源优势。所谓个人优势,指的是纯粹属于个人因素、不随外界因素变化的优势。如很聪明、很漂亮,其实这些都是优势,可以先记录下来,但真正严谨地分析下来,包含的领域应该更宽些。例如,有些人口才很好,有些人交际能力出众,有些人具备某些文艺或体育类的特长,有些人很容易令人产生信赖感,有些人在大学时多读了一些书,掌握了某一领域较系统的知识……这些都是优势,也比较显性。口才好的可以从事需要与人打交道、需要说服别人的工作;有文体类特长的人进入公司后可以借此很快和同事打成一片,增进人际关系;在某一领域有系统知识的人,很容易在别人面前形成渊博的形象。

还有一些优势就相对隐性了，包括对数字很敏感（如能对抽象的事物进行量化）、逻辑能力强、善于收集信息情报、在团队中有很强的煽动力（如能很容易调动起他人的情绪）等。

资源优势的因素包括人力资源、财力资源、品牌资源、知识资源等。例如，亲戚中有些很有背景的人物，有一些有能力的朋友，家里可以出一大笔资金用作投资创业，所在学校是名牌大学，所学的专业刚好市场急需等。这些资源优势，可以为个人职业规划的实施奠定良好的基础。

2．劣势

劣势是相对优势的各个方面而言有所欠缺的地方。找出劣势，对于生涯规划的意义也非常重大。在了解自己能做什么之前，应先了解自己最好不要做什么、可能遇到什么麻烦，在懂得做加法之前，应学会做减法，这样可以帮大学生降低遭遇挫败的概率。

过度自信和过度自卑都可能影响大学生的判断力。首先，不要把"没有优势"直接看作"劣势"，在某方面没有优势仅仅说明还不够出众，如果武断将其列为"劣势"，它就可能真的成为劣势了。大学生可以针对自己的优势，严格、客观地剖析一下自己，进一步分析自己的劣势，如不善言语、害羞、粗枝大叶、知识贫瘠、专业冷门或太过热门等。分析劣势的目的不是使自己变得更沮丧，而是使自己了解该如何避开这些劣势，使自己在职业之路上走得顺利些。当然，如果一定要挑战这些劣势，坚信"一切皆有可能"，倒也不是不行，只是困难会多出许多。

大学生有一些普遍存在的劣势，需提醒注意。例如，缺乏经验，自我期望较高并因此造成职业的不稳定性；学校的知识可能比较陈旧而不适用于企业，可能跟不上时代的发展需要。

3．机会

所谓机会主要是对工作世界而言的，当然也包括学校提供的出国、进修、考研、对口实习等机会。不要以为校园内同学们奔走相告的如"某某企业来学校招聘啦"才算机会，然后使尽各种招数去"把握"这样的机会，如果用这样狭隘的视角来做规划，那就会错失很多机会。机会的分析其实需要很广的视角，宏观上包括国家的经济形势、产业政策、法律法规、各区域的产业发展态势、行业趋势等，微观上包括收集到的来自各企业、政府部门、人才市场、学校或学长们提供的各类有价值的信息。尤其要关注新兴的或高增长预期的职业领域，以及自己专业或自身优势相关的边缘性、复合型职业领域，国家重点实施的人才政策等利好信息。机会总是会在不经意间溜走，所以，大学生要保持清醒的头脑，争取抓住机会。

4．威胁

所谓的威胁，包括人才市场竞争激烈、人才需求饱和、所学专业领域增长过缓甚至衰退、新的低成本竞争者（甚至是技术上的替代者）出现、人才需求方过强的谈判优势、不利的政策信息、不断提高的职业门槛等；也包括来自自身的威胁，例如，身体健康隐患、家庭不稳定因素、糟糕的财务状况等。"威胁"这个词听着让人有些不舒服，但如果能对其有所预防，就先获得了一定程度的优势。因此，普遍存在的各类威胁也可能成为大学生参与社会竞争的有力工具。

案例分享

李某的SWOT职业生涯规划分析[①]

李某是某普通本科院校市场营销专业本科毕业生,该校的市场营销专业是新设专业,专业优势并不突出。李某本人没有直接的工作经历,曾担任过两年的校学生会主席,工作能力受到教师和同学的肯定。在担任学生会主席期间,他曾和一些企业领导打过交道,也曾利用暑期社会实践的机会为两个企业设计过营销策划方案,其中部分内容被企业采纳,受到企业领导赞赏。由于学生会工作占用了其大量的学习时间,他的专业成绩一般,但是他的英语能力特别突出,曾参加过省级英语演讲比赛。李某性格较为自傲,做事喜欢独断专行,不愿听取别人的意见。现在他想得到一份企业营销策划管理方面的工作。以李某为例,详细阐述如何运用SWOT分析法进行职业决策(见表4-1)。

表4-1 用SWOT分析法进行职业决策

	机会(O)	威胁(T)
外部环境分析 内部环境分析	1. 营销是企业生存的关键,在企业中起着重要作用 2. 市场缺少优秀的营销策划人员 3. 随着与国际的接轨,国内企业与国外企业接触日益频繁,需要国际化营销人才	1. 学校在社会上名气不大 2. 专业优势不强,特别是随着MBA的兴起,专业竞争激烈 3. 市场营销策划在很多中小企业仍不受重视
优势(S) 1. 英语成绩好,尤其口语好 2. 丰富的学生干部工作经历,工作能力突出 3. 有社会实践经历 4. 与企业领导有接触,社会关系资源较丰富	优势机会策略(SO) 1. 利用英语优势,在外资企业或者企业对外营销部门工作 2. 发挥学生干部的管理专长 3. 利用社会关系资源,直接接触企业领导,为自己争取机会	优势威胁策略(ST) 1. 强调自己的工作能力 2. 强调自己的社会实践经历,特别是被企业采纳的营销策划方案 3. 强调自己的沟通、协调、组织和人际交往能力
劣势(W) 1. 专业成绩不突出 2. 缺乏直接的工作经验 3. 性格有缺陷,较为自傲	劣势机会策略(WO) 1. 加强专业学习,补充专业领域的最新知识信息 2. 继续提高英语应用能力	劣势威胁策略(WT) 1. 改善个性缺陷,学会谦虚,听取他人意见 2. 寻找重视员工潜能、发展战略长远的企业

点评

从李某职业生涯规划案例中我们不难看出,SO策略是4种策略中最有效的,因为很多劣势因素是难以弥补的,与其着重于弥补劣势,不如突出优势。因此,在李某感兴趣的职业目标中,选择与SO策略最匹配的职业目标是最佳参考。

[①] 张明琴,张建伟. 职业生涯规划[M]. 成都:电子科技大学出版社,2019:183.

（二）决策平衡单

1. 概述

"决策平衡单"（Decision-making balance sheet）是帮助决策者使用表单的形式，系统地分析每一个可能的选项，判断分别执行各选项的利弊得失，然后依据其在利弊得失上的加权计分排定各个选项的优先顺序，以执行最优先或偏好的选项。平衡单经常被应用于问题解决模式和职业咨询中。

2. 主体框架

平衡单的设计是用来协助决策者作出好的重大决定。它可以帮助决策者具体地分析每一个可能的选择方案，考虑各种方案实施后的利弊得失，最后排定优先顺序，择一而行。它的主体包括以下四个方面。

（1）自我物质方面的得失（utilitarian gains or losses for self）。

（2）他人物质方面的得失（utilitarian gains or losses for significant others）。

（3）自我赞许与否（self-approval or disapproval）。

（4）社会赞许与否（social approval or disapproval）。

实际应用时，由于认为"自我赞许与否"和"社会赞许与否"仍显得笼统，因此我国台湾地区生涯辅导专家金树人将最后的两项改为"自我精神方面的得失"与"他人精神方面的得失"，就是从以"自我—他人"及"物质—精神"所构成的四个范围内来考虑。

3. 步骤

（1）列出可能的职业选项。决策者首先需在平衡单中列出有待深入评价的潜在职业选项3~5个。

（2）判断各个职业选项的利弊得失。平衡单中提供决策者思考的重要得失，集中于4个方面，即自我物质方面的得失、他人物质方面的得失、自我赞许（精神方面）的得失、他人赞许（精神方面）的得失。下面以表4-2（比较国贸专业研究生、英文记者、导游三种选择的决策平衡单）为例进行分析。决策者可依据重要的得失方面，逐一检视各个职业选项，并以"+5"至"-5"的十一点量表（+5, +4, +3, +2, +1, 0, -1, -2, -3, -4, -5）来衡量各个职业选项。

（3）各项考虑因素的加权计分。决策者在各个方面的利弊得失之间，会因身处于不同情境而有不同的考虑，因此，在详细列出各项考虑因素之后，须再进行加权计分，即对个人而言，重要的考虑因素可乘以相应系数（1~5）。

（4）计算出各个职业选项的得分。决策者须逐一计算各个职业选项"得"（正分）与"失"（负分）的加权计分与累加结果，并计算各个生涯选项的总分。

（5）排定各个职业选项的优先顺序。最后，依据各职业选项在总分上的高低，排定优先次序。职业选项的优先次序即可作为决策者职业生涯决策的依据。

表 4-2 决策平衡单[1]

选择类型 得失内容	加权计分 1~5	选择一 国贸专业研究生		选择二 英文记者		选择三 导游	
		加权分数（+）	加权分数（-）	加权分数（+）	加权分数（-）	加权分数（+）	加权分数（-）
个人物质方面的得失							
1. 个人收入	3	0（0）		2（+6）		4（+12）	
2. 未来发展	4	5（+20）	-1（-2）	4（+16）		2（+8）	
3. 休闲时间	2			0（0）		3（+6）	
4. 对健康的影响	1	2（+2）		2（+2）		4（+4）	
他人物质方面的得失							
1. 家庭收入	3		-1（-3）	2（+6）		4（+12）	
2. 家庭地位	2	5（+10）		3（+6）			-2（-4）
个人精神方面的得失							
1. 创造性	5	4（+20）		4（+20）		4（+20）	
2. 多样性和变化性	5	4（+20）		5（+25）		5（+25）	
3. 影响和帮助他人	4	3（+12）		4（+16）		5（+20）	
4. 能够独立	4		-1（-4）	4（+16）		5（+20）	
5. 挑战性	3	5（+15）		3（+9）		4（+12）	
6. 被认可	3	4（+12）		5（+15）		5（+15）	
7. 应用所长	5	2（+10）		5（+25）		5（+25）	
8. 兴趣的满足	4	3（+12）		5（+20）		5（+20）	
他人精神方面的得失							
1. 父亲	3	5（+15）		3（+9）		3（+9）	
2. 母亲	3	5（+15）		2（+6）			-1（-3）
3. 男（女）朋友	2	3（+6）		4（+8）		4（+8）	
4. 老师	1	5（+5）		4（+4）			-1（-1）
总分		165		209		208	

（三）决策树分析法

决策树分析法是常用的风险分析决策方法，该方法是一种用树形图来描述各方案在未来收益的计算、比较及选择的方法，其决策是以期望值为标准的。人们在未来可能遇到好几种不同的情况，每种情况均有出现的可能，人们目前无法确知，但是可以根据以前的资料来推断各种自然状态出现的概率。在这样的条件下，人们计算的各种方案在未来的经济效果只能考虑到各种自然状态出现的概率的期望值，与未来的实际收益不会完全相等。

决策树分析法利用了概率论的原理，并且利用一种树形图作为分析工具。其基本原理是用决策点代表决策问题，用方案分枝代表可供选择的方案，用概率分枝代表方案可能出现的各种

[1] 罗明忠. 大学生职业生涯规划与就业指导［M］. 北京：科学出版社，2015：151.

结果，经过对各种方案在各种结果条件下损益值的计算比较，为决策者提供决策依据。

若一个决策只在树的根部有决策点，则称为单级决策；若一个决策不仅在树的根部有决策点，而且在树的中间也有决策点，则称为多级决策。

决策树法为职业犹豫者作职业决策提供了有效的帮助。

（四）CASVE 循环

职业生涯规划决策是一种问题解决活动，职业生活质量是以怎样进行职业决策和怎样解决职业问题为基础的。CASVE 循环就是一种职业生涯规划决策技术，包括沟通（communication）、分析（analysis）、综合（synthesis）、评估（value）和执行（execution）五个阶段，如图 4-1 所示。

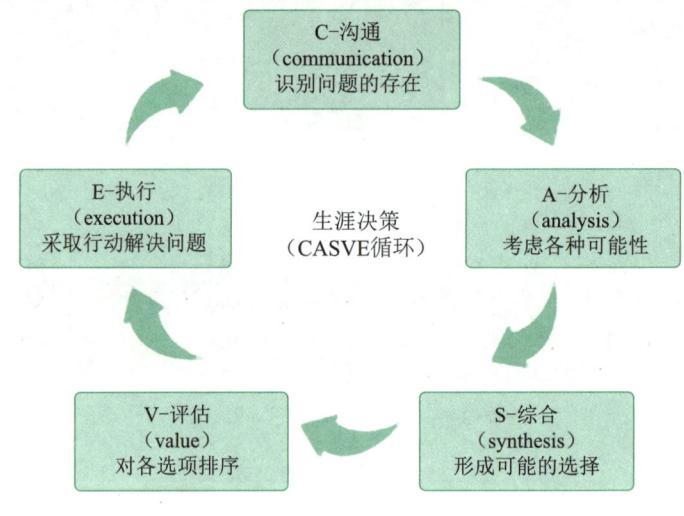

图 4-1　CASVE 循环

CASVE 循环的具体阶段如下。

1．沟通

在沟通阶段，生涯问题决策者发现理想与现实有差距，意识到问题的存在。这个阶段是决策的开始。个人收到了关于职业理想与现实之间存在差距的信息，这些信息可能通过内部或外部交流途径传达给个人。内部沟通包括情绪信号，如不满、厌烦、焦虑和失望；还有身体信号，如昏昏欲睡、头痛、胃部疾病等。外部沟通包括父母对自己职业规划的询问，同事、朋友的评价，或者是杂志上关于自己专业正在逐渐过时的文章。这是意识到自己需要作出选择的阶段，在这个阶段，通过各种感官和思考充分接触问题，发觉存在的这个问题已不容忽视。

2．分析

分析阶段是将问题的各个组成部分相互联系起来，对现状进行评估，了解自己和自己可能的选择，对所有的信息进行分析。在这一阶段，问题解决者需要花时间去思考、观察、研究，对兴趣、能力、价值观、人格等自我认知及各种环境知识进行分析，从而更好地理解现存状态和理想状态之间的差距，了解自己有效地作出反应的能力。好的生涯决策者绝不会用冲动行事来减小在沟通阶段所体验的压力或痛苦，因为他们知道这是无效的，甚至可能使问题恶化。他们要弄清楚，解决这个问题需要了解自己的哪些方面，了解环境的哪些方面，需要做些什么才能解决问题，为什么会有这样的感受，家庭会怎么看待自己的选择等。这是了解自己和自己的各种选择的阶段。在这一阶段，生涯问题解决者通常会提高自我认知，不断了解职业世界和家庭需要。简单地说，在分析阶段，生涯决策者应尽可能地了解造成在第一阶段发现的差距的原因。分析阶段还需要把各种因素和相关知识联系起来，例如，把自我认知和职业选择联系起来，把家庭和个人生活的需要融入职业选择中。

3．综合

综合阶段主要是综合和加工上一阶段提供的信息，从而制订消除差距的行动方案。其核心任务是，确定可以做什么来解决问题。这是一个扩大并缩小选择清单的过程。首先，尽可能多地找到消除差距的方法，发散地思考每一种办法，甚至采用"头脑风暴"进行创造思维。其次，缩小有效方法的数量，通常缩减到 3~5 个选项，因为这是人们头脑中最有效的记忆和工作容量。

4．评估

评估阶段的第一步是评估每一种选择对生涯决策者和他人的影响。对于综合阶段得出的 3~5 个职业进行具体的评价，评估获得该职业的可能性，以及这个选择对自身及他人的影响，从而对其进行排序。例如，可以问："对我个人而言什么是最好的？对我所处的环境而言什么是最好的？"每一种选择都要从对自己和对他人的益处以及自己和他人为此须付出的代价两方面进行评价，并综合物质因素和精神因素。第二步就是对综合阶段得出的选项进行排序，能够最好地消除差距的选项排在第一位，次好的排在第二位，依此类推。此时，职业规划决策者会选出一个最佳选项，并且作出承诺去实施这一选择。

5．执行

执行阶段是实施选择的阶段，把思考转换为行动，即根据自己最终的选择制订计划，采取行动。很多人都觉得在执行阶段制订行动计划是令人兴奋的和有价值的，因为他们终于可以开始采取积极行动去解决问题了。但需要注意的是，决策是一个循环的过程，也就是说，在行动之后，还需要对自己的决定及其结果进行评估，由此可能进入新一轮的决策过程。

CASVE 循环是一个不断重复的过程。在执行阶段之后，生涯决策者又回到沟通阶段，以确定已经选取的选择是不是最好的，是否能最有效地消除理想与现实间的差距。CASVE 循环生涯决策技术，无论是对解决个人职业规划问题还是解决团体问题都非常有用。用系统的方法思考这五个步骤，会使决策者成为一个更有效率的人。

（五）5W 法

为自己设计职业生涯规划，可使用一些简便易行的方法。"5W"法是一种被许多人士成功应用的方法，依托的是归零式的模式，从问自己是谁开始，如果能够成功回答完 5 个问题，就可以得到最后的答案了。

5 个 "W" 是：

Who am I？（我是谁？）

What will I do？（我想做什么？）

What can I do？（我会做什么？）

What does the situation allow me to do？（环境支持或允许我做什么？）

What is the plan of my career and life？（我的职业与生活规划是什么？）

回答了这5个问题，找到它们的最大共同点，就有了自己的职业生涯规划，如果有兴趣，现在就可以试一试。

首先，取出五张白纸、一支铅笔、一块橡皮。在每张纸的最上边分别写上上述五个问题。然后，静下心来，排除干扰，按照顺序，独立地仔细思考每一个问题。

对于第一个问题"我是谁？"回答的要点是：面对自己，真实地写出想到的每一个答案；写完后再想想有没有遗漏，认为确实没有了，将所有的答案按重要性进行排序。

对于第二个问题"我想做什么？"可将思绪回溯到孩童时代，从人生初次萌生一个想做什么的念头开始，回忆自己真心向往过、想做的事，一一地记录下来，写完后再想想有无遗漏，确实没有了，再次认真地进行排序。

对于第三个问题"我能做什么？"则要把确实已证明的能力和自认为还可以开发出来的潜能都一一列出来，认为没有遗漏了，认真地进行排序。

对于第四个问题"环境支持或允许我做什么？"的回答则要稍作分析：环境有本单位、本市、本省、本国和其他国家，从小范围到大范围，认为自己有可能借助的环境，都在考虑的范畴之内。在这些环境中，认真想想自己可能获得什么样的支持和允许，想清楚后一一写下来，再按重要性排序。

如果能够成功回答第五个问题"我的职业与生活规划是什么？"就可以得到最后的答案了。

具体做法：把五张纸一字排开，然后认真比较第一张至第四张纸上的答案，将内容相同或相近的答案用一条横线连起来，就会得到几条连线，不与其他连线相交且又处于最上面的线，就是最应该去做的事情，职业生涯就应该以此为方向。在此方向上以3年为周期，提出近期、中期与远期的目标，然后在近期的目标中提出今年的目标，将今年的目标分解为每季度目标、每月目标、每周目标、每天目标。这样，每天睡前就可以对照自己的目标进行反省，总结当日成就与失误、经验与教训，修正明天的目标与方法，这样日积月累，没有不能实现的规划。

（六）元认知——监控和调整决策过程

在认知信息加工理论中，通过元认知对自身决策状态进行觉察、监督和调控，是很重要的执行加工阶段。通过这个过程，可以思考个体处于沟通、分析、综合、评估和执行CASVE决策循环中的哪一个步骤，是否需要更多关于自我或者职业的信息，是否已经完成了决策过程，该做哪些调整。在思考决策制订过程中，应控制何时启动CASVE循环，何时获取更多有关自我认知或职业认知的消息，以及准备何时执行一个选择。在元认知中，有3种特别重要的技能，即自我对话、自我觉察和自我监控。

1. 自我对话

自我对话（self-talk）是一种一闪而过的念头和想法。通俗来说，就是自己在内心对自己说的话，对我们的行为有很大的影响。自我对话既可以是积极的，也可以是消极的。积极的自我对话包括这样的一些想法，如"我能找到我所需要的关于一个职业的信息"。消极的自我对话常常会和求职中的困难相联系，如"我不可能得到这份工作"。积极自我对话能产生两点好处：第一，它能产生一种积极的期待，让个体对即将开始的行动很有信心，也会付出更多努力；第二，它能强化积极的行为。而消极的自我对话则会使原本良好的职业生涯出现问题。

2．自我觉察

自我觉察（self-awareness）是指个体知道自己正在做什么和为什么做。就像在骑自行车的过程中，既需要去觉察身体是否平衡、是否越来越疲劳、心情是急躁还是放松、注意力是否集中等自身的状况，也需要觉察骑车的环境是否安全、车胎是否有气等外部的状况，更重要的是你要知道目的地是哪里、路线是否正确等与目标相关的状况。自我觉察会促进个体成为更有效的问题解决者，可以知道自己的身心状态，能够明确积极或消极的自我对话，然后通过自我监控，对身心状态、自我对话进行调整。

3．自我监控

自我监控（control and monitoring）是指对自身和正在做的事情的进展状况进行思考和调控。通过自我监控，个体能够监督自己完成决策过程的方式，控制自己分配给每个时期或阶段的时间，及时调整自己的方式和策略。

自我对话、自我觉察和自我监控是执行加工阶段的三项技能，掌握这三项技能，可以更好地对CASVE循环决策过程进行监控和调整，让决策过程更有效合理地进行。

任务三　目标定位与管理

一、职业定位的概念

职业定位，即确定对自己来说比较适合的、理想的、将来要去争取从事的职业类型，并能专注于一个最有把握、最有优势和最有可能实现的目标，并为此采取各种行动。职业定位需要综合考虑自己的兴趣、能力、性格、价值观和职业世界的客观环境等因素，在知己知彼的基础上，对自己的职业发展方向进行科学决策。

二、职业定位的作用和意义

大学生职业定位就是要对过去进行自我深思回顾和自我设计展望，选择和确定自己的职业方向。职业方向反映了一个人职业生涯的动机，或称为主观愿望，职业定位是个人制订职业生涯目标、展现自我价值的前提。大学生在生涯探索和生涯建立转换阶段，在职业发展道路上应当找准自己的职业方向和定位，然后再谋求具体的职位。在大学期间应当进行良好的生涯规划，设计好阶段性奋斗目标，明确自己的职业生涯发展方向，不断完善未来职业生涯所需要的知识结构和专业技能，达到实现自我、成就人生的目的。

（一）职业定位能够为大学生设定奋斗目标

"请你告诉我，我该走哪条路？"

"那要看你想去哪里？"猫说。

"去哪儿无所谓。"爱丽丝说。

"那么走哪条路也就无所谓了。"猫说。

——《爱丽丝漫游奇境记》

这个故事讲的是，人要有明确的目标，当一个人没有明确的目标时，自己不知道该怎么做，别人也无法帮到你。当自己没有清晰的目标方向时，行动就会成为无效行动。在日常生活中，我们发现有很多人对于工作、事业都缺乏明确的方向和目标。没有目标就不知道道路在哪里，也就无法到达目的地。职业人生若想顺利走向成功，就必须有自己奋斗的方向，否则很可能会南辕北辙、事倍功半。职业发展方向是个人职业发展的不竭动力和指路航标，它能够引导人们一步一步走向成功。

（二）职业定位可以增强大学生的自律能力

职业定位不仅能够指引前进的方向，还能对自我起到约束作用。不少年轻人事业失败的一个根本原因就是精力过于分散，这是卡耐基在分析了众多个人事业失败的案例后得出的结论。个人的职业生涯如果方向总是在变动，就不得不在各个方向之间疲于奔命，最后的结果就是一个目标也实现不了。就像一则谚语中所说的，"同时追赶两只兔子的人，最后一只也捉不到"。在实施职业生涯规划的过程中，职业定向能促使人不断地进行评估调整，在确保职业生涯发展总体方向前提下，认真规划并度过每一个发展阶段，时刻约束自己的行为，不偏离职业生涯发展的方向。

（三）职业定向可以激励大学生向着既定目标前进

职业生涯发展方向对个人有巨大的推进和激励作用，为了朝着理想的目标前行，每个人都要自觉提高个人的知识和能力。职业定向不仅能界定个人追求的最终结果，还能在整个人生旅途中起到激励作用。个体拥有了职业发展方向，就会不断地鞭策自己、完善自我，向着目标不懈努力、奋勇前进。目标是一种外在的对象，它既可以是物质的，也可以是精神的或理想的对象。目标是一种刺激，是满足个人需要的外在物，是希望通过努力而达到的成就和结果。合适的目标能够诱发人的动机，规定行为的方向。心理学上把目标称为诱因，由诱因诱发动机，再由动机到实现目标的过程称为激励过程。目标作为诱因对人们的积极性起着强烈的激励作用。

20世纪80年代，美国哈佛大学的两位心理学家做过一项关于"幸福"的研究，研究对象是一些自称幸福的人。结果发现，感觉幸福的人的共同之处不是财富、不是爱情，甚至也不是健康。他们有两个共同点：第一，明确地知道自己的生活目标；第二，感受自己正在稳步地朝着既定的方向前进。

人生就是不断选择的过程，我们成长过程中会面临无数次抉择，我们现在就读的学校、所读的专业，实际上就是过去选择的结果；我们现在的选择又将决定我们的未来。职业定向是人生的关键点之一，直接关系到未来人生事业的发展。

只有找到最适合自己的职业发展方向，才能更好地掌握自己的命运，充分挖掘和发挥自身潜能，最大限度地实现职业人生的顺利发展。因此，清晰而长远的职业生涯目标激励着人们克服困难、排除干扰与诱惑，朝着明确的方向不懈前进，直到实现自己的理想。

目标的重要性[1]

无论是在工作、学习、生活上还是在人际关系上，都要有明确的目标。为什么有的人心胸宽广？因为他有明确的目标，只要不阻碍自己的大目标的实现，任何问题都是可以理解和宽容的。有了目标，内心的力量才会找到方向，漫无目的地飘荡终归会迷路，内心那种无价的金矿，也终因不开采而与平凡的尘土一样。有什么样的目标就有什么样的人生，世上有98%的人对自己心目中喜欢的世界没有一幅清晰的画面，他们没有改善自己生活的目标，无法用一生的目标去鞭策自己，结果他们继续生活在一个他们无意改变的世界里。

美国生物学家克里莱斯拍到了一组精彩的镜头。有一种麻雀大小的鸟儿扑扇着翅膀，刚刚停在沙地上准备觅食时，潜伏在沙子里的蛇猛地张开大口蹿了出来。鸟儿用自己的爪子一下又一下地拍击着蛇的头部，它力量有限，可依然对蛇攻击不止，一边躲闪着蛇的血盆大口，一边用爪子拍击着蛇的头部，其准确程度分毫不差。在鸟儿拍击了1 000多下时，蛇终于无力地瘫软在沙地上，再也爬不起来了。

点评

这种鸟儿和蛇的力量对比是悬殊的，生物学家唯一能给出的答案就是，这种鸟儿在经过长期的经验积累后，终于掌握了一套对付蛇的办法，那就是瞄准蛇头部的一个点，并持之以恒地用爪子击打。

在现实生活中，很多人之所以失败，就是因为没有瞄准一个点，持之以恒地走下去。而成功者则瞄准了这个点，并坚持走到了最后。这个点就是自己锁定的目标，只要能瞄准一个点，哪怕力量微小，只要坚持，就一定能够到达胜利的彼岸。

三、职业定位的原则

职业定位是对职业生涯发展中的事件进行决定和选择的过程，事关人一生的发展，不可能简单地作出决定，必须系统地思考，可依据以下原则进行。

（一）择世所需

社会的需求在不断演化，旧的需求不断消失，新的需求不断产生，新的职业也不断产生。所以在做职业定位时，一定要分析社会需求，择世所需。目光要长远，要能够准确预测未来行业或职业的发展方向，谨慎思考，再作出选择。

（二）择己所爱

从事一项自己喜欢的工作，工作本身就能给人一种满足感，职业生涯也会从此变得妙趣横生。调查表明：兴趣与成功概率有着明显的正相关性。在设计自己的职业生涯时，务必注意考虑自己的特点，珍惜自己的兴趣，选择自己所喜欢的职业。

---

[1] 王兆明，顾坤华. 大学生职业生涯规划[M]. 苏州：苏州大学出版社，2018：147.

（三）择己所长

任何职业都要求从业者掌握一定的技能，具备一定的能力条件。而一个人一生中不可能将所有技能全部都掌握。所以，必须在进行职业选择时择己所长，从而发挥自己的优势。运用比较优势原理充分分析自己，尽量选择自己擅长的行业。

（四）择己所利

职业是个人谋生的手段，其目的在于追求个人幸福。所以在择业时，首先考虑的是自己的预期收益——个人幸福最大化。明智的选择是在由收入、社会地位、成就感和工作付出等变量组成的函数中找出一个最大值。这就是选择职业生涯中的收益最大化原则。

四、职业目标管理

（一）职业目标管理的原则

"有志之人立长志，无志之人常立志。"有志向的人确立目标以后不会轻易改变，会通过实际行动不断优化改进，直至目标实现；而没有志向的人却不断改变自己的目标。所有成功人士，都有一个突出的特征，就是具有生活的方向性。他们既有明确的目标也有行动，知道自己要做什么，也知道该怎样做。

人们在设立目标的时候常常会过于理想化、不符合客观情况、无实际操作性，因此计划容易变成一种"美好的愿望"。美国管理学大师彼得·杜拉克于1954年为设立目标制订出了一个简单且容易遵循的规则——SMART法则。

SMART法则指的是在制订目标的时候应该遵循的5项原则，如图4-2所示。

S——specific（明确性），目标一定要明确具体，不能够模糊。

M——measurable（可衡量性），目标一定是可以度量的。

A——achievable（可达成性），目标必须是可以实现的，或者经过努力是可以实现的。

R——relevant（相关性），目标必须和其他目标具有相关性，即一切努力都是为了一个结果，而不是为了行动。

T——time-bounded（时限性），目标必须具有明确的截止期限。

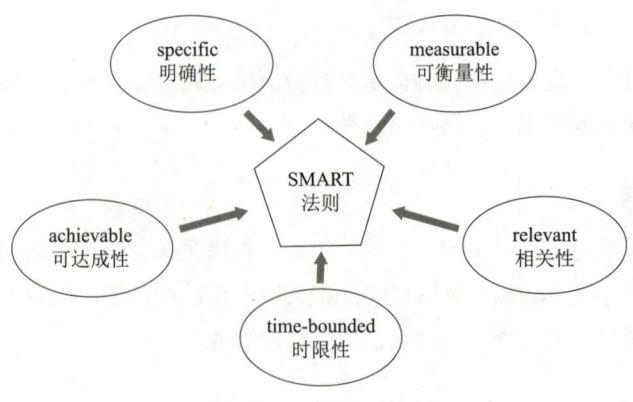

图4-2　SMART法则

下面哪个目标更具指导意义？

目标A：我要努力学习英语，增加自己的词汇量，尽快提高自己的阅读理解能力，使自己的英语水平得到提高。

目标B：我计划在这个学期，使自己的英语词汇量达到4 000个以上，完成课外短文阅读60篇，每两周做一份历年真题，掌握考试重点和应试技巧，在学期末通过大学英语四级考试。

很明显，目标B更具指导意义，"通过英语四级考试"目标明确具体，有数字可量化，每个小目标都是通过努力可以实现的，每个小目标都是为实现总目标而设定的，具有明确的截止期限——这个学期。所以，目标B符合SMART法则的目标设定规则，更具指导意义。

下面运用SMART法则举例，目标为做一个受欢迎的人。

S：目标要具体。"做一个受欢迎的人"不是一个具体的目标。"学习更多知识"也还不够具体。"学习更多社交礼仪知识"更具体了一些，但需加上第二点"M"。

M：目标要可衡量。要可衡量，往往需要有数字，把目标量化。"读5本社交礼仪经典著作"就更具体了，因为它有数字，可衡量。

A：目标要化为行动。"做一个受欢迎的人"不是行动，"读5本社交礼仪经典著作"是行动。但是，"读"还只是一个模糊的行动。怎样才算读？还可以继续细化为更具体、更可衡量的行动——"读5本社交礼仪经典著作，并写出5篇读书心得体会"。

R：目标要现实。如果你从没读过任何一本社交礼仪著作，或从没写过读书笔记，那上面的目标对你就不现实。也许对你来说，现实的目标应该是先读一本社交礼仪的书。

T：目标要有时间限制。多长时间内读完5本书？根据实际情况，可以是5个月，也可以是半年。

因此，通过SMART法则设定的目标具体化为："在未来5个月内，读5本社交礼仪经典著作（每月一本），并就心得体会写5篇读书笔记（每月一篇）。"

在职业发展的过程中，大都要经历一个"谋求生存的就业—终生发展的职业—实现人生价值的事业"的过程。我们不太可能在职业发展之初就拥有一个我们愿为之奋斗一生的职业，因此，我们在设立目标的时候要有阶段性。

（二）职业目标管理的实施步骤

1. 确定职业目标

职业目标是指人们对未来职业表现出来的一种强烈的追求和向往，是人们对未来职业生活的构想和规划。确立目标可以成为追求成功的驱动力，所谓"志不立，天下无可成之事"。因此在制订职业生涯规划时，关键是要确立好目标。大学生制订职业目标时应把个人志向与国家利益和社会需要有机地结合起来，这才有现实的可行性。

职业生涯目标的设定，要以自己的最佳才能、最优性格、最大兴趣、最有利的环境等信息为依据。职业目标通常分为短期目标、中期目标、长期目标和人生目标。要确定自己的职业目标，可以使用以下方法。

（1）理论法，是指在饱览众多职业后，根据自己的想法树立一个职业目标。一个简单的操作是，可以搜索一些大的招聘网站，查看那里所招聘的职位都有什么，要具体了解职位，在查看了职位描述和职位工作内容之后就可以初步确定目标了。

（2）想象法，是指以在生活中对所接触、听闻的职业的了解来确定一个职业目标。

（3）情境法，是指在参加具体的职业活动、行业活动、社会活动中所形成的职业目标。

（4）实践法，是指在实习、实践中真实地体验到职业之后的感想，从而因为喜欢、刺激、感悟等来确定一个职业目标。

（5）榜样法，是指把某位行业精英当作榜样，想成为像他一样的人。

2．分解职业目标

每个重大目标的实现都是一连串的小目标实现的结果。所以，实现任何宏大的职业生涯目标，很少能够一气呵成，都要制订一连串的小目标，也就是说职业生涯目标的实现要具有阶段性，不可能一蹴而就、一步到位。应该把整体性的远大目标分解成一个个小的目标单元，分步骤、分阶段地逐一实现。例如，想当一名成功的企业家，但很难一毕业就成为名副其实的企业家，而是必须从基层一步一个脚印地做起。与目标的阶段性相对应，应该在不同的阶段分别找准自己相应的位置，并扮演相应的角色，如此，才能达到经济学上所讲的效能最大化。

分解职业目标可以使用以下方法。

（1）目标分解的多树杈法。我们可以想象一下，有一棵大树，从树干开始会有若干个分枝，每个分枝会有更小的树枝，直到叶子。我们用树干表示大目标，每个树枝代表小目标，叶子就是我们现在的目标，或是我们现在要去做的每件事情所应该达到的结果。

首先，弄清楚大目标和小目标之间的逻辑关系。小目标是大目标的条件，大目标是小目标的结果。小目标如果全部实现，那么大目标就一定会跟着实现。

其次，写下一个大目标，然后问：实现该目标的条件是什么？列出实现目标的必要条件和充分条件，这些条件就是达成该大目标之前必须首先达成的小目标。每一个小目标，就是大目标的第一层树杈。

最后，再问：实现这些小目标的条件是什么？列出达成每一个小目标所有的必要条件与充分条件，这些条件就是各处的小目标的第二层树杈。

依此类推，直到画出所有的树叶，才算完成该目标的分解。每个目标最后都可以被描绘成一棵枝繁叶茂的大树。

从叶子到树枝，再到树干，不断地问：如果这些小目标均达成，那么大目标一定会达成吗？回答如果是"是"，表示这个分解已经完成。如果回答"不一定"，表明所有列出的条件还不够充分，因此须继续补充被忽略掉的树枝。一棵完整的目标大树，就是一套完整的达成该目标的行动计划。

那么如何来评估目标的合理性呢？目标合理性的评估、计划可行性的评估，两项评估的核心是对目标大小的评估。当目标树分解完成后，单位时间内无法完成树叶所显示的工作量，表明该目标太大；当目标树分解完成后，单位时间内可以轻易完成树叶所显示的工作量，则表明该目标较小。

如何判断目标能否达成呢？有两个判断方法。

第一，充要判断法。将目标树分解后，如果列出的条件仅仅是必要条件，即使是小目标全部达成，大目标也不一定会达成，只是可能达成。如果列出的条件是充分且必要的条件，除了必要条件外，还有各种辅助条件，表明只要小目标全部达成，该大目标一定会达成；如果小目标全部达成，而大目标不一定达成，表明分解时忽略了其他的条件，这时应立即予以补充，直到条件完全充分为止。

第二，直接判断法。针对每一个目标，直接问自己下面的问题：一是为何要达成这个目标；二是达成这个目标的意愿到底有多强烈；三是达不成怎么办；四是达成这个目标愿意付出什么样的代价。自问自答，可以让自己判断该目标是否能达成。

总而言之，这个世界日新月异，现实是千变万化的，在实现目标的过程当中，当遇到种种没有预测到的变化时，就必须立即作出反应，调整自己，以适应变化。

（2）目标分解的剥洋葱法。实现目标的过程，是由现在到将来，由低级到高级，由小目标到大目标，一步步前进的。但是，设定目标最高效的方法，却与实现它的过程正好相反。运用剥洋葱的方法，由将来到现在，由大目标到小目标，由高级到低级，层层分解。像剥洋葱一样，将大目标分解成若干个小目标，再将每一个小目标分解成若干个更小的目标，一直分解下去，直到决定现在该去干点什么。

在制订个人生涯规划的过程当中，也可以运用剥洋葱的方法。首先，找到自己的梦想，然后将梦想明确化，变成人生的终极目标。其次，将终极目标演化成人生的总体目标。总体目标不要太多，最好只有一个。再次，把总体目标分解成几个五年至十年的长期目标。然后，继续分解下去，把每个长期目标分解成若干个两年到三年的中期目标，再把两年到三年的中期目标分解成若干个六个月到一年的短期目标。最后，将每个短期目标分解成月目标、周目标、日目标。

3．组合职业目标

（1）目标的功能组合。又可分为因果关系组合和互补作用组合。

①因果关系组合。有些目标之间存在着明显的因果关系，如工作能力目标与职务、收入目标，前者是因，后者为果，表现为工作能力提高，职务提升、收入增加。通常情况下，内职业生涯目标是原因，外职业生涯目标是结果。一般因果排序为：观念更新目标、掌握新知识目标、提高工作能力目标、职务晋升目标、经济收入提高目标。因此，要想实现因果组合，就需要不断更新知识，树立新观念，然后去实践。实践能力提高了，随之职务提升、业绩突出，报酬也就会不断增加。

②互补作用组合。把存在互补关系的目标进行组合。职业生涯目标的互补关系是显而易见的，例如，一名管理人员希望在成为一个优秀的部门经理的同时得到MBA证书，这两个目标之间就存在着直接的互补关系，实际管理工作为MBA的学习提供了实践经验和体会，而MBA学习则为实际管理工作提供了理论和方法。又如，高校教师往往同时肩负教学和科研两项任务，教学为进行科研提供了理论基础和方法指导，科研实践又促进了教学内容的更新和质量的提高。

（2）目标的时间组合。假定一个人做的是财务经理，那么实际上就涵盖了两个职业：一个是财务专业人员职业，一个是管理人员职业。因此需要在这两个职业上同时学习、同时提高，既要做优秀的财务工作人员，又要做成功的管理人员。这两个职业目标并不矛盾，可以同时进行。

①并进组合。职业规划目标的并进组合,是指同时着手实现两个平行的工作目标,即在同一时期内进行不同性质的工作,如上级管理层兼任技术业务,或中、高级管理层"双肩挑"的情况。并进组合也可以是建立和实现与目前工作内容不相关的职业规划目标。人们为了获得更大的发展空间,在做好本职工作的同时,进修自己感兴趣的其他课程等,有利于开发潜能,在相同的时间内迎接更大的挑战,进而发挥更大的价值。有时候外部环境给予我们的机会很多,这让我们面临多个选择,只要处理得好,又有足够的精力和能力来应对,在一定的范围内,是可以做到"鱼"与"熊掌"兼得的。建立和实现本职工作以外的目标是居安思危、具有长远眼光的表现,需要具备较强的时间管理能力和学习上的毅力。

②连续组合。连续组合是指一个目标实现之后再去实现下一个,最终连续而有序地实现各个目标。一般来说,职业生涯的阶段目标与职业生涯的最终目标是相关联的,较短期目标是实现较长期目标的支持条件。目标的期限性也是相对的。随着时间的推移,长期目标成为中期目标,中期目标成为短期目标,短期目标成为近期目标。只有完成好每一个近期目标和短期目标,最终目标才有可能实现。

4. 修正职业目标

职业目标制订以后不是一成不变的,必须随着条件的变化和阶段目标的完成不断进行修正,即根据具体目标情况,定期对阶段性的行为及其结果进行评估,分析成败得失,总结经验教训,依据新情况适时调整目标,修订行动方案。以一切为自己负责为原则,对职业目标及时调整、完善、总结。

(1) 修正职业目标的时间

①毕业前夕,有了求职的实践,根据求职过程和自身条件的检验,以及新的就职信息和供需实际,在求职过程中进行调整。

②工作3~5年时,有了从业的实践,根据从业过程和自身条件的检验,根据环境和自身素质的变化,在职业转换过程中予以调整。

(2) 修正职业目标的方法

①自我条件重新剖析——"我能干什么?""我能干好什么?"

②生涯机会重新评估——"可以干什么?"

③职业生涯目标修正——"我为什么干?"

④落实生涯规划修订——"应该怎么干?"

(3) 修正目标的基本原则

①修正目标,而不是更改目标。如果更改目标成为习惯,那么这个习惯很可能让人一事无成。目标一旦确立,绝不可以轻易更改,尤其是终端目标。而可以不断修正的是达成目标的计划。英国人有一句谚语:"目标刻在水泥上,计划写在沙滩上。"

②修正目标的达成时间。一天不行,可以改成两天;一年不行,可以改成两年。坚持到底永不放弃,终将成功。

③修正目标的量。三思而后行,不要轻易地压缩梦想,以适应这个残酷的现实。应有的思维模式是不惜一切努力,找寻新的方法以改变现实,达成目标。

④不放弃目标。虽然屡战屡败,但仍然可以屡败屡战,对于成功者而言,这个世界根本没

有失败，只是暂时还没有成功。只要不服输，失败就绝不会成定局。

⑤面对新的目标，切勿重复以上的循环，而永远只重复修正原则的第一步。

总之，大学生职业生涯规划的总原则是：一切为了自己，为了自己的一切；一切为自己负责，为自己一切负责。

实践拓展

1. 结合以往的经历，思考一下自己属于什么样的决策类型。

2. 尝试用一种职业生涯决策方法为自己面临的选择做一次参考。

3. 路边有一片桃园，假如可以进入桃园摘桃子，但只许前进不许后退，只能摘一次，要摘一个最大的，你会怎么办？

A. 对视野内的桃子进行比较，形成一个大概的标准，再根据这个标准选择最大的桃子。

B. 我感觉这个大，就摘这个了。

C. 去问看桃园的人，让他告诉我什么样的桃子最大，或者问旁边的人什么样的桃子最大。

D. 先走到最后再考虑吧。

E. 先下手为强，摘一个再说。

F. 我肯定会摘的，但到底该不该现在摘呢，还是往前走呢？

G. 随便走走摘一个，碰碰运气吧。

从这个小测试中，我们可以了解到常见的几种决策类型：

A. 理智型。强调综合全面地收集信息、理智地思考和冷静地判断分析。（"知彼知己"）

B. 直觉型。以自我判断为导向，在信息有限时能够快速作出决策，发现错误时能迅速改变决策。（"爱你没商量"）

C. 依赖型。顺从别人的建议或计划，往往不能承担自己作决策的责任。（"他们都觉得好，我也觉得好"）

D. 拖延型。拖延、不果断，倾向于不考虑未来的方向，不知道自己的目标，既不思考，也不寻求帮助。（"我还没想好做什么工作，先考研再说"）

E. 冲动型。抓住遇到的第一个选择，不再考虑其他的选择或收集信息。（"先决定，再考虑"）

F. 瘫痪型。接受了自己作决定的责任，却无法开始决策过程。（"我知道我应该开始了，可我想到这件事就害怕"）

G. 宿命型。将决定留给境遇或命运。（"我这个人就是看运气"）

决策类型无对错优劣之分。大学生应通过不断地审视与实践，在认清自己决策风格类型的基础上，掌握职业生涯决策的方法，学会排除影响正确、有效决策的因素，以清醒、理智的头脑把握好职业生涯中的每一次机遇。

模块五 设计生涯

青春寄语

要在培养奋斗精神上下功夫，教育引导学生树立高远志向，历练敢于担当、不懈奋斗的精神，具有勇于奋斗的精神状态、乐观向上的人生态度，做到刚健有为、自强不息。

——习近平

学习要点

1. 熟悉大学生职业生涯规划的步骤。
2. 掌握大学生职业生涯规划书的撰写。
3. 知晓大学生职业生涯规划的常见问题。

案例导入

小强的职业生涯规划分析[①]

小强是一名高校应届毕业生，即将离开学校走向工作岗位。当他回顾自己从前写的一份《职业生涯发展规划书》时，感慨颇多。他给自己制订了一个 30 年计划，而现在他只走完了其中的 3 年。他是一名计算机专业的学生，虽然成绩不是很好，但是他对计算机非常感兴趣，而且动手能力也非常强，所以他当时在做发展规划时给自己定了一个目标，多出去参与 IT 大公司的实习工作，积攒一些经验，而且要在大学毕业之前开发出一款软件，并且依靠这款软件拿到一些大公司的 offer，或者索性和同学一起创办一家 IT 公司，使之发展成为国内首屈一指的大公司。现在看看当时的豪情万丈，小强虽然唏嘘不已，但也从实施这些规划中得到了一定的提升。即便到现在为止，他也没有在任何一家大的 IT 公司得到兼职实习机会，而是去了不少小型的互联网公司工作，很辛苦，也没有多少报酬，但小强确实因此得到了非常多的锻炼。他

---

① 任晓剑，杨东，李兵. 大学生职业规划与就业指导[M]. 北京：国家行政学院出版社，2019：163–164.

慢慢发现自己曾经的发展规划目标有点不切实际，并且对自己的评估也存在过于主观的问题。不过好在他现在不再惧怕什么规划了，他丰富的实践经验可以给他在参加大公司面试时加很多分。他也因此获得了国内一家大型IT企业的offer。而对于自己没有在大学毕业前开发出一款软件这一点，一直是他的遗憾。因为他有这个能力，但这个计划一直以来因为各种原因被拖延和搁置。本来他是可以完成的，但都因为自己没有严格按照计划进行，再加上自己在兼职上和学习上所花的时间太多，所以这件事最后只能变成他的一个遗憾。不过他将来进入工作岗位后，这种机会非常多。他也可以通过工作展示自己相关方面的才华，做出属于自己的东西。和同学创办一家IT公司，从短期来看，是没有可能了。因为这需要有一个非常好的创意。他虽然经常参加一些软件方面创造性的实践活动，但这些实践活动都是团体协作，而他所负责的部分都是一些修正和改造的工作。所以对于创意部分，他暂时还没有这个能力。而且做公司需要钱，尤其是IT公司，人工非常贵，软件做出来之后也要花钱去推广，他现在还不具备这个实力，并且也没有相关的人脉能够给他带来投资。不过好在他坚信凭借着现在这份工作，加上自己的勤奋好学，未来一定能够在这个领域有所成就。而开公司要看机缘，如果以后有这个机会，他相信自己也准备好了。不过未来都是不可知的，他先得适应行业规则，脚踏实地做好工作，和人建立和谐关系，积累人脉。等自己成熟了再去创业，胜算就大得多。虽然他没有非常完美地实现自己的发展规划，但他也从中得到了关键性的成长。他学会了调整和完善计划，而他一生也会重复这样的过程，直到走向属于自己的成功。

点评

对于小强来说，他还是比较认同自己大学3年以来的经历。虽然很多现实都与发展规划有冲突或者相违背，但他都能够有节奏地走在通往成功的道路上。对他实施职业生涯发展规划的情况可作以下总结。

首先，他按照要求做了职业生涯发展规划。虽然这是一份他在不成熟的学生时期做的发展规划书，却起了非常好的作用。职业生涯发展规划书能够非常有效地督促小强完成既定目标，即使完成不了，他也能够有机会作出调整。并且他也实现了自己去知名IT公司的梦想，而未来，他能够实现更多的梦想。

其次，他在职业生涯发展规划的实施中确实碰到了一些问题，这些问题都给他带来了一些影响。例如，他自视过高，想要去大企业实习，但自己根本没有得到这样的机会。不过他根据自己的条件非常快地作出了调整。既然不能到大企业实习，那么也不能放弃一些小公司的实习机会。他这么做，最后收效不错。

最后，他既没能完成开发一款软件的既定目标，也没有能够一毕业就创业，但他在大学后期的实践过程中对自己的发展规划作了一定的调整，让自己的发展规划能够更切合自己的实际情况。所以他最终进了不错的企业，并且未来仍然有可能实现自己以前没有完成的目标。

任务一　职业生涯发展规划中常见的问题及对策

虽然现在很多高校都开设有大学生职业生涯发展规划的课程，对大学生职业生涯发展规划的辅导也取得了一定的成效，但还是有相当多的大学生在对自己的职业生涯进行规划时遇到不少问题。大学生的职业生涯发展规划还不是很完善，这也是造成大学生就业难的原因之一。

如何掌握好对策，及时解决这些问题是大学生在做职业生涯发展规划时的当务之急。下面总结了大学生在职业生涯发展规划中的一些常见问题，并且给出了相应对策。

一、规划意识相对薄弱

大学生在进入大学之后，还没能完成从有依赖性的学生到独立的社会角色的转换。他们对未来有着非常多的憧憬，偏好于职业生活，而缺乏对职业的理性思考和规划。

大学生对职业生涯规划没有深刻理解，职业生涯规划的意识也相对薄弱，缺少对个人职业规划的设计。在大学毕业生中，存在着较为严重的盲目择业现象。随着这些年来就业压力的不断加大，这种情况越发严峻。

小静的职业生涯规划[①]

小静是家人的掌上明珠，衣来伸手、饭来张口的公主生活一直延续到了大学。在大学期间，小静虽然无法快速适应，但也算跟同学们保持了不错的关系，只不过她的同学有点受不了她那句口头禅"没事，有我爸妈呢"。总依赖父母，以后怎么办呢？总不能一辈子都活在父母的翅膀下吧。

在大学生职业生涯规划这门课上，学生需要根据自身情况、环境情况，对今后步入社会的职业生涯进行设计。这时候小静犯难了，她喜欢干什么呢？除了学习之外，她似乎就只喜欢和父母待在一起：父母看电视，她也看电视；父母去游玩，她也去游玩；父母上班，她就只剩学习了。

但今后去工作，情况就不一样了。学习是一个人的事，靠自己一个人的努力就可以收到成效。而工作是一件集体的事，需要大家通力配合才可能完成好。但小静从来没有思考过这些问题，对于未来要做什么，未来会和什么样的人一起工作，未来的生活会是什么样的，她全无打算。

像小静这样对未来职业全无打算的高校大学生不在少数。有关网络调查结果显示，有33%的大学生"先就业后择业"；16.3%的人没有太多考虑，只是跟着感觉走，选择了第一份工作；而也有一些高校毕业生面临着"毕业即失业"的尴尬局面。

点评

遇到这种问题的大学生，应该及早进行相关的锻炼，尤其要多与那些认真做规划，并且有

---

① 郭文臣. 新型职业生涯的挑战与应对 [M]. 北京：科学出版社，2015：189.

系统规划的同学交流，向他们求教。然后给自己订一些短期的目标，努力去实现它们，慢慢养成规划的好习惯。

二、目标模糊不切实际

年轻人喜欢谈理想，但通常情况下，这种理想都不够理性，甚至好大喜功、好高骛远。对于自己想要什么、自己能成为什么样的人、自己的优势在哪里，年轻的大学生通常都没有细致思考和客观分析过。

职业目标模糊，没有坚定的职业信念，使大学生很容易受到社会环境变化的影响，有一点儿风吹草动就为之所动，盲目从众，急于求成，不考虑自己的实际情况，从而导致求职和就业结果不理想。

小周的职业生涯规划分析[①]

小周酷爱打游戏，无论是单机游戏还是网络游戏，他都非常喜欢。很多游戏他玩得也确实不错。在学校举办的一些电子竞技比赛上，他也取得了非常好的成绩。他一直非常崇拜国内的某竞技游戏明星，觉得那种可以每天玩游戏，还能挣大钱的生活棒极了，而且还可以去国外比赛，并且受到全世界游戏迷的追捧，那种生活简直就是他心目中完美的生活。当别人问他，将来想要从事什么职业的时候，他毫不犹豫地说："电子竞技。"

于是小周的课业耽误了，他也不与人沟通，长期生活在一个相对封闭的游戏环境里。家人和老师劝他，他也丝毫不为所动，还拿出某竞技明星的奋斗故事为自己辩解，并且为没有人理解他的理想而恼怒。

其实小周所崇拜的竞技游戏明星也并非拥有完美的生活。该明星每天除了游戏还是游戏，没有任何别的生活。虽然赢了比赛有非常多的奖金，而且还可以代言某些电子竞技类产品，但职业生涯毕竟很有限，游戏的热劲过去了，他的职业生涯也就算结束了。况且，这种一炮而红的例子也是万里挑一呢。

其实，只要是不违反法律、不违背道德的积极正面的理想都值得鼓励。年轻人应该有理想，但不切实际的理想通常会让人付出惨重的代价。这既是不成熟的表现，也是对自己的职业生涯发展规划不负责任的表现。

点评

像小周这种目标设定得不切实际的现象，在大学生群体中时有出现。这时候，就需要大学生多跟周围的同学和长辈交流，思考和听取他们的意见。他们的意见和建议虽然不一定完全是对的，但至少从一定视角客观地反映出了自己存在的问题。大学生应结合这些问题，通过各种渠道去验证自己的目标，然后修正目标。

[①] 哈林顿，霍尔. 职业生涯规划与管理[M]. 张星，张璐，译. 北京：机械工业出版社，2013：136.

三、自我评估不准

自我评估是大学生职业生涯发展规划过程中很重要的一个环节。然而对自己的分析不够、评估不准，又是大学生职业生涯发展规划过程中出现的最大问题之一。如果不以科学性、客观性为前提，大学生就无法全面地认识自己，通常不是盲目自信，就是妄自菲薄。

> **小楚的职业生涯规划与创业**[①]
>
> 大家对小楚的看法，就是这个小伙子自我感觉非常好，什么时候都是自信满满的样子，认为什么都很轻松。只要他出马，什么事都不费吹灰之力。但通常他做事，都是做到一半碰到困难时，觉得麻烦就放弃了。信心虽足，但耐力不够。
>
> 毕业之后，小楚向家里要了一些钱，就琢磨着去创业。虽然家里人也对他的这种做法不是很赞同，但因为他是独子，长期以来溺爱惯了，所以也就没有加以阻拦，放手让他去做了。他本来想和朋友一起干，但是没人愿意跟他合伙。他也不顾那么多了，一个人兴冲冲地开始了创业。
>
> 干什么好呢？他看眼下苹果产品非常火爆，就琢磨着去倒卖苹果产品，于是他就当起了"黄牛"。他可不是那种可以彻夜排队吃苦的人，他找了一批进城务工人员去苹果店里抢购产品。他花了很高的价钱抢了不少货，但令他没想到的是，苹果公司的产能很足，根本不需要抢购，市场价格一直都很稳定。结果他花了大价钱买进来的这批货，本打算以更大价钱再卖出去，但现在只能亏本卖出了。
>
> **点评**
>
> 有的大学生像小楚一样，过惯了养尊处优的生活，没有在社会上吃过什么苦，他们在追求财富的时候容易采用一些投机手段，过分地依赖运气，而不是依靠实力，这通常也是对自我认识不够的结果，这种想法是非常不可取的。
>
> 出现这种情况的大学生，应该积极主动参加各种社会活动以及兼职工作，在社会活动和兼职工作中认清自己，正确、客观地评估自己的性格和能力，作出切合实际的发展规划。

四、缺乏实践准备

大学生在步入社会之前，对自己将来的职业环境大多不太熟悉。也许大家对专业发展的大致方向有所了解，但对具体的工作内容以及工作所需要的交流沟通方式没有概念，这些都是缺乏实践准备、实践能力不足、缺乏对职业生涯环境分析的结果。这也导致了大学生的职业生涯发展规划出现各种问题。

[①] 刘积权，许晓霞，范磊. 心理健康与职业生涯[M]. 广州：广东教育出版社，2019：82.

小秦的职业生涯规划[①]

小秦虽然没有什么兴趣爱好，平时的时间也基本花在学习上，但不知怎么，成绩就是不好。考上的大学也算不上是名牌大学，所学的专业是计算机专业，在当下虽然比较热门，但相应地，专业人才也满地都是，总体来说，她也就是一个普普通通的人。

在一次校外实践活动中，小秦来到一家软件培训机构兼职。在这次兼职活动中暴露了她缺乏实践锻炼的一面。在工作中，她手忙脚乱，连基本的工作都做不好，而且跟人沟通总是会异常紧张。后来培训机构的孙老师跟她聊天的时候这样说，学历是一种能力的象征，但不是能力的全部象征。一个人发展怎么样，最重要的还是看实力，也就是一个人的综合素质。学校也好，培训机构也好，都是为了培养人的能力而设置的。如果学校在培养学生能力的过程中，对学生的促进作用不是很全面，学生需要在某一方面取得成果时，接受专门的培训是非常好的选择。学校毕竟不能教给一个人全部，人需要到社会上锻炼自己。锻炼的目的不仅是培养吃苦精神，更是让自己获得提升。自己的能力提升了，在以后的职业道路上才会更加有信心。

点评

如今，培训机构、考证这么火爆，是有一定道理的。接受培训机构培训，考取相关证书，可以进一步提升自己的专业能力，为日后走上工作岗位做铺垫、打基础，对所接受的学校教育也是有益的补充。

在职业生涯发展规划中，不是规划完了就万事大吉了。大学生要从规划中发现问题，并筹划解决问题，这也是大学生提高自身综合素质的过程。

如果大学生缺乏实践准备，就要利用好在校期间的实践机会，多出去走动走动，多跟有工作经验的人交流和沟通，向他们学习经验。

五、畏惧规划排斥规划

很多大学生都害怕进行未来职业规划，一方面，由于他们对未来不确定；另一方面，他们也害怕如果自己设定了目标却实现不了，自己的自信心将会受到巨大的打击，甚至给自己的一生造成不好的心理影响。

小琦的职业生涯规划[②]

小琦即将毕业了，他感到惶恐不安，一想到即将脱离学校，在社会上独立生活，他就头皮发麻。虽然经过了大学四年，其间也做过不少打算和计划，如考研和创业，但他现在心里还是没有底。

---

① 吴剑. 职业规划与大学生涯 [M]. 北京：经济科学出版社，2019：178.
② 储克森，姚晓峰. 职业生涯规划与就业指导 [M]. 北京：机械工业出版社，2020：94.

他来到学生就业办公室咨询了陈老师的意见。像小琦这样的学生陈老师遇到过很多，对此也很有经验。陈老师先是对小琦进行了一番鼓励，跟他说人生就是这样，非常富有变化，这也是人生为什么精彩的原因。要拒绝这种变化，其实也就等于拒绝自己生活得精彩。每个人都不是万能的，不能应对那么多变化，但是如果有准备的话，情况就会好很多。很多演讲大师能够成就伟大的演讲，这和提前进行了大量的准备工作有非常重要的关系。未来也是一样，不是人的运气不同，而是人的准备不同。面对未来要有规划，要从自己的实际情况出发，制订符合自身条件的发展规划，未来自然要得心应手得多。虽然现在已经快毕业了，但一切都不晚，把现在当作起点，照样可以赢得未来。

点评

陈老师说得没错，"把现在当作起点，照样可以赢得未来"。一帆风顺的人生是不可能的，但是人生有规划就能够收获精彩。任何时候做打算都为时不晚，大学生要及时醒悟，从现在开始，结合自己的实际情况，认真、系统地做好每一步的职业发展规划。

很多大学生总是幻想能从事世界上最好的职业。其实对每个人来说，没有最好的职业，只有最适合自身发展的职业。换句话说，适合自身发展的职业才是好的职业。不一定高薪、工作环境好的职业就适合每个人，获得的报酬跟付出的辛劳是成正比的。

畏惧规划和排斥规划的大学生，应该鼓起勇气。失败和失落也是人生的一种体验，要敢于规划，敢于给自己设定目标。只有给自己找准了方向，才有前进的动力，无论做不做规划，未来都一样会来。

任务二　职业生涯发展规划的实施与调控

一、职业生涯发展规划的实施

大学生一旦设定了自己的职业目标，接下来就是行动了。职业生涯发展规划的实施一般分为长期和短期两部分，在计划实施的过程中有非常多的不确定因素，这就要求大学生根据自己的实际情况和社会发展趋势，一步一步实现自己的目标。

（一）努力适应行业

对于刚刚步入社会的大学生来说，首要的就是适应社会，适应社会像婴儿牙牙学语、蹒跚学步一样，不管从事哪个行业，都要熟练掌握自己的业务技能，做一行、懂一行、爱一行。

小伟的职业生涯规划[①]

小伟学的是机械设计专业，毕业之后到某国内知名汽车公司担任模具设计师。刚走上工作

---

① 储克森，姚晓峰. 职业生涯规划与就业指导[M]. 北京：机械工业出版社，2020：117.

岗位的他,既兴奋又惶恐。虽然之前他也参加过很多相关的实习工作,对这个行业的工作流程也有一定程度的了解,但当自己真正成为这个岗位上的一员,负责整个流水线上细小而又重要的环节时,他还是多少有点儿不适应。

现在面对的不再是老师。老师可以给他打一个成绩,不及格可以重修,但是来到这里,不及格就意味着绩效考核成绩不合格,后果是被辞退或调部门。刚进公司那会儿,他因为害怕犯错,每天第一个来上班,几乎最后一个走。敬业的态度令一些老员工都刮目相看,但交流之后才知道,小伟是紧张得有点过头了。在这个工作岗位上,他不能再像上学时候那样,总是坐在教室最后一排,不想听老师讲课,就开开小差。现在的小伟天天追着一些老员工请教问题。小伟说,不会做就是不会做,欺骗自己没有用,这就是工作。

点评

小伟虽然有点儿过分紧张,但对于一个新人来讲,这是必要的,也是必需的。"必要"是因为不管自己以前学习成绩有多好,来到工作岗位,就需要从头学起,把知识理论和实际工作结合起来。"必需"是因为要想提高自己,就得认真学习,如果不去追寻知识技能,知识技能就会离自己越来越远。

(二)服从工作安排

进入社会,走上工作岗位,很多事情就不是只关系到自己一个人了。迟到、早退、请假,这些都会影响集体的工作进度。如果大学毕业生没有集体意识,单位的运行就会受到不良影响。服从工作安排,从个人来讲,代表着一个人要作出一定程度的牺牲,包括自由、时间、利益等;但从宏观上来说,正是为了不让所有人作出更大程度的牺牲,才有了服从的必要。

 案例分享

小秦的职业生涯规划[①]

小秦平时就是个做事很随性的人,好结交朋友。人际关系虽然很不错,但是走上工作岗位之后,却让领导和同事很头疼。他经常不按规章制度办事。让他坚守岗位,他跑去跟旁人聊天;公司规定上班时间不能上网做私人的事情,他撺掇同事一起用平板电脑看NBA比赛。公司好不容易招进来一个专业对口的人,刚工作一段时间就辞退他,也觉得可惜,毕竟小秦是个新人,而且人还不错,领导还是想多给他一次机会。但有时候小秦的做法确实让领导很不好办。

领导找他单独谈话,对他说:"所有大学生上大学之前都得接受军训,上大学跟军训有什么关系呢?除了磨炼一个人的意志之外,不就是训练一个人的纪律性吗?合格的军人都以服从命令为天职。如果走向战场,所有军人都像你一样不听从指挥,大家都会遭殃。商场如战场,公司也是一样,如果大家都不守规矩,所有人都会遭殃。公司的人是因为一个理想聚在这里,但现实中理想哪会这么容易实现呢?不就是要跟别的公司去拼谁的意志更坚定,谁的团队战斗力更强,在市场中的竞争实力更强吗?不愿去跟别人拼,别人会来跟你拼。谁想输呢,谁不想赢

---

① 罗明忠. 大学生职业生涯规划与就业指导[M]. 北京:科学出版社,2015:96.

呢？"小秦听了领导的话觉得很有道理，并在以后的工作中改变很大。

点评

服从工作安排，是一名合格员工的基本准则。在职场上，不能以个人喜好随性而为。努力配合团队完成分内工作，利己利人。像小秦这样任性惯了，把不服从工作安排当作有个性，只会害人害己。

（三）建立和谐人际关系

大学生要想在社会中立足，就离不开别人的配合与帮助，更离不开人与人之间的交流和关爱。大学生初入社会，需要成长和进步，离不开那些聪明智慧、知识渊博、经验丰富的前辈、领导和同事的帮助。建立能够帮助大学生成长和发展的和谐人际关系，对于大学生日后个人价值的提升有着决定性作用和重要意义。

小周的职业生涯规划[①]

小周是个"闷葫芦"，只知道埋头做事，也不理人。这是他从小到大养成的性格，不了解、不熟悉他的人还以为他对别人不满呢。因为这样的性格，他在走上工作岗位之后吃了大亏。

小周所在的公司是一个进出口贸易公司，主要从事的是塑料玩具的贸易。刚来公司的时候，他不太说话，但大家也不太在意，只是觉得他性格就是这样，有些同事有时候还故意逗他。但久而久之，大家也都失去了对他的那股热乎劲儿。

同事们一起出去聚餐、娱乐，小周也从来不参加。渐渐地，大家也开始疏远他，有了好的机会，也不会关照他，而公司最苦、最脏、最累的活儿，一般都交给他干。小周虽然不抱怨，但心里也不舒服。最后大家都得到了晋升的机会，小周却依然在自己的岗位上没有什么发展。

点评

陈安之说过："30%的知识加上70%的人脉就等于成功。"能否建立一套有效的人际关系，能体现出一个大学生为人处世的态度，而这也是衡量一个人是否懂得尊重别人的标准之一。

古人云："人不尊己，则危辱及之矣。"大学生步入社会要与人相互尊重、相互理解，以事业为依托建立起良好的人际关系。

（四）学会有效沟通

职场上的有效沟通需要大学生善于同领导、同事、客户等进行交流。通过有效沟通，能够教给大学生很多在学校或生活中没有学过的知识，可以在较短的时间里，帮助大学生很好地成长、有效地开展工作等。有效沟通也是大学生建立和谐人际关系的最好桥梁，对于大学生日后的发展有着无可估量的作用。

在工作与生活中，难免有一些磕磕绊绊，每个人都有自己的习惯和要求，可能存在一些误

[①] 周勤. 高职学生职业生涯与发展规划[M]. 长春：吉林文史出版社，2020：114.

会和摩擦，这都是必然的，但这也不是不可调和的。及时有效地沟通，能让人摆脱被动和窘迫的处境。即将步入社会的大学生尤其要注意这一点。

（五）脚踏实地多做事

每个人都想成功，但成功不是天上掉下来的。一个人能拥有什么样的成就，与他付出的努力有非常大的关系。大学毕业生来到工作岗位，经验不足，正是积极学习、脚踏实地、多做实事的好时机。这既能培养大学生的耐性，也能为大学生日后的成功奠定牢固的基础。

小蔡的职业生涯规划[①]

小蔡大学毕业刚进公司的时候很不适应，因为她的工作岗位跟她的专业并不是非常对口，而且她的工作对外语水平的要求很高，跟她一起进公司的同事的外语水平都比她好，所以从起点上来说，小蔡就已经落后了。不过小蔡这个人就是这样，性格很要强，也很善于坚持，压力越大，她反而表现得越出色。

小蔡为了弥补自己的劣势，在工作岗位上异常努力。每天上班很早就来，积极准备，苦干实干，在公司加班也加到很晚。很多东西，她不懂就向前辈、领导和同事积极学习，别的同事不愿意干的工作，她也都主动揽下来。没过多久，公司上下都记住了她的名字，这个很有活力的小姑娘叫小蔡。公司领导也非常看好她，把第一次晋升机会也给了她。

但小蔡并没有因此而自鸣得意、傲气凌人，她反而比以前更加努力和谦逊了。她认为：以前只是一个人做好自己的工作，现在她要面对整个团队，不能有丝毫的掉以轻心。这一切都是她辛苦打拼换来的。她不仅得到了晋升机会，薪资待遇有所提高，更重要的是，她在其中得到了很好的磨炼。在未来的日子里，她更有信心了。一分耕耘，意味着一分收获。

点评

一个刚进入工作岗位的大学毕业生，要想在众多的竞争者当中崭露头角，要想获得更多的机会，不经过一番苦练是不可能的。这种锻炼对于大学毕业生来说，是无形的资产，能够帮助他们在未来的职业生涯里走得更高、更远。

二、职业生涯发展规划的调控

职业生涯发展规划并非想象中那样简单。要想获得更好的规划效果，大学毕业生需要结合自身的实际情况，对职业生涯发展规划进行调控。调控的主要内容包括职业方向的选择、阶段目标的调整等。

（一）职业方向的选择

并不是职业规划怎样，从事的职业就会怎样。在现实中，充满了各种各样的变数。现实中，

[①] 闵杰. 当代大学生就业指导与职业生涯规划[M]. 长春：吉林大学出版社，2020：168.

很可能出现一个自己很感兴趣的工作岗位，前景也非常不错，却跟自己当初的职业规划毫不相干。

大学生应该遵从个人的职业愿景和兴趣，凭借个人能力选择适合自己的职业，不要拘泥于职业规划的条条框框，使自身能力素质与职业需求特征相符合即可。

案例分享

小丽的职业生涯规划[1]

小丽大学学的是英语专业，她的成绩一直都非常好，自己也做了详尽的职业规划。她希望从事出版行业英文时尚杂志编辑之类的工作。她在相关单位实习时，也觉得工作得心应手，同事都很喜欢她，总体感觉都不错。这家单位希望她能在毕业之后去那里工作，而且小丽也对这家单位抱有很大兴趣。

虽然小丽已经算是找到工作了，但喜欢冒险和刺激的她还是去参加了学校组织的大型招聘会。在招聘会上，小丽无意间吸引了一位老总的注意，老总觉得她气质非常好，给人感觉既干练又不失优雅。在小丽还没有投出简历的时候，这位老总就把小丽叫到一旁，向她询问了一些问题，包括她感兴趣的事情，还有她擅长的技能之类。虽然小丽有点着急去投简历，但出于礼貌她还是认真地回答了这位老总的问题。

老总对她的回答满意极了，他正需要像小丽这样的人才，当即就希望跟小丽签订合同，邀请小丽担任公司的首席谈判，年薪丰厚。小丽吃了一惊，但马上就镇定下来的她与对方签订了合同。她喜欢挑战自我，又觉得机会非常难得，虽然这跟之前自己计划得不一样。

后来小丽才知道，原来这位老总并没有打算在此次招聘会上招聘这一职位，只是看到小丽才临时改变了主意。

点评

计划赶不上变化。不要随意去改变，但也不要惧怕改变。如果变数始终要来，与其不知所措，不如坦然面对。再好的计划也只是计划，该改变的时候要果断地改变，这也是职业规划的必要补充。大学生应时刻保持清醒的头脑，客观评估自身价值，系统规划，并采取正确的行动。

（二）阶段目标的调整

无论是出于角色转换还是文化差别，大学生走向工作岗位都会产生一定的不适应感。这时候要耐心一点，积极进行分享和学习。不要固执地抱定信念，死守一个单位，应不断通过工作加强对自己的了解和认识，积极做好阶段目标的调整。

案例分享

小邹的职业生涯规划[2]

小邹想要实现在未来成为一名建筑工程师的梦想，从很早开始，就规划了自己的人生。他

---

[1] 张元，孙定义. 职业生涯规划[M]. 北京：高等教育出版社，2019：149.
[2] 董葵，王独伊. 大学生职业生涯规划[M]. 北京：科学出版社，2020：98.

有着远大的理想，拥有相关的理论知识和专业技能，并且成绩好，3D软件操作水平非常高。毕业后他顺利地进入了建筑公司，完成了人生理想的第一步。正当他踌躇满志的时候，打击随之而来。这家建筑公司并不像他之前想象得那样好，尽管在外界有着良好的声誉，但其实公司内部有些混乱，真正做事的人不受重用。他对这里非常失望，非常想改变些什么，但他什么都改变不了。

这时候，他在软件论坛上结识的一位好朋友得知他工作上的苦闷后，积极开导他。这位朋友非常欣赏小邹在软件方面的才华，希望小邹能够加入自己新成立的一家3D公司，制作3D动画。小邹犹豫了，他不知道该怎么选择。一方面他有建筑梦想，但另一方面现实却很残酷。

小邹重新审视了一下自己。当初想从事建筑行业，是因为对建筑的热爱，其实也是对艺术的热爱，但是艺术不只是建筑，社会方方面面都包含艺术。与其在一家走下坡路的公司里混日子，不如和朋友一起拼搏一个未来。于是，他下定决心加入朋友的公司。

点评

人要脚踏实地，但更要审时度势。不懂得相时而动，就无法获得精彩的人生。面对梦想，既要能扛得住打击，也需要灵活应对。规划是死的，但人是活的。计划可以改变，大学生应该借助计划，而不应该被计划禁锢。

任务三 "职业生涯发展规划书"的撰写

职业生涯发展规划不应该只存在于大学生的头脑中，还应该落在纸面上，应该被实施。这就需要大学生积极做好"职业生涯发展规划书"的撰写工作，并注意其格式和内容要求，归纳和总结自己在职业生涯发展规划中存在的问题，努力解决它们。不仅如此，大学生还应该适时地调整方案，以应对一些可能出现的变数，尽可能地实现自己的理想和计划。

"职业生涯发展规划书"是对职业生涯发展规划的一种书面化的呈现。撰写"职业生涯发展规划书"，不仅能帮助大学生正确认识自己，而且可以让大学生对职业规划有一个宏观的把握，并根据社会环境和自身条件等多方面因素确定未来的职业发展方向。

职业生涯发展规划可行性越高，大学生实现人生价值的转化率就越大。

一、"职业生涯发展规划书"的构成

（一）封面

"职业生涯发展规划书"的封面如图5-1所示。

```
       职
       业
       生
       涯
       发
       展
       规
       划
       书


     班级：
     姓名：
     学号：
     日期：
```

图 5-1 "职业生涯发展规划书"的封面

（二）扉页

"职业生涯发展规划书"的扉页如图 5-2 所示。

```
           个人资料

   真实姓名：
   笔   名：
   性   别：
   年   龄：
   籍   贯：
   学   校：
   专   业：
   班   级：
   学   号：
   联系地址：
   邮   编：
   联系电话：
   E-mail：
```

图 5-2 "职业生涯发展规划书"的扉页

（三）目录

"职业生涯发展规划书"的目录如图 5-3 所示。

```
            目  录

    一、自我分析

    二、职业分析

    三、职业定位

    四、计划实施

    五、评估调整

    结束语
```

图 5-3 "职业生涯发展规划书"的目录

（四）正文

1. 自我分析

结合指定的人才测评报告等，对自己进行全方位、多角度的分析。

（1）职业兴趣——喜欢干什么。我的人才素质测评报告中，职业兴趣的前三项是××型活动（×分）、××型活动（×分）和××型活动（×分）。我的具体情况是……

（2）职业能力——能够干什么。我的人才素质测评报告结果显示，××能力得分较高（×分），××能力得分较低（×分）。我的具体情况是……

（3）个人特质——适合干什么。我的人才素质测评报告结果显示……我的具体情况是……

（4）职业价值观——最看重什么。我的人才素质测评报告结果显示的前三项是××取向（×分）、××取向（×分）和××取向（×分）。我的具体情况是……

（5）胜任能力——优劣势是什么。

自我分析小结（略）。

2. 职业分析

参照人才素质测评报告等，对影响职业选择的相关外部环境进行较为系统的分析。

（1）社会环境分析，如就业形势、就业政策、竞争对手等。

（2）学校环境分析，如学校特色、专业学习、实践经验等。

（3）家庭环境分析，如经济状况、家人期望、家族文化等及其对本人的影响。

（4）职业环境分析，包括以下几点：

①行业分析，如××行业现状及发展趋势等人业匹配分析。

②职业分析，如××职业的工作内容、工作要求、发展前景等人岗匹配分析。

③企业分析，如××单位类型、企业文化、发展前景、发展阶段、产品服务、员工素质、工作氛围等人企匹配分析。

④地域分析，如××工作城市的发展前景、文化特点、气候水土、人际关系等人城匹配分析。

职业分析小结（略）。

3．职业定位

综合第一部分（自我分析）及第二部分（职业分析）的主要内容得出本人职业定位的SWOT分析，举例如下（见表5-1、表5-2）。

表5-1　环境因素

内部环境因素	
优势因素（S）	劣势因素（W）
外部环境因素	
机会因素（O）	威胁因素（T）

结论：

表5-2　职业分析

职业目标	将来从事（××行业的）××职业
职业发展策略	举例：进入××类型的组织（到××地区发展）
职业发展路径	举例：走专家路线（管理路线等）
具体路径	举例：考取××初级证书—××中级证书—××高级证书

4．计划实施

认真执行自己所拟订的计划（见表5-3）。

表 5-3　具体实施计划

计划名称	时间跨度	总目标	分目标	计划内容	策略和措施	备注
短期计划（大学计划）	20××—20××年	如毕业时要达到……	如大一要达到……大二要达到……或在××方面要达到……	如专业学习、职业技能培养、职业素质提升、职业实践计划等	如大一以适应大学生活为主，大二以专业学习和掌握职业技能为主……或为了实现××目标，我要……	大学生职业规划的重点
中期计划（毕业后五年计划）	20××—20××年	如毕业后五年时要达到……	如毕业后第一年要……第二年要……或在××方面要达到……	如职场适应、"三脉"（知脉、人脉、钱脉）积累、岗位转换及升迁等	略	大学生职业规划的重点
长期计划（毕业后十年或以上计划）	20××—20××年	如退休时要达到……	如毕业后第十年要……第二十年要……	如工作、生活、健康、心灵成长、子女教育、慈善等	略	方向性规划

5．评估调整

职业生涯规划是一个动态的过程，必须根据实施结果的情况以及变化情况进行及时地评估与调整。

（1）评估调整的内容

①职业目标评估调整，即是否需要重新选择职业。

②职业路径评估调整，即是否需要调整发展方向。

③实施策略评估调整，即是否需要改变行动策略。

④其他因素评估调整，即身体、家庭、经济状况及机遇、意外情况的及时评估调整。

（2）评估调整的时间

一般情况下，可制订半年或一年的评估规划。当出现特殊情况时，随时评估并进行相应的调整。

二、"职业生涯发展规划书"的撰写要求

（一）资料翔实，结构分明

大学毕业生可以通过上网搜索、访谈等多种途径获取撰写"职业生涯发展规划书"的资料，并且尽可能标注资料出处，适当时应运用图表数据等手段阐述问题，提高资料的说服力。应根据需求、目标设定等展开对资料的分析。了解相关测评理论及知识，理性看待测评结果，并对

应自身条件和测评结果完成自我评估,做到有理有据,层层推进。

(二) 目标设定合理

职业生涯规划的目标应切合实际,既不妄自尊大也不妄自菲薄;既不能太理想化,也不能过于放不开,并且要始终围绕职业生涯发展规划加以设定。大学毕业生应当综合考虑自身的兴趣爱好、优势、劣势、环境特点、未来愿景等多方面因素。是否设定了切实可行、理性有效的发展目标,关系到"职业生涯发展规划书"是否能撰写成功,也能够从中看出大学毕业生对自身和环境的认识正确与否。

(三) 措施具体有效

笼统且难以执行的措施、无条理的安排,会导致大学毕业生在实施职业生涯发展规划时遇到各种困难。措施越具体有效,实施起来就越得心应手。大学毕业生应当有序地将目标分解到各个阶段,并注意各个阶段在时间上、空间上、功能上的内在关系;全方位整合职业生涯、家庭生活等多方面内容,合理得当地分解目标和设定目标,确保职业生涯发展规划的每个步骤都有据可依。

(四) 格式清晰,论证严密

一般来说,"职业生涯发展规划书"的格式分为表格式、条列式、复式、论文式。大学毕业生应根据需要选择适当的格式。通常情况下,要对一个人的职业生涯规划作出详细的分析和阐述,论文式是最完整、最科学的格式。而其余3种格式的规划书是对目标、阶段、时间、职业机会、发展策略进行简单提炼而且侧重点不同的实施方案,供大学毕业生警示自己。

[①]

职业生涯规划书

目录
引言
1. 自我分析
  1.1 职业兴趣
  1.2 职业能力
  1.3 个人特质
  1.4 职业价值观
自我分析小结
2. 职业分析
  2.1 社会环境分析

[①] 李凯,周建立. 职业生涯发展与规划[M]. 广州:华南理工大学出版社,2020:145-153.

>   2.2 学校环境分析
>   2.3 家庭环境分析
>   2.4 职业环境分析
>   2.4.1 行业分析
>   2.4.2 职业分析
>   2.4.3 企业分析
>   2.4.4 地域分析
>   职业分析小结
>   3. 职业定位
>   4. 计划实施
>   4.1 短期计划（大学计划）
>   4.2 中期计划（毕业后10年）
>   4.3 长期计划（毕业10年之后）
>   5. 评估调整
>   5.1 评估的内容
>   5.1.1 职业目标评估
>   5.1.2 职业路径评估
>   5.1.3 实施策略评估
>   5.1.4 其他因素评估
>   5.2 评估的时间
>   5.3 评估调整的原则
>   结束语

1. 自我分析

结合霍兰德职业倾向测评报告，可以在职业兴趣、职业能力、个人特质、职业价值观4个方面进行全方位、多角度的分析。

1.1 职业兴趣

职业倾向测评报告显示，职业兴趣前三项是事业型活动（32分）、调查型活动（31分）和常规型活动（30分）（见图5-4）。例如，积极担任学生干部、在班级与学生会中工作并且得到快乐，对事业型工作有着极强的兴趣，同时在学习成绩上一直稳居前列，反映出在常规事务工作中的能力，评估结果基本与个人实际情况相符合。

1.2 职业能力

职业倾向测评报告显示，沟通和协调能力得分较高而创新能力与欣赏能力较低，这与个人情况相符。乐于交往是自己一贯的行事风格，在沟通中能够得到

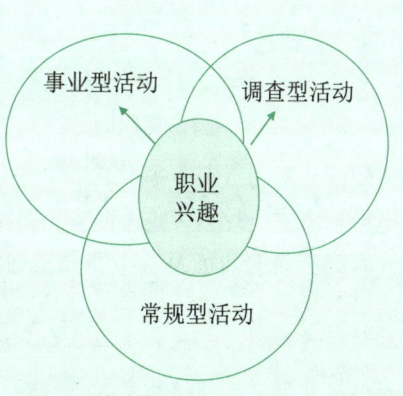

图5-4 职业兴趣分析

更多的智慧并以此为乐，但不能否认自己在创新方面仍有较大的不足，对新生事物的接受与欣赏反应较慢（见图5-5）。

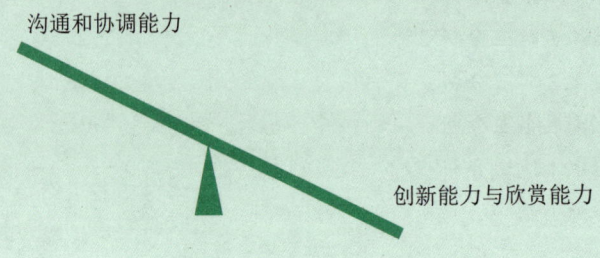

图5-5　职业能力分析

1.3　个人特质

职业倾向测评报告显示，自己适合做财务管理员、工程管理员、商业经理、办公室主任、人事负责人、政府行政管理员、调度员。具体情况是对管理与组织事务很热衷，又善于做基础事务性的工作。例如，自己在班级里担任班长一职，并在学院学生会担任过学习部部长，于2017年获得"优秀学生干部"的称号，这是对个人在学生时代工作的一种肯定。因此，个人特质很符合管理、协调、组织等方面的工作。

1.4　职业价值观

职业倾向测评报告显示，"能充分发挥自己的能力特长"和"工作稳定有保障"在职业价值观中得分很高，性格外向自然渴望在众人面前展示自己的才华，这同样与个人特质相符，但又缺乏创新力，喜欢工作能够稳定前进。因此，在保障工作进度方面重视程度很深。

自我分析小结：

综合以上的分析，可以将自己的能力作以下总结（见表5-4）。

表5-4　能力总结

优势能力	劣势能力
善于沟通、乐于交往 具有领导和组织的经验 做事耐心、认真 乐观开朗的性格使自己在工作中不怕困难	缺乏创造性和创新性 容易浮躁 做事有些优柔寡断 缺少果断的判断力

结合职业倾向测评报告与自身分析的相互比较，能够较好地说明自身的能力与不足。自身对弱势能力的判断，能让自己在今后的学习生活和工作中加以注意和改正，对拥有的优势也能充分认清并加以发挥。充分发挥自己外向性格优势和一定的组织管理经验，联系周围的人，努力把握机遇，但同时也要做事果断，在决定上尽量避免主观臆断，并积极听取他人的创新思路。

2. 职业分析

参考霍兰德职业倾向测评报告建议及通过网络、亲身经历、走访观察等方法，可以对影响职业选择的相关外部环境进行较为系统的分析。

2.1 社会环境分析

工程建筑业是国民经济的重要物质生产部门，它与整个国家的经济发展、人民生活改善有着密切关系。中国正处于从低收入国家向中等收入国家发展的过渡阶段，建筑业的增长速度很快，对国民经济增长的贡献也很大，且成为拉动国民经济快速增长的重要力量。据中国国际招标网"项目中心"有关数据显示：近年来，我国工程建筑业蓬勃发展，新建项目8 453项，重大投资项目35项。以国家重点项目建设、城市公共交通等基础设施建设、房地产开发、交通能源建设、现代制造业发展、社会主义新农村建设为主体的建筑市场呈现出勃勃生机；长三角、珠三角、环渤海湾区域建设、西部大开发、东北工业区振兴仍然是最为繁荣的建筑市场；发达地区的建筑业生产水平和能力的强势地位进一步巩固、发展；大中型建筑业企业的结构调整进一步深入开展；对国外建筑市场的开拓快速发展，市场层次和区域范围更加优化。

2.2 学校环境分析

例如，学生现在就读于石家庄经济学院（现为河北地质大学）管理科学与工程学院工程管理专业。石家庄经济学院是以经济学、管理学和工学为主，经、管、工、法、文、理多学科协调发展的本科院校，以"地经渗透、工管结合"为办学特色。结合学校的学习环境分析如下。

首先，该校是在原有的地质类院校基础上起家，历经几十年的发展，能够给学生带来及时的就业信息和更多的就业机会，同样能够吸引其他建筑行业企业的目光。其次，尽管不是全国名校，但中小型企业对其关注程度很高，它们需要发展，但限于各方面的因素制约，会更加青睐这样的院校。同时，在这样的企业中学生更能有发挥自己的特长，抓住机会培养自己各方面的业务能力，而要作为项目经营的管理者、职业项目经理人，就必须熟悉建筑行业的每一个细小的业务，才能在以后的工作中做到游刃有余。此外，由于建设的需要，实践与实习的机会增加，能够使学生迅速地了解和掌握生产一线的经验与技能。

2.3 家庭环境分析

例如，学生的家庭经济状况较差，家人是普普通通的工人，忠厚老实，待人诚恳，这培养了学生良好的道德操守；同时，为了能够改善家里的经济条件，家人选择用教育的方法改变命运，因此，在培养学生成才方面付出了很多努力，在家人对学业的督促和鼓励下，学生养成了良好的生活和工作习惯，学业上能够刻苦钻研。经济状况的不乐观也使学生在生活上较早地自立起来，并为家里分担家务。学生时常在外做兼职工作补贴家用，从而养成了自力更生、吃苦耐劳、勤俭朴素的生活习惯。另外，生活的艰难和困苦促使学生形成了勇于挑战、不畏困难和挫折的坚定品质（见图5-6）。

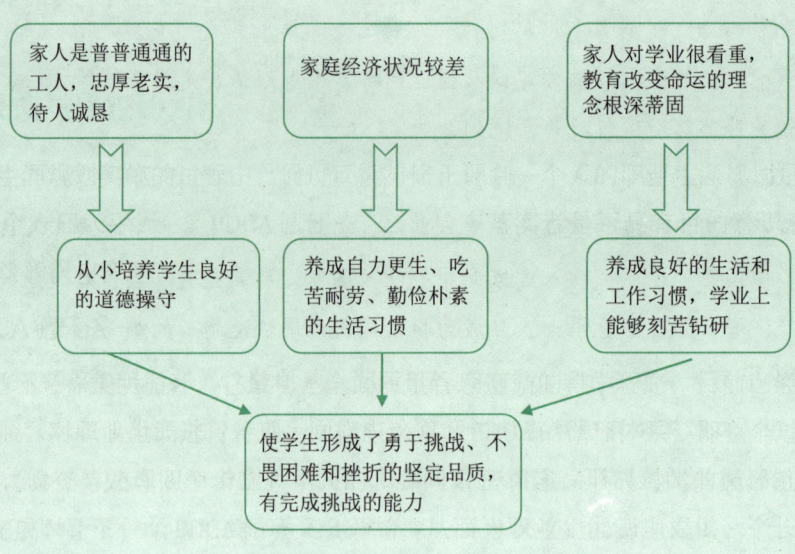

图 5-6 学生家庭环境分析

2.4 职业环境分析

职业环境分析主要从行业分析、职业分析、企业分析、地域分析四方面作了全面的阐述。

2.4.1 行业分析

经过查阅有关资料，结合 2019 年有关全国建筑业企业完成建筑业总产值及 2017 年、2018 年有关资料形成对 2023 年建筑业总产值预测（见图 5-7）。

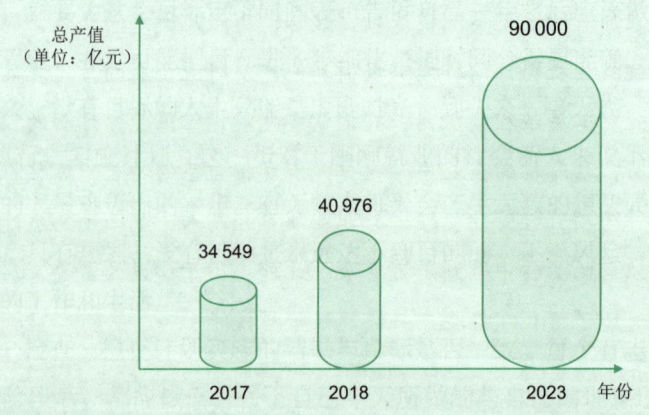

图 5-7 全国建筑业企业完成建筑业总产值预测

中国建筑产业规模，无论是价值指标还是实物指标，都有大幅度提高，效益指标也有所好转。全国建筑业企业总产值平稳增长，劳动生产率继续提高，企业经营效益持续改善。建筑行业在全国的发展如火如荼，伴随着中国城市化进程的不断加快，各种基础设施的不断完善，必将带动建筑领域更好地发展。

2.4.2 职业分析

项目经理是项目的统领者，在有限的资源约束下，运用系统的观点、方法和理论，对项目涉及的全部工作进行有效的管理，即从项目的投资决策开始，到项目结束的全过程，进行计划、组织、指挥、协调、控制和评价，以实现项目的目标，使项目能够实现或超过项目的需要和期望。项目经理应知识面宽，经验丰富，表达能力好，善于协调，能带领施工人员和各个施工单位人员协同工作。同时，要具有专业素质、身体素质、道德素质、工作能力等。项目经理的工作包括了贯穿一个建设项目的全过程、全方位、动态的"三控制（质量、造价、工期），二管理（信息管理和合同管理），一协调（协调工作）"，因此，项目经理要扮演好策划者、组织者、协调者、监督者（见图5-8）角色。可见其发展空间的广阔性。

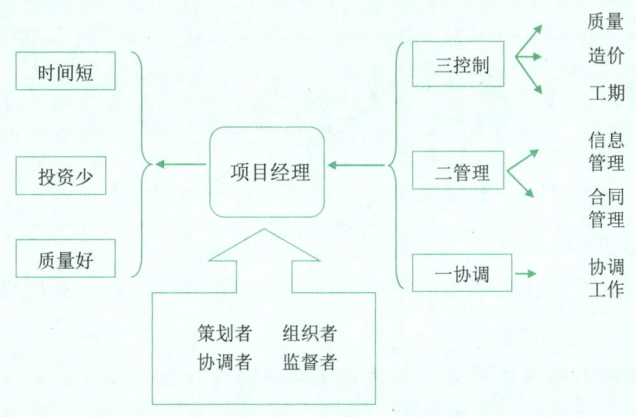

图 5-8　项目经理分析

2.4.3 企业分析

工程项目管理企业是以工程项目管理技术为基础，以工程项目管理服务为主业，具有与工程项目管理相适应的组织机构、项目管理体系、项目管理专业人员和项目管理技术，通过提供项目管理服务，创造价值并获得利润的企业（见图5-9）。

图 5-9　工程项目管理企业构成

2.4.4 地域分析

石家庄作为河北省的省会，是河北省的代表，是河北经济、文化、政治、交通的中心，然而其内在基础建筑设施过于陈旧，"城中村"的改造工程巨大。根据建设新石家庄的指示，配合河北省"三年大变样"的具体要求，目前的石家庄大力发展建筑施工行业：槐安路的高架桥拓宽工程，裕华路的拓宽工程，二环路的进一步改造，"城中村"的改造建设，将原来的、落后的、陈旧的楼宇逐步拆除重建。可见，作为新兴的重点发展城市并根据全省的经济发展分析，其建筑行业必将有一个好的发展趋势，配备的项目管理人员有很大的发展空间。

职业分析小结：

项目经理职业将会成为我国建筑工程领域中具有广阔发展空间的职业。面对我国每年成倍增长的建筑设施投资项目的启动，更加需要高效科学的管理模式及管理人才。

3. 职业定位

通过自我分析和职业分析，现将职业目标定位为建筑工程行业的项目经理，以此为例进行分析。

从性格方面分析，个人性格乐观开朗，在人群中渴望展现自己的才能，同时容易融洽处理各方关系，适合做协调和沟通各方面利益的工作，而项目管理活动就是在协调与沟通中督促工程各个建设单位很好地完成工作和任务。

从兴趣爱好看，正是兴趣爱好使个人选择了本专业，对此行业的未来发展前景看好，俗话说"兴趣就是最好的老师"。

从我国政策的扶持来说，纵观近几年我国的各项政策，联系到国际化的大背景，工程行业必然会展现勃勃生机。工程管理的工作烦琐，要求能够为人们的生活提供更好的服务，需要更多素质全面的人才，机遇也随之产生，可见其发展的潜力很大。

在我国综合国力不断提升的今天，国家大力倡导建设资源节约型、环境良好型的可持续发展社会。而工程建设领域中浪费现象明显，这与我国建设的方针政策并不相符，工程项目经理在建设的同时能够约束监督各方的工作，避免在工程中对这些资源造成浪费，对工程质量提供保障，为社会的进步作出贡献，这同样是职业价值观。

综合自我分析和职业分析的主要内容，得出自身职业定位的SWOT分析（见图5-10）。

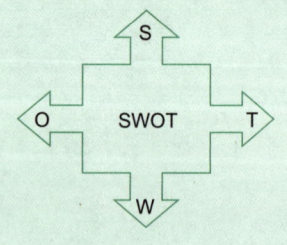

图5-10　建筑工程SWOT分析

结论如表5-5所示。

表5-5 结论分析

职业目标	将来发展成为工程建筑施工行业的项目经理
职业发展策略	从石家庄寻求机遇,在从事工程项目管理类的公司中,从基层做起,熟悉本行业的各项环节,积累行业经验,逐步做到项目经理
职业发展路径	走"技术+管理"的发展模式,全面提升职业素质
具体路径	成为中小型企业项目成员—熟悉各方面业务发展为工程师—在技术和管理成熟后成为项目经理

4. 计划实施

4.1 短期计划(大学计划)

时间跨度:2018—2022年。

总目标:在大学毕业时,能够全面掌握项目管理知识技能,并将其运用到实践生产一线,进入一家中型的工程项目监理公司。

执行方法:通过对该行业的分析可知,要完成的准备工作是众多的,根据项目经理的职业特点,着重在大学阶段培养自己的职业素质。

具体目标:基础知识、专业能力、沟通和协调能力、职业资格的认证。

基础知识包括英语能力和计算机能力。

英语能力:通过英语四级考试,大三后计划努力通过英语六级考试,积极锻炼自己的口语能力。随着中国的国际化发展,必将有更大规模的国际工程监理公司进入中国,同时中国也要融入国际竞争之中,英语水平的高低会影响到自己能否拥有更高层次发展的机会和与国际公司的合作能力。

计算机能力:积极备战通过计算机二级考试,同时作为工程的管理人员,精通计算机建筑工程制图是一种基本功,所以要努力全面掌握计算机辅助工程及数据库和信息管理技术,以应对未来工作的挑战。伴随信息网络的覆盖面加宽,整体的工程信息管理和合同管理是一种有效提高工作效率的手段,注重计算机和相关软件的运用能力是以后的重中之重。

专业能力:学习管理学、经济学和土木工程技术的基本知识,掌握现代管理科学的理论、方法和手段,培养精湛的技艺与管理水平;充分利用图书馆的资源,积极拓展与本专业相关的知识,做到有充足的知识储备;积极参与到社会实践中,向建设单位争取更多的实习机会,锻炼实践技能;增加对相关专业学术期刊与学术报告的学习,时刻跟上科技的发展步伐。

沟通和协调能力:在校期间通过担任学生会干部,积极配合老师的日常工作,将老师和同学的意见进行协调和统一,培养组织和协调能力;沟通各方面的意见办好学生会的各项事务,提升组织沟通能力;同时参加各种社会实践,拓宽眼界,锻炼自己与不同的人打交道的能力,积累更多的社会经验;利用假期的时间,做一些兼职活动,尽早地与社会接触,体验生活;利用实习的机会,多与从事工程监理方面工作的人进行沟通,学习他们的实践经验。

职业资格的认证:根据我国现行的规定,项目经理必须是国家注册建造工程师,具有施工管理项目主要专业的高级职称。在大学毕业之前，通过对该行业专业系统的学习，争取获得国家职业资格三级助理项目管理师的资格。在今后的工作中还要进行职业资格的认证，争取在工作四年后通过国家职业资格二级注册建造工程师的认证，在工作七年后通过国家职业资格一级注册建造师的考试。

4.2 中期计划（毕业后10年）

时间跨度：2023—2032年。

总目标：达到项目经理的目标，独立在预算范围内领导项目小组完成全部项目工作内容，在一系列的项目计划、组织和控制活动中做好领导工作。

具体目标：分为3个阶段，即适应阶段、发展阶段、提升阶段。

适应阶段具体目标：在大学毕业后的一年内主要是适应新的职场环境，做好新的人生定位，摆正自己在工作中的态度与认识；认识到工作环境与学校环境的差异，积极争取并参与更多的项目工作，事无巨细，熟悉各项生产过程；平衡心态，多观察，多细问，将学习的技能与知识充分地与实践工作相互结合、相互磨合，在实践中反馈自己的理论知识，双管齐下；向比自己经验多的工作人员求教课本中不能学到的宝贵经验；与领导沟通如何发展和规划自己的发展方向。

发展阶段具体目标：在毕业后2~5年要做到积极拓展自身的职业素质，开拓业务领域，能够将所学知识与技能充分地应用到生产实践的一线，在实践中学习，在实践中积累经验；参与项目管理的各项工作与环节，充分了解和熟悉行业的相关政策法规；继续加强业务学习，进行职业资格认证与考试，争取在5~7年的时间里取得注册建造师的认证；学习各种社交技能，建立起可以贯穿整个项目流程各个环节的内部与外部的人际关系、网络关系，并以此为契机，将目光投向更广阔繁荣的市场中，踏实肯干，积极进取。

提升阶段具体目标：在毕业后的5~10年，将自己置身于更大的发展环境之中，思考发展的前途和方向，利用自己已经组建好或是正在组建的人际关系和社会系统提升自己的位置，获得更广阔的发展空间，同时能够从琐碎的事务性工作中和策划、管理、组织、协调工作当中，真正实现成为项目经理的目标，对整个项目管理做好领导监督工作。

4.3 长期计划（毕业10年之后）

时间跨度：2032年以后。

总目标：做项目经理，能够独立地在各种国际、国内的项目施工工作中从事管理活动。

执行方法：更多地从工作的稳定程度与社会地位和保障方面考虑，同时更希望能够进一步挖掘自己拥有的技术和经验。

具体目标：希望能够将所学的先进经验和知识带到西部去，同时针对西部地区的特殊地理位置和人文特色，有针对性地适应那里的条件，把西部偏远地方的建筑行业带动起来，构建合理的工程建筑结构，为那里带去便利；在已有的社会经验、组织经验、技术经验和管理经验的基础上组织人力、物力、财力，以本土建筑公司为依托，拓展海外渠道，发展自己的品牌文化，将中国的建造呈现在世界的舞台上。因此，要争取组建一支自己的监理队伍或是培养一批具备潜质的项目管理人员，在下一代的培养上多下功夫，争取创建出自己的建筑施工企业。

5. 评估调整

职业生涯规划是一个动态的过程，必须根据实施结果的变化进行及时的评估与修正。

5.1 评估的内容

5.1.1 职业目标评估

在学习的过程中及未来的工作中，如果职业的前途与个人所要求的社会价值相悖，所选职业无法从工作中体会到个人价值时，就要想办法调整自己的思想，当这些与自身的矛盾无法协调时，就要适当地调整专业道路，但综合自身开朗乐观、愿与人沟通交往的性格特点，管理与技术领域依然是择业的首选方向。结合专业测评系统和个人性格的分析，个人比较喜欢和善于从事行政管理方面的工作，同时结合自身对于工作保障性的要求会更希望找到一份安稳的工作，偏重于处理人际关系的职位。例如，在一些政府的相关职能部门供职，向人事主管及房地产等行业发展。

5.1.2 职业路径评估

当在某一职位上长期无法完成预定的工作目标与自身职责，或是停留在某一层级时间过长时，就要思考是自己的技术经验与管理经验不够，还是自身的职业素质不达标。若是技术能力的问题，就要选择给自己1~2年的时间补充自己的知识，将其运用到实际的生产中，并进一步观察自己的付出效果。若是自己的管理经验出现问题，就要尽量将自己的工作重点偏向技术领域，因为毕竟管理方面的经验所需的能力由时间和天赋共同决定，所以为了在短期内达到自己规定的水平，要从技术领域中寻找突破点进行弥补，同时进行管理经验的培养。

如果出现严重的岗位与人员不匹配时，就应考虑从另一个角度与层次发展自己。充分利用自己外向型的性格，从事相关的人际、行政管理等方面的职业。

5.1.3 实施策略评估

在实施的过程中遇到困难与阻力是必然的，但这并不是改变实施策略的原因。只有当与同期其他人员比较，发现在相同的职业定位上有更好的、更有效的实施策略时，才应当理性地去分析实施步骤的合理性。同时随着经验与认识的不断增进，也会让自身对实施策略作出更为合理的发展与改变。

5.1.4 其他因素评估

与此同时，要积极地进行先进管理经验的补充和学习，以备今后更好地进步和提高。

5.2 评估的时间

一般情况下，要对短期计划进行半年评估规划，对中、长期计划采取一年评估一次的评估原则。同时针对可能出现特殊的不可预想的情况作出提前风险管理的规划。

5.3 评估调整的原则

首先，选择的职业发展方向时刻依据自己的特长。其次，所获得的社会认可与地位要与社会价值观相符，若自身的发展违背自身的职业价值观，或有悖于社会的伦理道德，则应立即停止。再次，多多吸取他人的经验教训，听取他人的意见和建议，避免盲目跟风。同时，自身的性格特征已经形成，工作中要扬长避短，尽力发挥自己的优势，克服自身的弱点。最后，还要在学习中不断地修正和考量自身的业务素质和行动规划，及时调整、及时修改，跟上时代发展的潮流和变化。

> **结束语**
>
> 生活中总是存在着大大小小的挑战和机遇，而生命中也每时每刻都在上演着激情的奋斗与炫彩的拼搏，正是我们心中那无法磨灭的青春梦想指引着我们走向未来幸福的彼岸。因为这个梦想让我们的青春焕发出应有的光彩，因为这个梦想让我们的生命充满希望，因为这个梦想让我们能体会到什么才是我们所要完成的人生。就让我们从现在开始，从这一分一秒开始，筹划好我们生命中的每一个章节，愿我们的生命如同一艘破浪前行的战船，在旭日东升时扬帆远航！
>
> **点评**
>
> 本例中的"职业生涯规划书"较为系统地分析了个人自身的情况，并对未来的发展作出了清晰的规划，配合相关的图表展示，更增加了规划书的专业性、可操作性，对个人的未来发展有较好的指导价值。

任务四　大学生职业生涯规划应注意的问题

一、瞄准市场，考虑社会需求

选择职业不是大学生个人的单独行为，而是一种社会活动，必定要受到一定的社会制约。任何人选择职业的自由都是相对的、有条件的，必须根据市场需要和社会需求规划职业生涯。大学生的职业生涯规划如果脱离市场的要求、不能适应社会的需要就不能被社会接纳，因此，大学生在对职业生涯进行规划时，要把社会与个人利益、社会的需要与个人的愿望有机地结合起来。要及时把握社会人才需求的动向，把社会需要作为自己职业生涯规划的出发点和归宿点，以社会对个人的要求为准绳，以个人对社会的期望为依据。既要看到眼前的利益，又要考虑长远的发展；既要考虑个人的因素，也要自觉服从社会需要。在创造社会价值的同时也要实现个人的人生价值，在实现个人价值中为社会作贡献，实现社会与自己的共同发展。

二、认清自我，考虑性格因素

在职业生涯规划过程中，大学生应正确认识自我，充分考虑自己的知识能力、性格和兴趣特长，特别要考虑自己的性格因素。要分析自己的性格属于哪种类型，是社会化的还是孤立的；是善于沟通的还是不善于交往的；在与人相处时是命令式的还是协调式的；等等。在确定职业目标及发展方向时，依据社会需要、结合自己的性格，选择适合自己的职业目标。同时，人的性格虽然不是容易改变的，但也是可以调适的，当自己的职业与自己的性格暂时不相适合时，要通过调适使自己的性格更适合自己的职业需要。如果经过调适仍不能适合，就要调整自己的职业生涯规划，使规划与自己的实际不断趋于适合，在动态中实现职业生涯规划目标。

三、深入实际，注意行业分析

行业状况对一个人的人生发展有着重要的影响。在当今的职业竞争中，人人都怕"入错行"。自主择业、人才流动的就业制度，为毕业生求职、择业提供了广阔的选择空间。但在现实生活中，我国目前各行业之间仍存在差异，即使同样的专业与职位，身处不同行业，在工作任务、工作条件、工资待遇等方面也是不平衡的。因此，在进行职业生涯规划时，要深入实际了解各行业的发展现状和前景、面临的机遇和挑战、行业内的竞争与就业机会、行业收入水平等，为从事理想的职业奠定基础。

四、树立理想，考虑生活理念

人生理想、生活理念对一个人的职业生涯规划有重要作用。大学生在进行职业生涯规划时，要树立崇高的生活理想，既要考虑为社会的发展和国家的兴旺作贡献，实现人生的伟大理想，又要考虑自己希望过一种什么样的生活，想从生活中得到什么，什么对自己最重要，例如，家庭幸福、安定、拥有名声、事业成功或富有。人生理想与生活理念不同，职业生涯规划的目标就不同。大学生应该根据自己的人生理想和生活理念选择职业目标，用高尚的人生理想和生活理念指导职业生涯规划，用合理的职业生涯规划实现人生理想。

五、针对个性，考虑特长兴趣

所谓特长是指个人的特殊才能。人们往往对自己感兴趣的东西学得比较快，做得比较好。一个人所从事的职业如果正好是他的兴趣和特长所在，就会满腔热情地投入工作之中，更容易获得事业的成功。在进行职业生涯规划时，大学生应该选择能够发挥自己特长的职业，这样才能在职业发展过程中拥有优势，抢占先机。学习知识时常说"兴趣是最好的老师"，对于职业而言，没有兴趣就很难将自己的精力投入职业中，也很难取得职业的成功。

六、正确评价，考虑专业能力

专业能力是一个人选择职业的基础。在进行职业生涯规划时，每个大学生都应该能够正确评价自己，对自己的专业能力作一个适当的评估，不仅要思考自己的职业理想是什么，还要考虑自己能做什么工作，依据自己的能力准确定位职业，尽可能地选择与自己能力相符的职业，"没有金刚钻，就不揽瓷器活""没有打虎艺，就不上景阳冈"。同时，在进行职业生涯规划时，注重自身能力的培养，有意识有目的地锻炼、提高自己的各方面能力，用较高的能力为职业生涯规划创造条件，用科学的职业生涯规划引导各方面能力的提高。

七、因人而异，考虑职业标准

什么是好的工作，什么是不好的工作，其评价的标准因时而异、因地而异、因人而异。世界上没有十全十美的职业，没有十全十美的工作。从长远看，任何一份工作都不可能是一成不变的好工作，任何一份工作都不是所有人都向往的好工作。所以，在进行职业生涯规划时，一定要充分考虑各种因素，正确把握职业标准，因人而异地选择最适合自己的工作。一是要选择自己喜欢的工作。做自己喜欢的事情，选择自己感兴趣的职业，能使自己的才智和能力得到最大限度的发挥，而不应该盲目追求热门工作。随着社会的发展，今天的"冷门"可能会变成明天的"热门"，有的职业将来还可能被淘汰。二是要选择有利于自身发展的工作。在当今社会经济快速发展的新形势下，行业或企业的发展波动性较大，要从有利于自身发展的角度考虑职业选择。三是要选择力所能及的工作。每个人所向往的好工作可能很多，但能不能选择一份力所能及的工作却是决定事业成败的关键。选择力所能及的工作，既要考虑能否胜任这份工作，又要考虑能否得到这份工作。大学毕业生选择职业时，一定要转变就业观念，把握好工作的评价标准，调整好心态，选择一份适合自己的工作。

八、认识自我，考虑职业目标

在职业生涯规划中，职业目标选择不是单纯地找一个单位而已，选择职业目标的过程也是一个发现自我、认识自我的过程。在进行职业生涯规划时，正确评价自我，认清自己的优点和缺点十分重要。人生的诀窍就是经营自己的长处，善于经营自己长处的人能使人生增值，而经营自己的短处则会使人生贬值。因此，大学生在进行职业生涯规划时，要特别注意正确认识自我。要正确评价自我，就必须进行自我分析，而自我分析的方式方法较多。例如，通过发掘自己的过去，了解自己真正的志向所在；在此基础上通过对"做过的事情""能做的事情"的分析，制订职业生涯计划。

九、适应社会，考虑多种因素

大学生要清醒地认识职业生涯规划是一个相当复杂的过程，制约职业生涯规划的社会因素很多。在进行职业生涯规划时，要考虑多种因素，即除了考虑自身的因素、自己的意愿外，还要考虑社会的因素、体制的因素和专业的因素等。目前，我国高校的专业分布和社会上的职业分布并不是完全对应的，专业相对职业来说内容比较空泛。很多大学生缺乏必要的职业训练，很难一下子适应从学生转变为职业人的角色，不易找到职业的感觉。因此，要特别注意心态和能力的转变，以适应社会主义市场经济的要求。

 实践拓展

1. 根据前文格式及例子，撰写一份职业生涯发展规划书。
2. 找个安静的地方，一个人静静地回顾一下自己的生涯档案。如果觉得有什么地方不够清晰或者不满意，可以按照职业生涯规划书进行调整。

模块六 反馈修正

青春寄语

青年是整个社会力量中最积极、最有生气的力量，国家的希望在青年，民族的未来在青年。今天，新时代中国青年处在中华民族发展的最好时期，既面临着难得的建功立业的人生际遇，也面临着"天将降大任于斯人"的时代使命。新时代中国青年要继续发扬五四精神，以实现中华民族伟大复兴为己任，不辜负党的期望、人民期待、民族重托，不辜负我们这个伟大时代。

——习近平

学习要点

1. 掌握评估职业生涯规划的内容与方法。
2. 掌握反馈与修正职业生涯规划的方法。

案例导入

山田本一的故事[①]

1984年，在东京国际马拉松邀请赛中，名不见经传的日本选手山田本一出人意料地夺得了世界冠军。当记者问他凭什么取得如此惊人的成绩时，他说了这么一句话："凭智慧战胜对手。"

当时许多人都认为这个偶然跑到前面的矮个子选手是在故弄玄虚。马拉松赛是体力和耐力的运动，只要身体素质好又有耐性就有望夺冠，爆发力和速度都还在其次，说用智慧取胜确实有点勉强。

两年后，意大利国际马拉松邀请赛在意大利北部城市米兰举行，山田本一代表日本参加比赛。这一次，他又获得了世界冠军。记者又请他谈经验。

山田本一性情木讷，不善言谈，回答的仍是上次那句话："用智慧战胜对手。"这回记者在

---

① 徐芃，祁禄. 大学生职业生涯管理[M]. 长沙：湖南科学技术出版社，2019：84.

报纸上没再挖苦他，但对他所谓的智慧迷惑不解。

10年后，这个谜终于被解开了，他在自传中是这么说的："每次比赛之前，我都要乘车把比赛的线路仔细地看一遍，并把沿途比较醒目的标志画下来，如第一个标志是银行；第二个标志是一棵大树；第三个标志是一座红房子……这样一直画到赛程的终点。比赛开始后，我就奋力地向第一个目标冲去，等到达第一个目标后，我又以同样的速度向第二个目标冲去。40多公里的赛程，被我分解成若干个小目标轻松地跑完了。起初，我并不懂这样的道理，我把目标定在40多公里外终点线上的那面旗帜上，结果我跑到十几公里时就疲惫不堪了，被前面那段遥远的路程给吓倒了……"

点评

在现实中，我们做事之所以会半途而废，往往不是因为难度较大，而是觉得成功离我们较远，确切地说，我们不是因为失败而放弃，而是因为倦怠而失败。在人生的旅途中，如果多掌握一些山田本一的智慧，那么人生中也许会少许多的懊悔和惋惜。

任务一　大学生职业生涯规划的评估

一、评估的概念

评估是用一套客观、特定的方法或步骤测度一个人的发展状况或情绪行为表现。在大学生职业生涯中，计划往往赶不上变化，这要求大学生要及时做好职业目标的评估和调整，及时了解情况的变化，通过对实际情况和目标的实现程度进行分析，做好职业目标的考核、修改和调整，制订适合自身发展的职业目标，确保可行性，以保证职业目标的实现。在职业生涯过程中，要时刻注意职业生涯发展中的反馈和评估，要根据主客观情况的变化不断地进行自我评估与修订。在评估调整过程中，要学会运用科学、系统的方法和手段实现自我认识。自我评估是个体选择和规划职业生涯的第一步，理性客观的自我评估结果决定着个体职业生涯发展的质量。

二、评估的内容

（一）目标评估

自我评估是职业规划过程的重要一步，是收集自己的信息、作出明智的职业选择的保证。职业生涯规划评估主要是对各阶段的预定目标和实际的结果之间的差距进行分析，找出差距产生的原因。目标和结果出现差距的原因主要有以下几点。

（1）目标的确定过高或者过低。目标如果超过了个人的能力范围，则无论怎么努力都无法达到自己的期望值，很容易打击自信心，对后面的发展非常不利。目标如果过低，很容易达到，则这种目标没有很大的价值，此时需要适当地调高目标，以充分发挥自己的才能。

高等职业教育属于在理论研究方面低于本科、应用技能方面略高于本科的教育层次，它是面向社会产业，培养应用型、技能型人才，具有为社会经济发展服务性质的教育。其主要目的是培养有一定文化基础与专业理论知识，有较强的实践技能，适应市场经济建设和社会发展需要的高级应用型技术人才。需根据个人具体情况制订适合自己的目标。

（2）目标合适，但是行动方案不切合实际。有了合适的目标，但是没有良好的行动方案也是不够的，行动方案不配合目标，就会使目标成为一纸空文。

（3）目标和行动方案都合适，但是条件不允许。例如，很多专科生都有关注"专升本"考试，因为就业压力越来越大，选择升学可以解决就业压力，还可以重新选择喜欢的专业，也为改变未来就业方向提供了机会。其实，现在社会上在职深造的机会越来越多，工作后再"充电"也未尝不可，特别是对于家庭经济困难的学生来说，就业比升学更划算。

（二）能力评估

在职业生涯规划执行的过程中，自己的能力是不断变化发展的。在当今日新月异的社会中，自己的目标职业所要求的能力也在变化。所以，如何在变化的两者之间找到缩小其差距的方法也是需要不断调整的。

（1）评估技能时，应该重新审视自己的专业知识能力、可迁移能力和自我管理能力。除了考虑自己的各项技能是否有所提高外，还要考虑用于进一步学习或者重新学习新技能的时间。

（2）通过调查了解自己的目标职业所要求的能力是否有所变化，用人单位看重求职者的哪些技能和个人品质。

（3）探寻自身能力与目标职业所要求的能力存在哪些差距，以及思考用什么方式缩小两者之间的差距。

（三）评估的原则与要素

（1）适时性。强调设定评估计划及其执行实施情况时间表，并确保对照执行。在职业生涯的不同阶段，对职业规划评估的频繁程度不一样。在一些关键阶段需多次进行评估，在关键点也需进行针对性评估。

（2）可行性。有效的职业生涯规划必须依据个人及组织环境的现实进行，从而实现和落实计划方案，而不能没有根据或者不着边际地幻想。否则，就会贻误职业生涯的良好时机。

（3）持续性及一致性。职业生涯目标是人生追求的重要目标，职业生涯规划应贯穿人生发展的每个阶段，通过不断地调整与持续的职业活动安排，保证人生每个阶段都能连贯衔接，最终实现职业生涯目标。有效的职业生涯规划应该始终保持与价值观及兴趣的一致性、与组织需求的一致性、与环境需求的一致性。

案例分享

我真的适合当教师吗[①]

小欣制订了详细的职业生涯规划，并认真执行，其大学生活过得充实而快乐。她确定了自己以后要当一名教师，并且根据规划逐步取得了普通话证书、教师资格证，并利用假期兼职做

---

① 万辉君. 大学生就业指导与职业生涯规划[M]. 武汉：华中科技大学出版社，2018：210.

家教，积累了一些工作经验。大三上学期，她通过家人介绍到一所小学实习，从备课到试讲做了精心的准备，但是在实际教学过程中却遇到了很多问题，自己的备课情况和学生的实际情况有很大的差异，学生课堂上不听讲、不配合，课后作业也不认真做。这时，她才发现真正站上讲台教书与给几个学生做家教有很大区别，比自己想象得要难很多。小欣不禁犹豫了："我真的适合当教师吗？我大学三年的规划和准备是不是一开始就走错了方向？"

点评

小欣的困惑在大学生中很普遍。许多学生确定职业目标后也常常由于实施过程中的不顺心而对自己的选择产生了怀疑。但这种怀疑真的代表自己的选择不适合吗？最好不要轻易下结论，还是应该多实践、多思考再决定。

三、评估的方法

评估机制的建立是一项较为个性化的工作，每个人都可以依据自己对规划任务的理解安排较为个性化的评估指标，不过总体上存在一些共性的项目。可以采用自我评估和他人评估、结果评估和过程评估、外部评估和内部评估、定量评估和定性评估相结合的评估方法，提高评估的客观准确性。依据大学生个体的意愿和方式，评估可分为简单评估和综合评估。简单评估一般是依据业绩指标的反馈对规划的落实进行评估；综合评估则会涉及更多的指标，需要有明确的评估时间安排。这里简要介绍360度评价法和关键事件法两种评估方法。

（一）360度评价法

以大学期间同学、教师和关系密切的朋友的评价为主。具体方法如下：

（1）计划开始前与和自己接触密切、愿意说真话的同学、朋友、教师谈谈自己的计划，并请他们提出改善意见。

（2）开始行动后，重点请他们关注自己的表现，发现问题就及时主动地提出。

（3）针对大家的建议，进一步评估自己的近期表现并作出相应的调整。

该方法切实有效，但难点在于找到合适的伙伴或教师，并使他们对自己的职业规划有所了解。

（二）关键事件法

关键事件法即根据目标设定成功的关键因素，记录学习、工作过程中的重要行为，包括成功事件和失误事件，大约每半年检查一次，对比计划与实际行为间的差距，分析其产生的原因。

该方法方便可行，例如，对大学的学习效果评价，只需要在开头确定科学合理的目标计划，然后将学习过程的收获与失败原因记录下来即可。

四、评估的作用

（一）帮助修订和调整职业发展的目标

评估既是职业规划的基础，也是获得准确职业目标的前提。只有深刻认识和了解自我，才能对未来的职业生涯作出准确的把握和合理的规划。评估的过程是对自己的兴趣、个性、能力、特长、身体状况、学识水平、思维方式、价值观、情商、潜能和社会资源的综合性认识，是每个人选择何种职业，在什么地方、什么性质的单位工作的基本分析。大学生要在评估过程中弄清楚自己是谁、想要什么、能做什么，从而明确职业发展目标，通过不断自我评估，不断地认知和完善自我，并通过修正和调整职业生涯规划，使个人的潜能得到充分开发，为职业发展的成功奠定基础。

（二）促进大学生抓住重点努力工作

评估不仅是对自身的剖析，也是对工作性质、工作内容和工作环境进行分析的过程。它能够帮助大学生更加清晰地认识各种环境对职业生涯发展的影响，能够客观地帮助大学生分析工作特点、工作发展变化情况、自己与工作的关系、自己在工作中的位置、工作对自己提出的要求以及工作对自己有利和不利的条件，做到在复杂多变的工作中避害趋利，找到工作中的重点，找到适合自己职业生涯发展的机会，从而激发大学生努力工作，帮助他们实现职业目标与自己的潜能以及主客观条件的最佳匹配。促使大学生在的最佳才能、最优性格、最大兴趣、最有利的工作状态下进行良好的职业定位，谋求职业规划的成功发展。当规划内容逐步实现时，大学生再根据外界环境的变化进行评估，调整自己对工作重点的认识，明确今后一段时期的职业目标，促进自己向更高一层的目标前进。

（三）充分自我认知，不断激发职业潜能

评估是一个不断自我认知的过程。它能够帮助大学生随着年龄增长和阅历丰富以及性格、兴趣和爱好的变化而全面认知自己，有利于大学生对职业发展的进一步认识。同时，人的潜能的发挥需要外界不断刺激和自身充分挖掘。评估也是发现自身优势与劣势的过程，在认知的不断刺激下，自身的潜能才能不断地被激发。因此，大学生要开展不同阶段的职业生涯规划评估，明确不同时期、不同的发展目标和方向，知道自身需要进一步完善的知识、专业技能和能力，再经过不断努力，激发内在的潜能，进而促进个人职业能力的成长，提高大学生个人职业生涯规划成功的概率。

任务二　职业生涯规划的反馈与修正

职业生涯规划的制订是一个动态的过程。由于现实社会中存在许多不确定因素，新的情况不断涌现，会使大学生原来制订好的职业生涯目标与现实情况有所偏差，这就要求大学生不断反省，通过目标和行动方案的反馈信息及时作出相应的修正或调整，从而保证最终实现人生理想。

一、反馈与修正的内涵

所谓反馈，就是沟通双方期望得到一种信息的回流。其实，反馈调整就是一个再认识、再发现的过程。这就要求大学毕业生时刻注意周围环境的变化，不断地审视自我，调整自我，修

正策略和目标。这个过程就是反馈评估，它可以确保个人职业生涯规划的有效性。

所谓修正，就是改正、修改使其正确、优化。

人生目标往往是基于特定社会环境和条件而制订或实现的，环境和条件总是在不断变化，即使确定了目标也应该及时进行修改和更新。对大学生来说，就业环境的不断变化，促使其必须不断修正和更新自己的职业生涯与发展规划。

职业生涯与发展规划修正的目的、内容、时机与修正时应考虑因素如下。

1．生涯目标实施方案修正的目的

通过反馈评估和修正应该达到下列目的：

（1）对自己的强项充满自信。

（2）对自己的发展机会有一个清楚的了解。

（3）找出关键的有待改进之处。

（4）以合适的方式答复那些给予反馈的人，并表示感谢。

（5）实施行动计划，确保能取得显著的进步和成就。

2．生涯目标实施方案修正的内容

职业生涯与发展规划进行修正的内容如下：

（1）职业目标的重新选择。

（2）职业生涯路线的重新确定。

（3）阶段目标的修正。

（4）实施措施与行动计划的变更。

总之，职业生涯规划完成并实施后，必须对阶段性的结果进行评估，根据评估的结果找出规划与结果之间的差距，分析差距产生的原因，并有针对性地进行调整，再按新调整的方案有效地围绕目标行动。

3．修正行动计划的时机

实施生涯规划时，必须为日后可能的计划修改预留余地，修正的依据是每次评估后反馈回来的信息。至于计划修正的时机，必须考虑以下四点：

（1）以周、月或学期为单位，定期检查预定目标的达成进度及取得的效果。

（2）每一阶段目标达成之时，要依据实际效果，修订未来阶段目标可采用的策略。

（3）主观因素、客观环境改变影响计划的执行。

（4）有效的生涯设计还要不断地反省修正，包括反省策略方案是否恰当，能否适应环境的改变。

4．修正时应考虑的因素

（1）环境因素，包括社会环境、政治环境、经济环境、科技环境、自然环境和法律环境等。要从宏观层面认识到职业生涯发展的局限性和可能性，个人只能适应而不可改变。

（2）组织环境，包括组织规模、组织结构、组织文化、组织发展状况、人力资源规划、人力资源管理系统类型、晋升政策和人际关系等一切与职业生涯发展有关的组织因素。要改变组织因素非常困难，但个人可以选择到最适合自己发展的组织中工作。

（3）个人因素，包括年龄、性别、学历、工作经历、家庭背景、人格等。一方面，要正确认识自己；另一方面，要不断完善自己。组织和个人只能利用环境因素，正确认识和分析组织因素、个人因素，寻求个人发展和组织发展的最佳匹配。总之，生涯目标实施方案的评估和修正可以按表6-1模式进行。

表6-1　评估和修正表

阶段目标	
实施结果	
存在的差距	
差距产生的原因	
修正措施	

二、反馈与修正的必要性

大学生在制订职业生涯规划时，由于对自身及外界环境并不十分了解，最初确定的职业生涯目标往往都是比较模糊和抽象的，有时甚至是错误的。经过一段时间的工作后，有意识地回顾自己的言行得失，可以检验自己的职业定位和职业方向是否合适，从而为自己找到合适的发展方向。这就是目前我们常常听到的"先就业，再择业"的说法。然而，许多同学因为不了解自己也抱着这种想法，随便找个单位就工作了，工作一段时间后才发现自己并不喜欢也不胜任这项工作。这是因为抱着"先就业，再择业"思想的人，很可能盲目地为了找工作而找工作，缺乏理性的选择和思考，更谈不上长远的规划，这样做的后果往往是人与职业不匹配，直接后果就是我们经常看到的有的人频繁换工作，三五年后仍然业绩平平，结果耽误了职业发展的宝贵时间。因此，对这部分人来说，生涯规划的反馈与修正就变得更加重要。

在职业生涯规划实施和运行的时候，由于每个人的自身条件不一样，对未来目标的设定也有区别，对自己的一些潜在能力也可能了解得不够深入，这就需要在实施过程中不断根据反馈进行修正，使之更符合客观环境。此外，还要充分认知与了解相关的环境，评估环境因素对自己职业生涯发展的影响，分析环境条件的特点、发展变化情况，把握环境因素的优势与限制，结合本专业、本行业的地位、形势以及发展趋势，对生涯目标与策略等进行取舍与调整。

因此，通过职业生涯规划的反馈与修正，可以自觉地总结经验和教训，评估职业生涯规划，修正对自我的认知。通过反馈与修正，可以纠正最终职业目标与分阶段职业目标的偏差，保证职业生涯规划的行之有效。同时，通过评估与修正还可以极大地增强自信心，从而促进生涯目标的实现。

总之，反馈与修正既是职业生涯规划的重要环节，也是保障生涯规划实施的关键环节，只有不断反馈与修正，才能保证目标的合理性和措施的有效性，也才能最终促使职业生涯目标的实现。

三、反馈与修正的方法

在职业生涯规划实施的过程中,通过反馈与修正评判一个人的职业生涯规划是否有效,一般可以从两个方面入手:一是PDCA循环法;二是检查落实者是否具有目的意识和问题意识,即目标和风险意识与管理。

1. PDCA循环法

PDCA循环又称戴明循环,它最初是全面质量管理遵循的科学程序,目前已经被引入许多管理活动领域。对职业生涯进行管理,同样应该遵循PDCA的循环体系,即整个过程可以分为计划、执行、检查与处理四个步骤。不同的步骤间紧密相连,形成封闭的循环链条。当一个PDCA循环完成时,下一个PDCA循环又会开始,从而为职业生涯管理提供一个长期的、持续的支持与反馈活动。

职业生涯规划的实施与评估离不开PDCA循环。PDCA即计划(plan)、执行(do)、检查(check)、处理(action)的首字母组合。

P(plan)——计划,根据生涯目标的要求,制订科学的计划。一个人在开始一段新的职业生涯前,最重要的事情就是要明白自己究竟想要什么。是想要有保障的生活,想有良好的学习机会,想有显赫的名声,长期经营一份事业,还是积累财富准备日后创业。当明白自己真正想要达到的目标时,就要为这个目标定下时间表,告诉自己一年之后应该做到何种程度,两年以后又要做到何种程度,并尽可能把目标进一步细化,把时间分得更准确,这样可以让自己知道接下来该干点什么。没有目标的人生只能是虚度时光,到头来一事无成。

D(do)——执行、实施计划。这一步对于刚刚就业的社会新人来说不是问题,却是处于事业、职业徘徊期的人最难迈出的一步。有无数人每天会产生无数的想法要改变自己的生活状态。需要指出的是,只有规划,没有行动是永远达不到目的的。不惧风险、排除风险、立即行动才能拥有理想中的工作和生活。

C(check)——检查,检查计划实施的结果与目标是否一致。每个有志于掌握自己命运的人,在工作了一个阶段后,都应该反省一下自己今天所做的与自己的理想还有多远。俗话说:"不怕不识货,就怕货比货。"拿现在的自己和过去的自己,拿自己和别人,拿现状和理想做个比较,虽然这好像攀比,会有嫉妒、痛苦,也会有得意、自满,但这种"吾日三省吾身"的环节,通过不断的"自检"及时发现问题、解决问题,是走向进步不可缺少的方法。

A(action)——处理,即纠正错误,调整方向,在对以往行动的结果进行检验的基础上,对方案进行修正完善后再执行。反省之后,就会得出一些结论。结论可能使人满意,也可能使人失望,但生活一直在继续,不能总期望志得意满。不管怎样,机会仍然掌握在自己的手中,既可以"百尺竿头,更进一步",也可以"柳暗花明又一村"。

案例分享

周末规划[①]

假设计划本周六请两位朋友到你家吃饭，约好时间是 12∶00，目标是四菜一汤。为此，你需要：①8∶10 去早市买菜；②备好做菜的工具；③10∶40 开始做菜。你决定所有的工作都由自己独立操作，如果不出现意外，目标就会实现。假设你由于临时有紧急任务，周五晚上加班至凌晨 3∶40，所以周六 11∶10 才起床，无论如何你不可能执行原计划。从现实考虑，你可以有以下的选择方案：①打电话请朋友晚一点儿来；②叫外卖；③你家里有黄瓜、花生米，再出去买几瓶啤酒，来两个凉菜；④跟朋友说，对不起，下一次再献丑。如果你选择方案①，那么你改变了目标的时间范围；如果选方案②，你改变了成本的投入；如果选方案③，则改变了目标的实现度；如果选方案④，则改变了目标的实现时间。在这个例子中，你周五晚上加班，就是导致你修改计划的因素。

点评

每个人的职业生涯都是一场时间长达几十年的马拉松比赛，考验的是人的忍耐力。只要有足够的坚持，不断地改进和提升，就一定能够拥有属于自己的理想职业与幸福生活。PDCA 循环过程可以使职业生涯管理向良性循环的方向发展，通过实施并熟练运用，一定能在工作中不断提高效率，更有效地驾驭工作，从而使自己无懈可击、远离惰性，成就不平凡的职业生涯。

2. 目标和风险意识与管理

为保证工作的顺利进行和职业生涯目标的实现，职业工作者还必须具备明确的目标意识和问题意识，这也是评判其工作方法是否有效的重要标准。

目标意识就是行为主体对行动目的的认知。我们经常会看到某些人做的很多事情与最终目标没有多大关系，这样的人工作时虽然很卖力，但是在衡量工作业绩时却发现其目标的实现程度与其投入成本不成正比。

问题意识即风险意识与管理，其核心是对现阶段工作可能出现的问题具有心理准备，对可能出现的问题制订相应的防范措施。必须具备问题意识的前提基于以下两个原因：（1）收集的资料不可能完全准确、齐全和客观。此外，判断本身就是主观行为，有可能存在偏差。（2）事物总是在发展变化之中，有些突发因素不是出现在制订计划之前，而是在实施计划时影响目标的实现。

当前的职场环境也认为具备问题意识十分必要。职场竞争日益激烈，生涯机会来之不易，而且市场千变万化，如果没有问题意识可能就要付出沉重的代价。墨菲定律指出：凡是可能出现的问题一定会出现，而且事物的发展有其必然性。如果具备问题意识，也许就能够预先发现问题，并预测它的严重性，以便及时修正计划。

---

① 孙巍. 大学生职业生涯规划[M]. 北京：人民邮电出版社，2019：137.

 实践拓展

完成学业规划评估与反馈,见表6-2。

表6-2 学业规划评估与反馈表

	专业知识和技能发展规划				个人特长素质发展规划					兴趣爱好发展规划		综合素质拓展规划		
	课程成绩计划	获奖学金计划	专业素质拓展计划	其他方面发展计划	文娱特长发展计划	体育特长发展计划	计算机特长发展计划	思想政治素质发展计划	心理健康发展计划	其他方面发展计划	读书计划	其他计划	技能认证考试计划	组织能力发展计划	社会活动计划
第1学期	必修课、限选课、任选课等的成绩;英语、计算机等等级考试	综合测评奖学金以及其他各类奖学金	与专业相关的知识、素质、技能发展	发表专业论文、参加专业竞赛等	音乐、舞蹈、曲艺、美术、设计等	体育运动、比赛等	计算机软硬件的学习、利用、活动等	积极争取参加各级党校培训等	健康积极的心理素质等	演讲、辩论等	阅读课外书籍,拓宽知识面和提升个人修养	其他	考取与所学专业相关或跨专业的技能认证证书	担任学生干部、参与班级管理组织大型活动等	参与青年志愿者服务、社会实践、爱心奉献、专业实习等
规划内容															
完成情况															
总结分析															
后续规划修正															

模块七 提升素养

青春寄语

中国的未来属于青年,中华民族的未来也属于青年。青年时期是培养和训练科学思维方法和思维能力的关键时期,青年应充分发挥创新精神,勇于开拓实践,努力学习知识,爱国进步,多读书读好书。

——习近平

学习要点

1. 认知职业素养的概念。
2. 知悉大学生应具备的职业素养。
3. 掌握提高自身职业素养的方法。
4. 学会设计自身素养提升方案。

案例导入

张某的职业素养提升之路①

张某是某高职学校计算机专业大三学生。大一时就下定决心不参加专升本,他的目标很明确,"我就是要在大学掌握扎实的专业知识,进入知名企业工作"。张某刚入校就参加了专业社团和工作室,找到了一群志同道合的小伙伴,在指导教师和师兄师姐的带动下,张某的专业技能有了快速的提升,与人沟通交流的水平也有了提高。张某积极参加校内外的专业技能比赛。大二时因专业操作技能突出,被选拔参加省技能大赛并取得团体一等奖的好成绩,在参加技能比赛的过程中,张某锻炼了良好的团队协作能力和敬业精神。

此外,在大一、大二的暑假,张某积极参加社会实践,在与专业相关的企业实习,积累了很多社会工作的经验,并给同事留下了良好的印象。进入大三之后,张某一边进行学校工作室

---

① 周勤. 高职学生职业生涯与发展规划[M]. 长春:吉林文史出版社,2020:73.

的工作，一边积极寻找工作机会，在大三下学期成功签约一家知名IT企业。

点评

有规划还得有行动，这样"规划"才不至于沦为"鬼话"，张某的成长经历证明了这一点。针对自己的具体情况，确定阶段性目标，制订切实可行的计划，然后逐步实施。实施的过程才是规划的落脚点，在这个过程中，既要根据实际情况灵活调整，也要坚持不懈。在机遇来临时，需要调整计划、把握机会。无论是职业规划还是求职择业，不要轻信盲从，不要轻易放弃，要相信"适合自己的才是最好的"。

对于社会经验缺乏的在校生来说，如何获取职业信息是一个普遍存在的难题。生活中有许多渠道可以获得有关职业的信息，例如，利用媒体资讯、参加校园演讲会、与职业人认识交流等，但最直接、有效的方式还是到真实的工作场景中去感受、去体会。有两方面的资源是大部分同学可以利用的：一是通过有针对性地参加社团活动锻炼自己的沟通交流、团队合作等通用能力，社团活动可以说是对真实工作场景的一种模拟；二是争取各种校内服务的机会及校外的实习、兼职机会，哪怕是最简单的工作，也可以帮助大学生感受职业的氛围，了解尽职、责任等职场的基本准则。

职业规划贵在"知己知彼"，要对自己有深刻认识，了解自己的兴趣、性格、能力、价值观等因素，以确定职业目标；同时要对目标行业、目标企业、目标岗位有深入的了解，明确行业发展趋势、岗位任职资格、企业文化理念、员工职业发展路径等因素，这样才能有的放矢，从而制订出切合实际、操作性强的职业规划。

任务一　职业素养认知

一、职业素养概述

（一）素养与职业素养

1. 素养

素养是指由训练或实践获得的技巧或能力，在汉语中早已有之。《汉书》载："马不伏历，不可以趋道；士不素养，不可以重国。"素养的本意是修习涵养，如艺术方面的涵养和文学方面的涵养。论述"素养"容易使人联想到"素质"一词，通常也有将"素养"等同于"素质"的。其实，这两个词的含义还是有差别的，如《辞海》中对"素质"词条的解释是"人的先天的解剖生理特点，主要是感觉器官和神经系统方面的特点"，这里，先天本原特质的含义极为突出，因此将"素质"与"素养"等同显然是不恰当的。两者比较，素质重在人的先天本原特质，不含人为改变成分或因素；素养重在人的修为与努力，并含有由修为与努力带来的变化与结果。

由此，我们对"素养"可以下这样的定义：所谓素养，主要指人们为了一定的目的，在涉及自身生存和发展的各个认识与实践领域进行的勤奋学习与涵养锻炼的功夫，以及在其知识才能和思想品质方面达到的水平。"素养"作为用来表达人的知识才能、思想品质的水平与状况的一般概念，必然会被具体为某一常识、某一理论、某一才能、某一品行特质等特定方面的素养。如我们一般不说"某人素养很深"，而是具体地说"某人古汉语的素养很深"，或者说"某人有很高的品格素养"等。

2. 职业素养

圣·弗朗西斯科（San Francisco）在其著作《职业素养》中这样定义职业素养：职业素养是人类在社会活动中需要遵守的行为规范，是职业内在的要求，是一个人在职业过程中表现出来的综合品质。其具体量化表现为职业智商（Career Quotient，CQ），它体现了一个社会人在职场中获取成功的素养及智慧。所以，职业素养是一个人职业生涯成败的关键因素。

现代人力资源研究认为，劳动者的个体职业素养类似于管理学中提出的"冰山理论"：劳动者的职业素养可以被看成一座冰山，浮在水上面的代表劳动者的知识、技能、技术等表层的显性职业素养，只能说明这个人具备了从事职业劳动的基本条件，不能区分绩效优劣；而隐藏在水面以下的部分，代表着劳动者的职业意识、职业道德和职业态度，是判断劳动者是否能够胜任工作的最重要部分，可以鉴别绩效优秀者和一般者。水下部分的大小决定了水上部分的高度和大小，要提升劳动者的综合素质，就要先培育劳动者优秀的职业素养。但是，在现实生活中，由于显性素质的培养易于考核和体现，加之受实用主义和社会风气等影响，人们往往注重显性职业素养的投入，而对隐藏在水下部分的职业意识、职业道德、职业作风、职业态度等隐形职业素养相对忽视，这是对职业素养培养的一种误解。只有以培养显性职业素养为基础、隐形职业素养为重点，注重各方面的良好协调和均衡发展，才能使劳动者的职业素养与现代社会体制和现代社会生产力发展水平相一致。

（二）职业素养的特征

职业素养其实是一个人在求职过程及工作过程中综合素质的体现，概括地讲，有以下几个方面的特征。

1. 职业性

职业素养是一个人从事职业活动的基础，不同的职业对其职业素养的要求也不同，这是由不同职业所具有的不同特点决定的。例如，对教师职业的素养要求是热爱教育事业、热爱学生、为人师表和学识渊博，这与教师这一教书育人的职业特征有着密切的关系。只有具备良好的职业素养，才能将本职工作干得有声有色，并有长久的发展。

2. 养成性

职业素养作为与职业世界相联系的个性品质的集合，是在长期的从业过程中养成的。例如，一名音乐家，虽然会有一定的音乐天赋，但更多素养的培养是靠后天的努力。职业素养不能仅依靠简单的传授完成，如我们不能期望大学生上了一堂关于培养职业素养的课，就养成相应的职业素养。职业素养的获得是有条件的，是经过模仿、反馈以及慎思等多种途径逐渐积累、内化的，是一个人能做什么、想做什么和如何去做的内在特质的组合，并随着继续学习、工作和环境的影响而不断提升。

3. 情境性

职业素养强调对不同情境的针对性，而不是程序化的固定动作的组织体系。因为每个人都按自己生活经验的体系（框架）概括自己所遭遇的情境，总以某种态度倾向对待某一类情境，而对情境的分类也依赖自己的生活经验。职业素养由情境始动，例如，在拆卸一些特别复杂的机器时，需要特别注意拆装的顺序和微小零部件的摆放位置，这就对注意力、记忆力及动作技能提出了更高的要求，而对于简单的拆装则不需要特别注意。一个具备良好职业素养的人，能够知道何种情境需要何种素质，并能够熟练地指导自己的行动。

4. 整体性

在中世纪学徒制中，师傅对学徒的培养必定是从各方面做整体要求。在现代社会的职业要求中，同样反对对职业素养各要素进行割裂，而主张将它作为一个整体，以职业活动作为载体，在与其他职业活动的融合中进行培养。这就要求从业人员的职业素养应是多方面的，既要有良好的职业道德、职业意识和职业态度，又要遵守行业的规范和职业准则，还要具备一定的职业形象与职业礼仪，只有这样才能胜任本职工作。所以，作为行动与个性心理品质的统一，职业素养体现在职业活动中，并与职业活动的其他要素紧密相连；脱离了具体的工作任务和职业情境，职业素养也就失去了存在的意义。

（三）职业素养的三大核心

1. 职业信念

职业信念是职业素养的核心。良好的职业素养包含了哪些职业信念呢？应该包含良好的职业道德、正面积极的职业心态和正确的职业价值观意识，这些因素是一个成功职业人必须具备的核心素养。良好的职业信念应该是由爱岗、敬业、忠诚、奉献、正面、乐观、用心、开放、合作等这些关键词组成的。

2. 职业知识技能

职业知识技能是做好一个职业应该具备的专业知识和能力。俗话说，"三百六十行，行行出状元"，没有过硬的专业知识，没有精湛的职业技能，就无法把一件事情做好，更不可能成为"状元"。每种职业有每种职业的知识技能，每个行业有每个行业的知识技能。总之，学习提升职业知识技能是为了把事情做得更好。

3. 职业行为习惯

职业行为习惯，就是在职场上通过长时间"学习—改变—形成"，最后变成习惯的一种职场综合素质。信念可以调整，技能可以提升。要让正确的信念、良好的技能发挥作用就需要不断练习、练习、再练习，直到成为习惯。

二、大学生必备的职业素养

（一）职业道德

现代社会，职业是人生的重要组成部分，人们在职业活动中会产生各种困惑，解决这些职业困惑必须依赖一定的职业道德。例如，相对于有限的生命，工作的辛劳很容易使人对辛勤的劳动产生怀疑，甚至对某些职业存在的意义产生怀疑，这时就需要人们树立爱岗敬业的职业道德观。因此，职业道德对于现代人的发展来说是至关重要的。

职业道德是整个社会道德体系的重要组成部分，既是一定社会的道德原则和规范在职业生活和职业关系中的具体体现，也是一定的社会道德在特殊社会关系领域的应用和发展，还是人们在职业活动中所遵守的行为规范的总和。

当代大学生要成长为社会劳动者，就应具备相应的职业道德。社会主义职业道德继承了传统职业道德的优秀成分，体现了社会主义职业的基本特征，具有崭新的内涵。

1. 爱岗敬业

爱岗敬业反映的是从业人员热爱自己的工作岗位，尊重自己所从事的职业，勤奋努力，尽职尽责的道德操守，这是社会主义道德的最基本要求。职业不仅是人们谋生的手段，也是从业者不断完成自身社会化的重要条件，是个人实现自我、完善自我不可或缺的舞台。爱岗敬业所表达的最基本的道德要求应当是：干一行爱一行，爱一行钻一行，精益求精，尽职尽责，"以辛勤劳动为荣、以好逸恶劳为耻"。这是社会对每个从业者的要求，更应当是每个从业者对自己的自觉约束，否则将会出现"今天工作不努力，明天努力找工作"的情况。

案例分享

周总理的敬业精神[①]

"文革"期间，有一次周总理连续工作了三个昼夜，当天晚上又安排了七个会议，累得病又犯了，疼痛难忍，就站起来用椅背顶住腹部，继续耐心地听大家汇报。参加会议的同志请总理坐下，总理低声说："我不能坐，一坐下就会睡着了。"

总理所在的党支部看到他的身体十分虚弱，便以党支部的名义作了一个决议，要总理增加休息时间。可是，对这个决议，总理往往执行得不好。大家又写了一张告示，贴到总理的门上，要他严格执行党支部决议，注意休息。总理看后笑着说："我老了，剩下的时间不多了，要更加抓紧时间为党工作。"

点评

周总理是一代伟人，他用自己的行动证明了自己对岗位的坚守，闪耀着敬业精神的光芒。他是一位总理，也是一个普普通通的工作者，即使身体虚弱也依然坚持工作，敬业精神驱使着他为人民和国家奉献自己，正如烛火之光生生不息，顽强地燃尽它最后的燃料。只要每位工作者都能体会到敬业精神的可贵，并且去践行，社会中将会涌现更多的伟大人物。周总理的精神和品德也是我们每个人应当学习的。只有将前辈作为前进的标杆，带着前辈的精神和力量去建设祖国，祖国才能发展得更好。

2. 诚实守信

诚实守信既是做人的准则，也是对从业者的道德要求，即从业者在职业活动中应该诚实劳

[①] 鲁学军. 大学生职业生涯规划[M]. 南京：南京大学出版社，2020：192.

动、合法经营、信守承诺、讲求信誉。诚实守信是人类千百年传承下来的优良道德传统，在社会主义社会更应该继承并使之发扬光大。人无信不立，在职业活动中缺失了诚信就会失去人们的信任，失去社会的支持，失去成长和发展的机遇。

曾子杀猪[①]

有一次，曾子的妻子要去赶集，孩子哭闹着也要去。妻子哄孩子说："你不要去了，我回来杀猪给你吃。"她赶集回来后，看见曾子真要杀猪，连忙上前阻止。曾子说："你欺骗了孩子，孩子就会不信任你。"说着，就把猪杀了。曾子不欺骗孩子，也培养了孩子讲信用的品德。

点评

培养孩子讲信用的品德是为人父母赠予孩子一生的财富。谎言是根浮木，早晚会被冲上海岸。只有诚实守信才是航行于人生大海上的指南针，指引着人们向着正确的方向不断前进。

3．办事公道

办事公道就是要求从业人员在职业活动中做到公平、公正，不谋私利，不徇私情，不以权损公，不以私害民，不假公济私。办事公道，就要做事讲原则，无论对人对己都要坚持实事求是，遵循道德和法律规范来待人处世。

4．服务群众

服务群众就是从业人员在职业活动中一切从群众的利益出发，为群众着想，为群众办事，为群众提供高质量的服务。社会主义道德建设的核心是为人民服务。在社会主义社会里，每个公民无论从事什么工作、能力如何，都能够在本职岗位上通过不同的形式为人民服务。如果每个从业人员在职业活动中都自觉遵循服务群众的要求，整个社会就会形成一种人人都是服务者、人人又都是服务对象的良好秩序与和谐状态。

党的好干部焦裕禄[②]

1962年12月，焦裕禄被调到兰考县先后任县委第二书记、书记。他上任之后带领全县人民进行封沙、治水、改地的斗争。焦裕禄身先士卒，以身作则：风沙最大的时候，他带头去查风口，探流沙；大雨瓢泼的时候，他带头踏着齐腰深的洪水察看洪水流势；风雪铺天盖地的时候，他率领干部访贫问苦，登门为群众送救济粮款。他经常钻进农民的草庵、牛棚，和他们同吃同住同劳动。焦裕禄对同志、对人民怀有满腔热情。他常说，"共产党员应该在群众最困难的时候，出现在群众的面前；在群众最需要帮助的时候，去关心群众、帮助群众"。他的心里装着全县的干部群众，唯独没有他自己。他经常肝部痛得直不起腰、骑不了车，即使这样，他

[①] 迟云平. 职业生涯规划［M］. 广州：华南理工大学出版社，2019：177.
[②] 成茜，唐艳，邓双喜. 大学生职业发展与就业指导［M］. 成都：电子科技大学出版社，2017：129.

仍然用手或硬物顶住肝部，坚持工作、下乡，直至被县委强行送进医院。1964年5月14日，焦裕禄被肝癌夺去了生命，年仅42岁。他临终前对组织上唯一的要求，就是"把我运回兰考，埋在沙堆上，活着我没有治好沙丘，死了也要看着你们把沙丘治好"。

点评

焦裕禄是所有共产党员学习的优秀楷模，焦裕禄精神感召、鼓舞了一代又一代党员干部和普通群众，焦裕禄精神成了共产党员为政的道德标杆。

5. 奉献社会

奉献社会就是要求从业人员在自己的工作岗位上树立奉献社会的职业精神，并通过兢兢业业地工作，自觉为社会和他人作贡献。这是社会主义职业道德最高层次的要求，体现了社会主义职业道德的最高目标指向。

 案例分享

青年马克思的职业理想[①]

青年马克思在谈到选择职业的理想和价值时曾经写道："如果我们选择了最能为人类福利而劳动的职业，那么，重担就不能把我们压倒，因为这是为大家而献身；那时我们所感到的就不是可怜的、有限的、自私的乐趣，我们的幸福将属于千百万人，我们的事业将默默地，但是永恒发挥作用地存在下去，而面对我们的骨灰，高尚的人们将洒下热泪。"

点评

马克思对职业的价值追求归根结底是以奉献社会为最高目标，这种崇高的职业理想和人生境界，值得当代大学生学习和追求。

（二）职业意识

职业意识就是站在特定的职业角色上，以实现职业目的为目标而应具有的特定思维模式，它表现为职业敏感、职业直觉甚至职业本能的思维过程。职业意识的强弱在各个方面决定了从业者的工作表现。成为职业人需具备以下几种重要的职业意识。

1. 角色意识

每个人在现实社会生活中都扮演着多种不同的角色，每种角色都有一定的言行规范和标准，人们正是按照相应的言行标准来衡量一个人是否胜任其角色。从事不同的职业就是扮演不同的角色，因此人们遵守的规范、标准就因职业角色的不同而不同。

强化角色意识，就是要立足本职岗位，认清自身的角色定位，恪守职业道德和操守，向优秀人物、杰出人物、英雄人物学习，以自身所属角色群的榜样、楷模为镜子、为尺子，经常照一照、量一量，以此鞭策自己、激励自己。这样，就能时刻有一种紧迫感、责任感、危机感，随之迸发出奋然前行的激情和力量。角色即人格，只有扮演好了自己所承担的角色，我们的人格才会独立，才会受到他人的尊重。

[①] 孙巍. 大学生职业生涯规划[M]. 北京：人民邮电出版社，2019：156.

狗和驴的故事[1]

主人家养着一条小狗和一头驴。每天当主人回来时，小狗总是飞快地迎上去，又是摇尾巴又是亲热地叫唤，主人也总是高兴地抚摸小狗，有时小狗还伸出舌头舔主人的脸。

驴看着这一切，心中很是不快，心想自己只知道埋头苦干，活干得多还经常挨打，小狗什么也不干还挺美，看来要想办法与主人联络感情。拿定主意，驴等主人回家时也大叫着迎了上去，把蹄子搭在主人肩上，伸出舌头就舔，主人又惊又怒，使劲把它推开。驴重重地摔在地上，又被狠狠地抽了几鞭子。

点评

适合狗做的事，驴怎么能做呢？

有的老板可能赏识围着自己转的"狗"，而有的老板则会偏爱埋头干活的"驴"。既然自己是"驴"，就不要勉强自己去学"狗"的本领。主人需要"宠物"消遣，但更需要"驴子"干活，干好自己的活，自然会得到主人的欣赏。

2. 规范意识

"没有规矩，不成方圆。"无论从事什么工作，最基本的要求就是遵守岗位的职业规范、职业纪律。铁的纪律往往是一个集体、一个团队存在的关键，遵守职业规范是职业化的基本要求。每个岗位都有相应的规章制度，它代表着集体的意志和力量。每个从业人员都应该对这些规范、制度保持尊重，一丝不苟地认真执行。

规范意识有三个层次，第一层次是指关于规范的知识。例如，不迟到、不早退，不在工作时间办理个人事务，不越权，不侵犯公司利益等。但仅有规范意识是不够的，更重要的是要有遵守规范的愿望和习惯，这是规范意识的第二个层次。重要的不是知道规范，而是愿意和习惯于遵守规范。这尤其表现在没有强制性力量进行监督惩罚的时候。古人说得好："君子慎独。"如果没有遵守规范的愿望和习惯，在领导不在或管理人员疏于管理的情况下，违反规范是很有可能出现的。而一念之间，就可能铸成大错，后悔莫及。规范意识的第三个层次是遵守规范成为人的内在需要。对于个人来说，意味着规范不再仅仅是一种外在强制，而在某种意义上使人获得了真正的自由。按孔子的话来说，就是"从心所欲不逾矩"。

3. 问题意识

问题意识，就是对客观存在矛盾的敏锐感知和认识。具体来说，就是具有主动发现问题、找准问题、分析问题的自觉意识，进而为解决问题提供更多、更准确的方法。

一个员工只有树立了问题意识，才能更主动地去完成自己的工作任务；一个团队，尤其是企业团队，只有强化问题意识，才能不断清除淤塞，健康发展。如何才能发现问题呢？第一，要保证全身心地投入当前的工作，不论是不是自己的兴趣所在，努力做到最好，并始终要求自己做到最好；第二，不断学习，只有始终站在专业前沿的人才能最早、最快地发现问题；第三，

---

[1] 孙巍. 大学生职业生涯规划[M]. 北京：人民邮电出版社，2019：159.

用心观察，对工作中出现的问题与现象仔细体会、思考，不放过任何一个细节，抓住现象背后的本质；第四，碰到任何问题都要多问几个为什么，直到查出问题的根源。

4. 团队意识

古人云："人心齐，泰山移。"我们也常说："团结就是力量。"在当前全球经济一体化和参与国际竞争的大背景下，弘扬团结协作精神对于建设好一个组织、一个企业具有极其重要的意义。对于任何一个准备踏入职场的准员工来说，团队意识也是应该认真培养的，因为在任何一家公司工作都离不开与他人的配合。所谓团队精神，简单来说就是大局意识、协作精神和服务精神的集中体现。团队精神的基础是尊重个人的兴趣和成就，核心是协同合作，最高境界是全体成员的向心力、凝聚力，反映的是个体利益和整体利益的统一，并进而保证组织的高效率运转。团队精神的形成并不是要求团队成员抛弃自我，相反，挥洒个性、表现特长是团队成员优势互补、各尽所能，共同完成任务目标的基础，而良好的协作意愿和协作方式则产生真正的内心动力。

要想成为一名具有团队合作能力的员工，必须做到以下几点：

第一，具有良好的表达与沟通能力。一滴水只有将自己放入大海中才不会干涸，一个人只有将自己融入一个团体中才能变得更加优秀。要使自己融入一个团体就必须具备良好的表达与沟通能力，这一点并不容易做到。要努力抓住机会锻炼表达能力，积极表达自己对各种事物的看法和意见，并掌握与人交流和沟通的艺术。

第二，具备主动做事的品格。任何一个用人单位都不喜欢只知道听差的人，所以不应该被动地等待别人告诉我们应该做什么，而应该主动去了解企业需要我们做什么，自己想要做什么，然后进行周密的计划，并全力以赴地去完成。

第三，具有宽容与合作的精神。集体中的每个人都各有各的优点和缺点，关键是以什么样的态度去看待它。用人之长必容人之短，要能够发现对方的美，而不是盯着对方的缺点不放，要培养自己求同存异的素质。一个团队只有具备了宽容与合作的精神，才能将每个人的优点发挥到最大，也才能使团队不断做大做强。

第四，具有全局观念。古人言："不谋全局者，不足谋一域。"团队精神不反对个性张扬，但个性必须与团队的行动保持一致，要有整体意识、全局观念，考虑团队的需要。个人利益、观念等与团队整体需求发生冲突时，要主动调节自身，以适应团队的发展。

5. 质量意识

美国总统工业竞争力委员会主席约翰·扬说过，"在今日的竞争环境中，忽视质量问题的企业无异于自杀"。由此可见，质量作为产品的灵魂、企业的生命，对企业的生存和命运起着决定性的作用。产品质量对外表现为企业名誉与品牌形象，决定了企业产品的命运，体现为市场占有率、顾客满意度等；而在企业内部，则表现为员工的工作质量。一个员工的质量意识就表现在他完成每项工作是否做到精益求精、力求完美。企业产品质量主要是由企业全体员工的整体质量意识决定的，即由"全员质量意识"决定。正是因为在企业中，每个人的每项工作都与产品的最终质量有着千丝万缕的联系，所以在产品的生产中不容任何人有忽视产品质量的思想存在。

（三）职业技能

职业技能是指在特定的职业环境中能合理、有效地运用专业知识、职业道德与意识的各种能力。在职场中，不断提高自己各方面的技能，对于自己的职业发展非常有利，能为自己今后取得更好的职位做准备。

一般可以把员工应具备的职业技能划分为两种，即专业技能和自我管理技能。

1．专业技能

专业技能，简单地说就是从事某一职业的专业能力，是指人在职业活动中必须掌握的技能，是人们在职业活动中运用专业知识或经验顺利完成某项职业任务的一种技术活动或心智活动。因此，专业技能可以分为技术技能和智力技能。

（1）技术技能是指掌握与运用某一专业领域内的知识、技术和方法的能力。如一名办公室工作人员需要熟练地掌握各类办公软件的应用。相对来说，岗位层次越低的工作人员就越需要技术技能。特别是对于一线工作人员，技能尤为重要，因为他们大多直接从事具体的工作，是具体工作流程、程序的操作者，因此，他们必须知道如何去做各种特定工作，并且达到一定的熟练程度。

（2）智力技能是借助内部语言在头脑中实现的认知活动方式，这种认知活动借助内部言语按合理、完善的程序组织起来，并且一环扣一环，仿佛自动化地进行着。例如，一位文字工作者只有掌握了写作技能，才能根据不同性质的命题，自如地按照写作程序进行构思，并写出记叙文、说明文、议论文等文章来；一位法律工作者只有掌握了法律解释、法律推理、法庭辩论、讯问、判断、调解、证据收集与运用等相关技能才能胜任其职位；一位销售人员只有具备了市场调查与分析、产品推销技能才能将产品推销出去；等等。正如成熟的技术技能可以使人出色地完成各种外部活动一样，熟练的智力技能也是一个人顺利完成各种智力型工作的重要条件和手段。

2．自我管理技能

自我管理技能是工作者依靠主观能动性按照社会目标，有意识、有目的地对自己的思想、行为进行转化控制的能力，是职业人顺利完成任务的基础性技能。任何职业都需要职业人具备基础的自我管理技能，这一点对于所有的职业都适用。学会管理自我是成功的基础。只有主动地经营，努力提升自我价值，使自己成为市场上的稀缺资源，才能使未来的事业得到更好的发展。自我管理包括终身学习的管理、习惯的管理等。

（1）终身学习的管理。知识经济时代意味着"学历时代"的终结，取而代之的将是"学力时代"。走出校门并不意味着学习的终止，任何一个职业人都必须是终身学习的人。

根据调查统计，一个大学生在学校获得知识的5%~10%是将来工作中必需的，其余90%~95%的知识是在工作以后的学习中获得的。这其中一个重要的原因就是现代人生活、工作的时代已经成为一个信息爆炸的时代，知识的折旧率一再提高，现代人一年不学习，他所拥有的全部知识就会折旧80%。所以，大学生告别校园走向职场后，必须坚持不懈地继续学习，才能跟上知识更新的步伐，才不会在竞争中被淘汰。

那么，我们究竟要学习什么？知识的学习固然非常重要，然而现代学习理论认为，学习能力比学习知识更加重要。"学习知识"与"学习能力"的关系，类似于"鱼"与"渔"的关系，"授人以鱼，不如授人以渔"。知识与技能的学习已经越来越难以满足人们的需要，因为知识与技能是学习的内容，数量再多也有穷尽的时候。能力是最应该学习的，只有具备了学习能力，才拥有解决问题的工具，需要什么样的知识都能很快掌握它。

（2）习惯的管理。"思想决定行为，行为决定习惯，习惯决定性格，性格决定命运。"这句话道出了思想、行为、习惯、命运之间的辩证关系，其中习惯与行为关系密切。在职场中，职业习惯是人们长期在职业活动中形成的比较稳定的行为，良好的职业行为养成良好的职业习惯，从而为事业的蒸蒸日上奠定坚实的基础。因此，养成良好的职业习惯，要从一点一滴的行为做起，这就需要职业人有意识地对自己进行习惯管理。良好的职业习惯应包括以下几个方面。

①守时。守时是职场人士必备的重要习惯之一。在工作中，既要珍惜自己的时间，也要重视别人的时间。不守时会严重影响职业形象，甚至会影响到工作的顺利开展。守时不仅是一种习惯、一种品质，更是一种技巧——时间管理技巧。

②勇挑重担。任何一个组织或团队都赏识身先士卒的职业人，在规定的期限内完成目标任务，在面对新的挑战与压力时，能够不怕风险，勇于承担责任。由于职责分工不同，每个部门、每个岗位都有自己特定的职责要求，但是一些无法明确划分到特定部门或个人的突发事件时常发生，而且这些事情往往都比较紧急，这时一个有责任心的职业人，应该从团队合作的角度出发，积极去处理这些事情，而不是设法推卸责任。

③对结果负责。职业人必须对自己的职业行为与结果负责，尤其是在自己存在失误的时候，不能将责任推卸到别人身上，只强调别人的缺点而不能反求诸己。任何时候当我们认为问题不在自身时，这种想法本身就是个问题。只有勇敢地对结果负责，认真查找失败的原因，才能认识到自身问题所在，从而避免今后的工作中类似的失误再次发生。

④尊重他人，莫论是非。在职场环境中，要注意保持与团队成员良好的非工作关系，对于工作之外的事情要慎重对待，尊重他人的生活方式，不以自己的价值观要求他人，不随意冒犯他人的私人空间，不议论评价他人的是非，对他人的生活隐私不随意谈论，并有义务为他人严格保密。

（四）职业形象

职业形象是指一个人在职场公众面前树立的个人形象，个人与其职业相适应表现出来的能反映其内在气质和职业特点的外在形象及举止行为。职业形象并不是一个简单的外表长相和穿衣打扮的概念，而是一个人整体素质的展现。良好的职业形象能够展示出个体的自信、尊严、力量、能力，是事业成功的必备要素。

1．职业形象的价值

职业形象的价值，用一句话概括，就是职业形象决定职场成败，具体表现为以下几点。

（1）职业形象是走向职场成功的第一块"敲门砖"。在人际交往中，一个人的形象特征最容易形成令人难以忘怀的第一印象。同样，职业形象在个人求职、社交活动中也会起到很关键的作用。特别是许多公司的人力资源部门在招聘员工时，对应聘者职业形象的关注程度要远远高于我们的估计。因为他们认定，那些职业形象不合格、职业气质差的员工不可能在同事和客户面前获得高度认可，也极有可能让工作效果大打折扣。因此，良好的职业形象会使职业人在职业生涯的开始就获得良好的第一印象，为今后工作打下坚实的基础。

（2）职业形象强烈影响个人业绩。这一点对于业绩型职业人而言更为明显。如果自己的职业形象不能体现专业度，不能给客户带来信赖感，那么所有的技巧都是徒劳。特别是对一些从事非物质性销售工作的职业人，客户更多的是认可职业人本身，因为产品对他们来说是虚的。即使是人力资源部门的人，如果在与政府机关、事业单位、合作伙伴打交道过程中，职业形象欠佳，也极有可能破坏良好的合作关系。

谈判成败与职业形象[①]

曾经有一个企业员工无意中听到了两位正在与合作伙伴谈判的谈判代表的谈话，对方的总经理是一个年轻的企业家。其中一位谈判代表说："他们公司的老总真是让人难以放心，看起来怎么像一个毛手毛脚还没长大的小孩子。"另一位谈判代表回答："是啊，漫不经心的，好像没有一点经验，还一点都不冷静，怎么也不觉得他是个好的合作伙伴，倒是他们公司的副总还不错。"这时第一位代表立刻附和："是啊，是啊，他们那个副总一看就是个老手，不过明天的谈判还得和那个总经理谈，毕竟拍板的还是他呀！"

点评

作为一个公司的负责人，其个人的职业形象就代表了公司的形象，在谈判中他的表现将对公司的未来造成巨大的影响。也许这个负责人很善于决策，与他合作也是正确的选择，但这种不符合身份的职业形象给合作伙伴留下的印象，无疑会对公司造成损害。

（3）职业形象会影响个人晋升机会。获得上司的认可是晋升的核心要素之一，如果在上司面前因为职业形象问题导致误会、尴尬甚至引发上司厌恶，业绩再好也难有出头之日。如果在同事同级层面上因为职业形象问题导致离群、被孤立、被排斥，也会严重影响晋升机会。

2．良好职业形象的表现

职业形象是新时代企业文化和个人修养素质的综合体现，是一个人的仪容仪表、言谈举止、待人接物的行为以及内在气质的统一。职业形象表现为以下几个方面。

（1）仪容仪表。仪容，通常是指人的外观、外貌，其中的重点则是指人的容貌。在人际交往中，每个人的仪容都会引起交往对象的特别关注，并将影响到对方对自己的整体评价。生活中人们的仪表非常重要，它反映出一个人的精神状态和礼仪素养，是人们交往中的"第一形象"。天生丽质的人毕竟占少数，然而我们却可以靠化妆修饰、发式造型、着装佩饰等手段，弥补和掩盖容貌、形体等方面的不足，并在视觉上把自身较美的方面展露、衬托和强调出来，使形象得以美化。成功的仪表修饰一般应遵循以下原则。

①适体性原则：要求仪表修饰与个体自身的性别、年龄、容貌、肤色、身材、体形、个性、气质、职业身份等相适宜和相协调。

[①] 周勤. 高职学生职业生涯与发展规划[M]. 长春：吉林文史出版社，2020：85.

②时间、地点、场合原则：要求仪表修饰因时间、地点、场合的变化而相应变化，使仪表与时间、环境氛围、特定场合相协调。

③整体性原则：要求仪表修饰先着眼于人的整体，再考虑各个局部的修饰，促成修饰与人自身的诸多因素之间协调一致，浑然一体，营造出整体风采。

④适度性原则：要求仪表修饰无论是在修饰程度上，还是在饰品数量和修饰技巧上，都应把握分寸，自然适度，追求虽刻意雕琢但又不露痕迹的效果。

（2）语言。一个人有没有社交能力和办事水平，主要体现在能否把握办事说话的尺度上。恰当的说话尺度往往可以帮助人更快、更简单地完成所要做的工作。所谓尺度就是说话要得体。首先，在说话办事的时候要注意对方的地位身份、学识教养、生活阅历、社会背景等要素。其次，说话要注意场合，在正式场合说话应该庄重规范，用书面语、常用语；非正式场合说话要自然风趣，多用口语。

社交语言中的禁忌主要有假话、揭短、炫耀。诚实是一种可贵的品质，在与人交往的时候，善意的谎言另当别论，但原则问题上说假话，则属于人格和人品有问题。以诚相待是交往的第一前提，俗话说"打人不打脸，骂人不揭短""金无足赤，人无完人"，在职场中，我们应该善待他人的短处，当不小心谈起时，最好选择不说不听，或者合适的时候赶紧转换话题。尽量避免口舌麻烦，不搬弄是非，不说人之短，不谈人隐私，做到口下留情。"面子是别人给的，脸是自己丢的"，炫耀所收到的效果就是把自己变成一个可怜的孤立者，没有任何人愿意和一个夸夸其谈的人做朋友。

社交语言的运用技巧主要包括赞美、批评、拒绝和寒暄。

①赞美。赞美是对他人发自内心的欣赏与肯定。适当的赞美不仅能够帮助别人进步，也能够拉近彼此间的距离。赞美有不同的场合，一对一的单独赞美有助于交流思想；在大庭广众下的赞美，影响面广，具有更大的激励作用；借用别人的话传达赞美，会让他人感受到真诚可信，无形中会增强上进心和信任感。无论哪种赞赏都应该是发自内心的，实事求是的，切忌含糊笼统，更不可信口开河。

②批评。每个人都难免会有错误，批评是职场上最难把握分寸的一种交际，需要考虑到各种复杂的因素，还要照顾到被批评者的自尊心。对那些非原则性的错误可以委婉地强调一下，点到即可，给犯错误者一个改过自新的机会；对那些自我意识淡薄的人可以采取直接警告的方法，令行禁止。在批评中也可以使用一些幽默的具有哲理的双关语增进交流，从而达到批评的目的。

③拒绝。对于原则性的问题，必须直接拒绝；对于非原则性的问题，可以让对方换位思考，求得对方的体谅。但要注意的是，在拒绝别人时，首先要尊重和理解对方，使对方尽量理解，并努力将他的失望降到最低，这样既维护了双方的情面，保持了交流的延续性，又达到了拒绝对方的目的。

④寒暄。寒暄是社交中必不可少的一种交流。过分的寒暄会让人觉得虚伪，没有寒暄又会让初次见面的人更加陌生。适宜的寒暄表示对对方的尊敬以及想继续交流的意愿，如"久仰、久仰""早就想拜会您了，今天见到您真是太高兴了"，这样的寒暄使本来陌生的双方一下子亲切起来，并且产生了继续交往的意愿，为今后的交流作了良好的铺垫。

（3）保持微笑。微笑是人际交往中的一把万能钥匙，它能够开启人们封锁的心灵，更能够开启职业生涯发展的成功之门。职业人自身的性格、价值观及成长经历各不相同，因此有的人沉着冷静，有的人热情大方，有的人古板严肃，有的人则轻松幽默。不同的职业形象各有利弊，但最受欢迎的职场形象都有一个共同特点，即微笑。发自内心的微笑表达了自然、纯真、友善的情感，它可以缩短人与人之间的心理距离，为深入沟通与交往创造温馨和谐的氛围。因此，有人把微笑比作人际交往的润滑剂。

价值连城的"微笑"[①]

世界著名的希尔顿大酒店的创始人希尔顿先生的成功，得益于他母亲的"微笑"。母亲曾对他说："孩子，你要成功，必须找到一种方法，符合以下 4 个条件：第一，要简单；第二，要容易做；第三，要不花本钱；第四，要能长期运用。"这究竟是什么方法？母亲笑而未答。希尔顿反复观察、思考，猛然找到了。微笑，只有微笑才完全符合这 4 个条件。后来，他果然用微笑闯入了成功之门，将酒店开到了全世界。难怪一位商人如此赞叹："微笑不用花钱，却永远价值连城。"

点评

对我们每个人来说，微笑轻而易举，却能照亮所有看到它的人，像穿过乌云的太阳，带给人们温暖。让我们微笑吧，微笑着面对生活、面对周围的人。

任务二　职业素养提升

一、大学生职业素养的自我修炼

凡事预则立，不预则废。对于大学生来讲，从入学伊始即围绕生涯发展设计自己的大学生活，是一种学业智慧，即在大学接受通识教育和专业教育的过程中，寻找自己的目标和所长，进而更好地自主学习，扬长避短，不断积累社会经验，最终形成职业生涯的核心竞争力。

大学生职业素养的提升是在一定的实践活动中逐步培养的结果。大学生职业素养的提升，离不开自身的主观能动性和相应的学校教育和社会环境。因此，大学生要提升自己的职业素养，就需要及早唤醒自己的职业意识，加强职业态度和职业能力训练，寻求未来职业生涯发展的良好开端。

大学生加强职业态度培养，需要从点滴做起。例如，在课堂学习过程中，准时到达课堂、认真听讲、有效记笔记、按时完成作业；在课外活动过程中，以诚待人、守时践诺、有礼有节；在与家人、朋友交流过程中，真情表达、体贴关怀；等等。当代大学生应该提升这些品质素养，

---

① 吴剑. 职业规划与大学生涯［M］. 北京：经济科学出版社，2019：212.

并着力激发自己的主动性和责任感，从而系统地提升自己各方面的职业素养。确定自己的个性是否与理想的职业相符，对自己的优势和不足有一个比较客观的认识，结合环境如市场需要、社会资源等确定自己的发展方向和行业选择范围，明确职业发展目标。

（一）大学生职业能力的训练

大学生要培养良好的职业素养，必须加强职业能力训练。职业能力训练包括提高自我效能、学会心态调整、提高沟通能力、学会健康管理、培养创新能力、学会印象管理等。

1. 提高自我效能

自我效能是指一个人在特定情景中从事某种行为并取得预期结果的能力，它在很大程度上指个体对自我有关能力的感觉。自我效能也是指人们对自己实现特定领域行为目标所需能力的信心或信念，简单来说，就是个体对自己能够取得成功的信念，即"我能行"。自我效能的概念由美国社会学习理论创始人班杜拉提出，他认为自我效能包括两个成分，即结果预期和效能预期。其中，结果预期指个体对自己的某种行为可能导致什么样结果的推测，效能预期是指个体对自己实施某种行为能力的主观判断。可以从以下方面进行自我效能的提升。

第一，要设置明确而合适的目标定向。学习动机对学习的推动作用主要表现在学习目标上。一个人的求知欲越旺盛，越想得到别人的赞许和认可，则他在有关的目标指向性行为上就越想获得成功，其行为的强度就越大。因此，不管是为获得知识、能力，或者是为获得良好的地位、声誉，学习目标定向明确，个体学习行为的积极性将更高，明确而合适的学习目标定向，有助于激发个体的学习动机，获得强烈的成功体验。

第二，可进行"自我竞赛"。即同过去的自己比，从自身进步、变化中认识、发现自己的能力，体验成功，增加自信心。如果总是与班上的优秀生相比，就会觉得自己样样不如别人，越比自信心越低。

第三，为自己创设更多的成功机会，发挥自己的专长与潜能，增强胜任感。例如，语文、数学成绩都较差，但擅长美术，就可以从发挥美术特长入手，增强自信，从而努力攻克语文、数学科目的学习困难。

不过，成败经验对自我效能的影响还受到个体归因方式的左右。只有当成功被归因于自己的能力较强这种内部的、稳定的因素时，个体才会产生较高的自我效能；同样地，如果将失败归因于自己的能力不足这种内部的、稳定的因素时，个体会产生较低的自我效能感。而把成功都归因于运气、机遇之类的外部的、不稳定的因素，则不影响个体的自我效能感。也就是说，自我效能高的个体会认为可以通过努力改变或控制自己；而自我效能低的个体则认为行为结果完全是由环境控制的，自己无能为力。因此，在对成败进行归因时，应持积极、客观的态度，以增强自我效能感，保持持续的动力。

2. 学会心态调整

做任何事情一定要有一个积极的心态，有积极的心态才能保持饱满的状态。要学会用积极的自我暗示代替消极负面的自我暗示，从内在开始改变自己。

（1）积极的自我暗示。法国大作家大仲马说过："人生是一串由无数的小烦恼组成的念珠，达观的人是笑着数完这串念珠的。"当自己有焦虑情绪时,给自己以强有力的自我暗示,如"我能行""我一定能够成功""我看好我自己"等。积极的自我暗示可以增加自信,克服焦虑。

(2)适量的运动。研究表明,运动可以消除一些导致焦虑的化学物质,使精神放松,心情愉悦。当感到焦虑时,索性什么都不去想,去跑步、打球或者游泳,运动不仅锻炼了身体,而且有效地缓解了焦虑的情绪,也能使自己有更充沛的精力去做下面的事。

(3)做最感兴趣的事情。人们在做自己感兴趣事情的时候,都会全身心的投入,进入一种物我两忘的境界。因此,当面对焦虑时,放下手头的工作,做一些感兴趣的事情,如唱歌、听音乐、看电视、打篮球等,当做完这些事情的时候,烦恼焦虑就无影无踪了。

(4)情感宣泄。情感宣泄是缓解压力、保持心理平衡的重要手段。可以把自己的紧张、焦虑讲给亲人或朋友听,让自己的内心得到调整;或者找一个适宜的地方,放声大哭或大笑,以宣泄自己内心的忧郁。

(5)听音乐。听音乐能使人放松,使人的生理、心理节律发生良性的变化。当一些事情使人感到不安、烦躁时,不妨静下心来听听音乐。音乐犹如一缕清风拂过心灵,会令人感到无比的舒适和惬意,而焦虑情绪也随之烟消云散。

3．提高沟通能力

在当今社会,除了专业技能等硬性技能外,大家也越来越重视"软技能"的提升和发展。所谓软技能,即激活人力资源的能力,如情绪控制能力、人际关系处理能力等。有效沟通,无疑是"软技能"的核心能力之一,它可以帮助自己更游刃有余地处理工作事务,促进与亲人朋友间的理解,拉近心与心之间的距离。而要实现有效沟通,必须了解沟通的禁忌、技巧和原则。

(1)沟通禁忌。不良的口头禅,用过多的专业术语或夹杂英文,只顾表达自己的看法,用威胁的语句,忽略了确认不了的信息,只听自己想要听的,这些都是有效沟通应规避的。

(2)沟通技巧。好的沟通技巧可以提高沟通效率,例如,用建议代替批评,让对方说出期望等。

(3)沟通原则。做好自我管理;随时能站在别人的立场考虑事情;主动关怀别人;帮助自己厘清沟通前的准备步骤——明确沟通的目的,收集沟通对象的资料,决定沟通的场地,准备沟通进行的程度与时间,作出沟通计划表。

4．学会健康管理

身体是革命的本钱。如果健康是"1",一生的成就是这个"1"后面的"0",后面的"0"越多,所拥有的财富就越多。但如果前面的"1"没有了,则一切就都没有了。工作、友谊、家庭,生活的一切,都需要以健康作基础。身体健康就是要达到一个身心平衡与身心俱佳的状态。这就需要用一种"畏法度"的心态生活,也就是说,自然规律不是用来挑战的,而是用来顺从的。因此,健康的获得就需要从规律的把握入手——规律的运动、科学的生活习惯。应主动磨炼自己的思维,保持一种乐观的情绪状态。

5．培养创新能力

创新能力是一种可以训练、提高,并最终习惯化的技能。在这个技能的掌握过程中,一直伴随着心理突破。如果不去突破自己的思维惯性、消极态度、自卑心理以及僵化心理,创新的过程就会阻力重重。创新能力的培训一方面需要系统化的训练，另一方面需要在广泛的学习、生活实践中提升自己的心理素质。二者相辅相成，缺一不可。

6．学会印象管理

印象管理是指一个人通过一定的方式影响别人对自己形成印象的过程。该理论是心理学家库利、戈夫曼等提出的。印象管理是社会互动的一个根本方面。每种社会情境或人际背景都有一种合适的社会行为模式，这种行为模式表达了一种特别适合该情境的同一性，人们在交往中总是力求创造最适合自己情境的同一性。理解他人对自己的知觉与认知，并以此为依据创造出积极的有利于自己的形象，将有助于成功地与人交往。印象管理应注意以下几个事项。

（1）把握最初的7秒。与人接触的最初的7秒内，人们就会因为本能的个人好恶决定是否喜欢某人，是否信任某人，是否愿意花时间和某人说话。假如给人一种负面的印象，那么对方通常会在短时间内便将注意力转向他人。

（2）记住别人的名字和面孔。做到这一点尤为重要。

（3）不要信口开河、虚张声势，不要摆出虚假的姿态，要适当发挥自己的长处。

（4）善于使用眼神、目光。沟通过程中要注意把握目光和眼神，即时给对方积极的回应。

（5）多听少说，先听再行。

（6）集中精神，积极热情地表示对对方的关注。

（7）放松心情，时刻保持一颗平常心。

（8）充分显示出自己的优势，用人格魅力感染对方。保持自己的本色，不卑不亢。

（二）大学生职业素养自我提升的关键要素

1．情商与智商的培养

（1）情商的培养。长期以来，人们习惯于将智商作为衡量人才的标准，而现代研究表明，人才成功的决定因素不仅仅是智商，情商甚至更为重要。通过对管理领域成功人群的研究发现，在那些人中，有相当一部分在学校里被认为智商并不太高。我们经常看到有这样的人，他们受过高等教育，较高的智商使他们具有非常丰富的知识，从而能顺利地到一个单位就职或者从事一项研究工作；倘若他们情商又高，情绪稳定，适应环境能力强，对外界和上司、同事没有过分苛求，对自己有适当的评价，不因外界的影响而"热胀冷缩"，在受到挫败时重整旗鼓，并能不断提高自身心理素质，从不怨天尤人或悲观失望，其智商和潜能就能得到充分发挥，在工作中就会游刃有余，走向成功。

情商低者让情绪控制行为，情商高者让行为控制情绪。哈佛大学的一项调查显示，成功、成就、升迁，85％是由人们正确的情绪获得的，而仅有15％是由人们的专业技术获得的。培养情商可从以下几方面有意识地进行。

①注重心理知识的学习。学习心理学，可以加深人们对自身的了解。通过学习心理学，可以知道自己为什么会作出某些行为，这些行为背后究竟隐藏着什么样的心理活动，以及自己现在的个性、脾气等特征又是如何形成的，等等。也可以把自己学到的心理活动规律运用到人际交往中，通过他人的行为推断其内在的心理活动，从而更准确地认知外部世界。

②加强道德修养，培养情感智慧。情商教育的内涵不外乎对自我和他人情绪的认知掌握、对冲动的克制及对人际关系的管理等，这都是道德品格的基础。一个人的道德品格实际上源于个人的情感能力，因此培养提高自身的情感智慧，首先应接受道德品格教育。大学生要重视个人潜能和价值的开发，加强对学习动机和需要的引导，注重情感人格的培养。

③正确认识挫折，提高抗挫折能力。现在的大学生心理承受能力相对较弱，自我感觉在学习生活中遭受了不少挫折，例如，学业竞争受挫、情感受挫、人际交往受挫、因目标过高而受挫、因意外刺激而受挫等。容易在挫折面前或恐慌、焦虑，或自暴自弃、回避现实，或自卑怯懦甚至悲观厌世等。对此，要从理论学习和生活经验上加以理解，使自身在困难面前自我激励、坚定意志和信心，奋发向上，并能主动地面对挫折，迎接挑战。

④倡导团结和协作精神。大学生应学会尊重、宽容和谅解他人；学会设身处地为他人着想；学会反省自己，妥善管理自己的情绪；培养领导、驾驭与互相合作的能力和精神，以提高人际交往能力。

（2）智商的培养。在智商培养方面，作为在校的大学生，需着重强调以下几个方面。

①学习能力的培养。当今时代，学习已变成一种责任、一种需求，成为生命的一部分。学习的过程是一个长期的过程，不能一曝十寒、朝喜晚厌，只有持久坚持、日积月累才能有所收获。学习能力就是以最快捷的速度、最简便的方式、最有效的形式获取准确的知识和信息的能力。

大学是人生的关键阶段，因为这是第一次放下高考的重担，开始追逐自己的理想、兴趣；这是大学生第一次离开家庭生活，独立参与团体和社会生活；这是第一次有机会在学习理论的同时亲身实践；这是第一次脱离被动，有足够的自由处置生活和学习中遇到的各类问题，支配所有属于自己的时间。在这个阶段里，所有大学生都应当认真把握每个"第一次"，让它们成为自己未来人生道路的基石；在这个阶段里，所有大学生也要珍惜每个"最后一次"，不要让自己在不远的将来追悔莫及；在这个阶段里，每个大学生都应当掌握学习这个重要能力，包括学习自修之道、基础知识，学习为人处世等。

大学是人生的关键阶段，这是人一生中最后一次系统性地接受教育和建立知识基础的机会，很可能是最后一个可以将大段时间用于学习的人生阶段，也可能是最后一段可以拥有较高的可塑性、可以不断修正自我的成长历程，更可能是最后一个处在相对宽容且可以置身其中学习为人处世之道的理想环境。

②专业能力的培养。如今社会已经成为一个专业化的社会，专业人才越来越受到企业的青睐，专业能力是职业人士不可或缺的能力，它构成了职业人士的核心竞争优势。保持专业发展路线的不动摇，才能由浅入深，厚积薄发，形成独特的专业知识、技能、经验与资源。那么，在职业发展过程中，应该在哪些维度努力进取呢？

首先是专业层面。这是最为核心的要素，是所适合从事的专业领域，也是认准的专业领域。这个专业领域可能是与所学专业相关的，也可能是无关的，它可能比较精细，如财务、人力资源、销售或研发等。在职业发展过程中最忌讳贪多求全，遇到新的发展机会就跳出原来所在的专业领域，到一个从未接触的领域从零开始，这种做法其实带有很大的风险。尽早锁定一个专业领域，持久地发展下去，不要轻易离开它，除非是已经确定该领域确实不适合自己。

其次是行业层面。如果喜欢某个行业，对某个行业比较有感觉，或者该行业有发展前景，最好尽可能在同一个行业发展。因为对一个行业的熟悉与了解都是需要时间的，对行业知识、资源的积累以及对行业发展规律的把握都是很有价值的，这是刚步入某个行业的新人无法在短期内拥有的。当然，每个行业都有其高低潮或兴衰变化，但在这个过程中行业总会有新的发展机遇出现，把握住行业发展的主旋律就能创造出不一样的成绩。

最后是技能层面。如果某些核心技能是大学生的兴趣或者天赋所在，那么把它当作珍贵的树苗，用心培育它，它就会逐渐成为根深叶茂的参天大树，如有的人英语特别好，或者计算机技术强、写作能力强、策划创意强、人际交往能力强等，这些都是技能。如果在能够发挥自身技能与特长的环境与平台上发展，就会发现自己比一般人做得更出色。

一般而言，职业发展过程中保持不变的东西就是专业能力层面的东西，如果可能的话，以上3个维度应尽可能地保持不变，如行业与专业不变，专业与技能不变，通过一定时间的积累将会形成独特的复合竞争优势。

2．人文素养和创新能力的培养

（1）人文素养的培养。从教育目标来看，大学教育最重要的不是传授知识，而是教学生做人、做事的道理。文学、音乐、美术等艺术方面的教育培养是构成一个人人文素养的重要因素。培育提升大学生人文素养的途径主要有如下几方面。

①重视传统文化教育与传承。中华民族创造了具有强大生命力的优秀传统文化，不仅体现了崇高的民族精神、民族气节，而且涵盖了哲学、社会科学、自然科学、文学艺术等诸多领域。它对大学生的思维方式、思想观念、行为模式等都有深层次的影响。

②注重选修人文课程，学精学实。从某种意义上说，选修课的课堂能进行一种文化传递。可以通过选修文学、史学、哲学、艺术等人文社会科学课程，不断提升人格、气质、修养等内在品质，培养创新精神，学会正确处理好人与人、人与社会、人与自然的关系。

③政府、社会、高校、学生共同参与形成合力。"九层之台，起于累土"，良好人文素养的培育与提升与每个人息息相关，人人参与，为高素质人才的成长提供肥沃的土壤和优良的环境。高校的根本任务从某种意义上说就是努力营造出高品位的文化氛围，让学生身其中，从而感悟、理解、思考，净化灵魂，升华人格，把正确的做人做事之道渗入灵魂当中。在政府和社会各界力量的配合下，大学校园必将成为莘莘学子增加学识、提升人文素养的理想场所。

（2）创新能力的培养。创新能力的培养是一个长期的、潜移默化的过程，需要大学生在日常的学习和生活中，充分利用学校提供的条件，借助教师的帮助，挖掘自身的潜能。创新能力的培养要注重以下环节。

①积累知识。只有多积累知识，才有发现问题、提出问题的能力和水平，才能激发学生去关注事物间的联系，提出自己的见解。知识的积累要从课堂和课外同时展开，课堂是学习的主阵地，在课堂中学生可以直接与教师进行交流，了解教师的观点主张，积累丰富的知识；课外知识的学习也不容忽视，它可以补充课堂知识学习的不足，许多学科前沿的理论观点需要阅读大量的文献资料等才能了解。

②提高问题意识，增强创新敏感度。首先，激发创新动机和创新兴趣。大学生要对自己感兴趣的问题进行进一步的探讨、研究，在这个过程中提高问题意识从而激发创新动机。其次，

培养创新情感,坚持创新意志。学生具有了创新的动机和兴趣,就要坚持把创新进行到底,创新情感和创新意志在这里发挥着重要的作用,高尚的情感既是创新活动的强大推动力,也是产生创新欲望的源泉,创新情感能够使人在创新过程中不盲目自卑,充满自信,并把自己定位在拥有创新能力的高度上。因此,大学生要树立这种情感和意志,就要把自己的创新灵感付诸实际行动,要在闲暇时间对自己感兴趣的领域进行调查研究,培养一种创新情怀,从而激发自己的责任感和创造力。

③开展多样化的创新思维训练。思维能力与其他能力一样,要想提高就必须不懈地进行学习与训练。为此,大学生要结合学习、生活以及专业的实际情况,对创新思维能力进行培养与训练。

一方面,大学生要开展发散思维训练。发散思维要求学生遇到问题能从多方位、多角度去分析、思考,寻求多种途径、多种答案,尽力养成求新、求异的思维习惯。在大学生活中最能锻炼发散思维的训练当属参加各类比赛,如辩论赛,选手需要广泛的发散性思维,在比赛前要对各种问题进行假设,并查找相关资料,做好充分的准备;在比赛中,要运用掌握的资料发散思维,为驳倒对手的论点提供有利的论据。协助教师进行科研活动也对大学生发散思维的培养有重要作用。

另一方面,大学生要注重逆向思维训练。所谓逆向思维,是一种与习惯的、传统的、常规的、逻辑的或与群体思维方向相反的思维方式,它要求思维者另辟蹊径,疑人所不疑,想人所未想,创人所未有。在日常生活中积极主动地运用逆向思维,能够起到拓宽和启发思路的作用,当陷入思维的死角不能自拔时,不妨尝试一下逆向思维法,打破思维定式,反其道而行之,说不定就会眼前一亮,豁然开朗。

④注重创新人格的培养。大学生创新的目的不在于取得什么样的成果,更不要奢望有多么了不起的成就,重要的在于自己建立起依靠挖掘自我的潜能去探索未知问题的意识,逐步形成创新的过程体验,从而形成一种勇于探索的品质和奋发向上的个性,进而培养创新人格。要独立自觉地思考问题,用质疑的眼光审视事物,培养独立型人格;要反应敏捷,易于接受新的事物,善于随机应变,培养灵活型人格;要有自己的主见,主动开拓,坚韧不拔地实现理想,培养主动型人格。

3.责任意识与团队精神的培养

(1)责任意识的培养。人生活在客观世界中,与客观世界有不可割裂的联系。人的一生,有父母、子女、配偶、朋友、同事等许多社会关系,人因社会关系而来到这个世界,在社会关系中成长和生活。在这些关系中,人扮演着一定的角色,必须做一些事情,或承担一定的责任。意识到这种责任,并自觉去承担它,是思想道德修养的基本要求。责任意识包括承担社会某一岗位的责任意识、做好分内应做之事的责任意识和勇于承担过失的责任意识。大学生责任意识的培养有以下几个途径。

①接受校园知识和文化的熏陶,培养责任意识。校园知识、文化和校园环境直接关系到大学生的健康成长。丰富的知识、高尚的风气、良好的秩序、幽雅的环境、多彩的文化,不仅可以美化学生的心灵,陶冶学生的情操,启迪学生的智慧,开阔学生的胸怀,还可以激发学生的

上进心和责任感，培养学生的愉悦情绪。大学生要充分利用大学的环境培养责任意识，大力开展丰富多彩、喜闻乐见、形式多样、积极向上的学术、科技、文化、体育、娱乐与社会活动。

②积极参与社会实践活动，增强社会责任感。个人责任感是认识过程、意志行为过程和情感过程的统一，统一的基础就是实践，只有在社会实践中才能产生和深化对自己应承担责任的认识，才能形成履行责任的行为和提高履行责任行为的意识水平，才能获取对履行社会责任的亲身体验和感受。

③发挥主体作用，在自我教育中增强责任意识。霍姆林斯基说过："没有自我教育，就没有真正的教育。"责任感正是责任主体在无数次的内化与外显的交替中逐步形成的。如一些大学多年来在开展"爱与责任、赢在起跑线"等系列教育中，尊重学生的主体地位和主体人格，避免了对学生进行认知教育为主导的教学模式，注重让学生在活动中通过规范操作性经验的积累，获得与规范相一致的行为方式和行为习惯，让学生在真实情景中真实地感受，使其内化为一种自觉行动。爱与责任教育不能简单地停留在单一层面，而需要渗透在教育的点滴之中，既包括校内，也包括校外；既包括在工作学习中，又包括在家庭生活中。小到公民责任的培养，大到对集体、国家乃至整个人类社会责任的培养，都离不开责任教育。因此，负责任应从大处着眼，小处落手，不能游离于现实生活之外，要与实践相结合，与社会发展相协调，在实践中完善、强化责任意识。在进行责任意识培养的过程中，接受学校的教育安排，如对大一的学生进行生命责任意识教育，对大二、大三的学生进行行为成才意识教育，对大四的学生进行回馈责任意识教育，使大学生把自己的事业和国家、社会发展结合起来，奉献自己的爱心。

（2）团队精神的培养。团队的精髓是共同承诺，共同承诺就是共同承担团队责任。没有这一承诺，团队如同一盘散沙；作出这一承诺，团队就会齐心协力，成为一个强有力的集体。团队精神与集体主义有着一定的区别，团队精神更强调个人的主动性，而集体主义则强调共性大于个性。诚信、创新是内在的、自律的，因而不可能在强制的条件下发挥出来，必须以个人的自由、个人独立为前提，在此前提下合作的人们才有可能形成一个整体。培养大学生的团队精神是非常重要的，社会上也把"是否具有团队精神"作为人员聘用的重要指标。发挥团队智慧，同时辩证地处理好合作与竞争、个体意识与团队意识的关系，才能在以后更好地工作。可以从以下几个方面培养学生的团队精神。

①认真上好思想政治理论课，在课堂上学习和体会团队精神。在学习科学文化的过程中，要自觉地学会如何做人、如何做事。政治理论课是大学生的必修课，是帮助大学生树立正确的世界观、人生观和价值观的重要途径，也蕴含着对大学生团队精神的培养。应该把理论教学与社会实践结合起来，不断培养大学生的团队意识，进而促使他们形成正确的价值观、崇高的理想、积极的人生态度、正确的竞争协作观念等。

②通过参加各种思想政治讲座、座谈会、心理健康教育等，有针对性地培养团队精神。除了正常的教学活动之外，学生应该有针对性地参加各种培养学生团队精神的思想政治讲座、座谈会等，通过听专家讲解理论、展示事例，有效地培养良好的心理品质和自尊、自爱、自律、自强的优良品格，增强克服困难、经受考验、承受挫折的能力，促进相互关爱、相互理解、友好合作的人际关系。

③学生通过班会（团会）素质教育综合课，学生干部通过班级建设，有效凝聚和培养团队

精神。毋庸置疑，班会（团会）既是强化学生团队意识的重要手段，也是教学活动从具体实施到教育目的得以实现的重要途径。实际上，班会（团会）开展的连续性、制度性以及质量的高低，直接关系到一个班的班风。一个具有良好班风的班集体往往具有共同的目标、共同的荣誉感和为达到共同目标而组织的相关活动，具有正确的舆论和优良的作风，有严格的制度和纪律，有团结友爱、相互帮助、平等互利的人际关系和团队精神。高校思想政治工作应该重视班主任、辅导员和班级建设在思想教育中的重要作用，加强班级建设，增强班级凝聚力，使班级成员之间的人际关系融洽，每个成员都能获得归属感、荣誉感，受到他人尊重，增强自信，最终凝聚成有实力的团队。

④积极参加校园丰富多彩的文化活动，开展形式多样的社会实践活动，增强团队意识和合作能力。大学校园文化活动和大学生社会实践是学生在学校的"第二课堂"，对提高学生的综合素质起着重要的作用。学生要经常参加以增强学生团队精神和相互协作能力为重要目的的活动，如球类比赛、群体性文艺活动、辩论赛、暑期社会实践等，这些活动能使参与者充分体验团队精神的重要性。

⑤积极参加社团活动，在社团活动中强化个人的团队合作意识。社团活动是实施素质教育的重要途径和有效载体，在强化学生的团队意识、合作能力、提高综合素质、促进学生成长成才等方面发挥着重要的作用，是有力凝聚学生、开展思想政治工作的重要方式。大学生社团包括学术研究类、科普类、发明创造类、文艺类、体育类、志愿服务类等，这些社团需要有相同爱好、有较强组织协调能力、有乐于奉献精神、有良好团队精神、有较强自律性的学生共同组建和发展。例如，一些发明创造类社团，仅靠一个人的创意是不可能实现目标的，它需要社团成员组织分工、相互协作，在不断探索的过程中逐渐凝聚起较强的团队精神。

二、高校对提升大学生职业素养的措施

目前，高职毕业生在职业素养教育方面之所以出现诸多问题，除了大学生自身因素外，还在于高校自身在培养新时代大学生方面不够重视和努力。因此，为了培养大学生的职业素养，满足社会对新型人才的需求，学校也应积极为大学生创造更好的职业素养环境。高职院校应该从以下几个方面着力培养大学生的职业素养。

（一）将职业素养教育贯穿人才培养模式中

职业素养教育是一项系统工程，对学生的职业素养培养应贯穿人才培养的各个环节和过程。高职院校应建立职业素养培养的长效机制，将职业素养教育纳入教学体系，贯穿高职教育的全过程。高职生走向社会从事的岗位是各行各业一线的生产、建设、管理、服务的具体工作，因此高职院校培养的学生要能面向社会、适应市场。这就要求高职院校开展校企合作、工学结合，构建校园文化和企业文化结合的模式，加强与企业的合作和与市场的衔接，借鉴和吸收企业文化的实质和内涵，进行教学改革，优化课程设计，更新教学内容，加强实践教学和实训环节。在工学结合人才培养模式中，强化高职生职业素养培养。工学结合人才培养模式的主题是将学生的课堂学习与参加实际工作结合在一起，使他们能学到课堂中学不到的东西，并接受一定的职业训练，取得一定的工作经历，从而顺利地进入职业生涯，有利于今后更好地发展。显

然，它的目标指向集中在学生职业素养的提高上。工学结合人才培养模式具有两大功能：一是提高学生的职业素养，二是带动专业课程改革和师资建设。提高学生职业素养的工学结合主要是在真实工作环境中的顶岗实习。学生通过像"职业人"一样工作，接受职业训练，能提高对职业、对社会的认识，也能了解到一些与自己今后职业相关的各种信息，从而在如何对待同事、如何对待上司、如何进行团队合作等方面得到锻炼。

（二）将职业素养培养融入专业教学中

专业教学是职业素养培养的根本途径和基本平台。在专业教学的实践活动中要有意识地引入企业的工作流程，通过教师有目的的教学激发学生的主观能动性，让学生在准职业环境中扮演角色。一方面，提升学生的专业职业技能；另一方面，认同企业的效率意识、竞争意识、服务意识和团队精神，从而培养学生真正的责任意识、敬业精神和可持续发展能力。职业素养课程是对高职生人才培养模式的具体实施。职业素养培养的内容涉及许多方面，在课程的构建和开发上要注意系列化、系统化，应包括职业意识教育、职业选择与职业行为、团队合作、生涯设计、诚信教育、法制教育、思想道德教育、心理健康教育、美学教育、人文素养教育、礼仪教育等课程。

（三）将职业素养教育理念落实到课程体系中

传统的课程体系构建方法是基于学科的，即按照学科的本质、内涵、规律构建从公共基础课、专业基础课到专业课、专业选修课的课程体系，按照从理论出发、进行实践验证，再进行理论提升的方式组织教学。而高职教育应当摆脱这一构建方法，从行业、岗位群、岗位的能力需求出发，进行能力分析，设计对应课程，以构建能力培养为核心开发课程体系，按照理论实践一体化的方式组织教学。高职院校在运行上要强化市场导向，高职教育的培养目标，首先是考虑社会需要什么人才，要根据毕业生就业岗位群设定培养目标，要根据岗位群所要求承担的任务制订人才培养规格。在人才培养中，要紧紧围绕能力培养的目标，打破基于理论的人才培养模式，探索工学结合、校企合作的基于能力的人才培养模式；在课程教学中，要打破知识化的课程教学方式，建立技能化的课程教学方式；在考核方式上，要打破传统的头脑记忆力的考核方式，建立多元智能的考核方式。针对培养定位，做好前期调研工作，深入调查行业岗位及专业人才需求现状，进行专业核心能力分析，构建以能力培养为教学主线的课程体系。引导各系、部在教学计划制订过程中，对课程体系进行调整，将"知识型"课程体系转变为"技能型"课程体系。

（四）将企业文化融入校园文化，促进学生职业素养的提升

企业文化是指企业在一定社会经济条件下逐步形成的被全体员工广泛认同的经营理念和传统信念。在知识经济时代，企业文化作为一种无形的生产力，是企业可持续成长的精神支柱，能极大地促进企业的发展。企业文化能够有效增强企业的凝聚力，是提高企业核心竞争力的重要因素之一。校园文化是指以社会先进文化为主导，以师生文化活动为主题，以校园精神为底蕴，由师生、员工在长期的办学过程中共同创造形成的学校物质文明和精神文明的总和。高职校园文化在原有的传统校园文化中融入了更多的职业特色，即更加彰显了职业技能、职业道德

和职业人文素质等因素,从而形成了具有职业素质教育特征的高职校园文化。

职业性是高职校园文化区别于普通高等学校校园文化的重要特征之一,是高职校园文化的核心因素。因此,将企业文化融入校园文化,是提升高职生职业素养的必由之路。一是高职院校培养的学生面向生产第一线,直接面向就业市场,因而高职院校校园文化就应具有鲜明的职业特色。换句话说,应该从高职生的职业理想、职业技能、职业道德、职业态度等方面体现职业特色。良好的职业素养,是企业对员工的基本要求。良好的职业素养培养,不是靠哪一门具体课程就能实现的,也不是靠一两次活动就能完成的,而是需要一种具有职业特色的校园文化的长期熏陶,在潜移默化中养成。二是营造良好的职业意识氛围,使学生在潜移默化中不断增强职业意识、职业光荣感和使命感,对更好地适应职业岗位具有十分重要的意义。高职院校在传授知识、培养技能的同时,应不断增强学生的职业意识,为学生的职业发展奠定良好的基础。可以通过营造职业文化的氛围,让学生即使身在校园,也能感受到企业文化的熏陶。三是开展形式多样的校园文化活动。内容丰富、主题鲜明、形式新颖、参与性强的校园文化活动是高职学生职业素养培养的重要平台,高职院校应该很好地借助这一平台,广泛开展各种校园文化活动,提升高职生的职业素养。

(五)创建一个基于能力的评价标准和考核方式

高等职业教育应重视学生的创新能力、实践能力和创业精神的培养,课程考核要按照能力型人才培养目标,在深入研究课程结构体系的基础上,对考试观念、内容、形式、评价等方面进行改革,以适应学生知识、能力、素质全面协调发展和个性化学习的需要。通过增强考试的自主性、实践性与探究性,以人为本,实现教学评价方式的根本转变,充分发挥考试在教学和人才培养中的教育作用、引领作用和导向作用,体现教学的针对性、实效性和创造性。课程考核改革,要求教师选择多元化考试模式,发挥考试在教学活动中具有的显示功能、反馈功能和导向功能。通过考试的引导作用,提高学生运用知识、自学、实践操作、自我评价、分析和解决问题等能力。要求改革考试内容,考试不局限于理论考核,更注重能力和技能的考核,能测出学生分析问题解决问题的实际能力。要求改革考试方法,坚持以职业岗位能力为重点,知识、技能、能力考核并重,以能力和技能考核为主线的原则,综合成绩考虑学生参与学习的过程及平时成绩,考核形式根据课程性质和特点确定,与行业规范接轨。构建一个行之有效、反应及时的反馈机制,能够不断提高职业素养培养的成效。应建立一个由学校主管部门、用人单位、毕业生、实习生、在校生组成的反馈机制,设计一些问卷调查,采用定期调研的形式,收集高职生走上工作岗位后的各种信息,对职业素养培养信息进行反馈,并将这些信息整理后提出改进方案和需要完善的措施,以便对教学计划、人才培养方案和职业素养教育内容进行必要的调整。

高职院校应该紧紧围绕职业教育的特点,加强高职生职业素养培养;以就业为导向,提升高职生的就业竞争力。将职业素养教育贯穿工学结合的人才培养模式中,将职业素养培养融入专业教学,将职业素养教育理念落实到课程体系,将企业文化融入校园文化,不断提高职业素养培养的成效。

三、社会对大学生职业素养的塑造

大学生职业素养的培养不能仅仅依靠高校和学生本身,社会资源的支持也很重要。全社会应形成重视培养大学生职业素养的舆论氛围。

(一)校企合建实习基地,为大学生提供平台

要想获得具有较高职业素养的大学毕业生,企业应该参与到大学生的培养中。企业不应消极抱怨学生实践能力不足,也不应单靠高校把学生培养成适应社会需要的人才,而应把自己当成大学生成长成才过程中的重要一环,在积极为大学生提供实习平台的过程中培养学生的职业素养。

企业与高校联合培养大学生可以从以下三个方面开展:一是提供实习基地以及科研实验基地;二是走进高校对大学生进行专业的入职培训以及职业素养拓展训练等;三是企业家、专业人士走进高校,直接提供实践知识、宣传企业文化。

建立校企联合实习基地的好处在于:对企业而言,接收大学生实习,便于用人单位提前介入高校毕业生选拔,是发现人才、储备人力资源的有效渠道。对实习生有考察、培养、使用的过程,一旦实习结束,如企业愿意用,就可以签订用工合同。此外,学生在用人单位实习的过程,也是单位提供其社会知名度、传播其自身文化的过程。对大学生而言,不仅在市场环境中增加了社会实践和工作经验,同时也得到了锻炼,熟悉了企业,还能加强与对口专业的感情联系和业务联系,塑造和提升学生的职业形象和职业能力,促进自身的全面发展。

(二)政府建立实习制度,完善社会培训体系

我国人才市场亟待建立实习制度,完善社会培训体系。政府方面,应引导越来越浮躁的实习市场,加大对大学生实习环节的支持力度,对积极接收实习生的用人单位给予财税上的支持。网上调查显示,目前我国仅有5%左右的企业为大学生提供实习机会,这些企业大多是三资企业,且多数集中在北京、上海等大中城市,而占全国企业总数99%以上、吸纳75%以上从业人员的中小企业,却很少为大学生提供实习机会。

据了解,一些西方发达国家已形成完善的实习体系。通过实习,大学生可以与企业"亲密接触",毕业后可以相互选择。每逢寒暑假,通用电气、贝塔斯曼、微软、宝洁等世界著名跨国公司都会面向全国各大高校招募实习生,组织优秀学生到公司实习,从而通过此渠道发现更多的人才,像麦当劳这样忙着招募暑假实习生的跨国企业亦不在少数,这些公司的招募网页,不仅点击率高,而且每项职位都有不少学生热议如何胜任。跨国公司招募实习生的大门,通常是全年敞开的,对象主要是大一、大二或研究生一、二年级的学生。这些跨国公司一般在5月左右开始招募实习生,有的通过公司网站直接发布招聘信息,有的通过校园招聘和网络招聘发布招聘信息。

目前,大学生实习已引起社会各界的关注。已经暴露出的问题表明,大学生实习除了大学生自身有一腔热情外,更需要社会提供一个高校和用人单位之间的联系平台。有专家指出,在真正的实习制度建立起来之前,建立大学生实习指导机构乃当务之急。

综上所述,我国很有必要在人才市场建立实习制度,国家有关部门应在大学生实习方面制

定相关的政策和规定，这样一方面可使大学生了解企业需要什么样的人才、自己欠缺什么样的知识和技能；另一方面，也可使企业减少培训成本，便于企业找到合适的人才。另外，在鼓励有能力的学生进行自主创业方面，相关部门应给予更多的政策支持，如给大学生创业提供资金，税务、工商等一系列配套扶持和奖励政策，使创业成为大学生就业的一个新的"风向标"。

（三）利用社会资源提升大学生职业素养的预期成果

1．提升大学生文化素养和实践能力

文化素养是大学生综合素质的内核和基础，是大学生必不可少的知识储备。然而，大学生的文化素养也有着比较严重的缺口。一方面，由于大学课程的开设有很强的专业性，使大学生的知识结构有"深度"而缺乏"广度"。据调查，有过半的学生不能掌握其他专业常识性知识。另一方面，大学生所学知识绝大多数还只停留在"纸上谈兵"的理想阶段，没有接受实践检验。长期以来，重学术轻应用，重科学轻技术始终是一种比较突出的认识误区。其实，应用、技术与学术、科学同等重要，必须加强实践能力的培养。

大多数学生从 6 岁开始步入校园，而学校多以教授课本知识为主，因此，形成了大学生理论知识丰富，实践能力差，动手能力不足的问题。长时间的实习，有利于提高大学生的实际操作能力，使实践与理论相结合，实现大学生的全面发展。全面发展既包括体力，又包括智力；既包括从事物质生产劳动的能力，又包括从事精神生产的能力以及消费的能力；既包括社会交往和社会适应以及驾驭社会关系的能力，又包括开拓创新的能力；既包括思想觉悟与道德修养的能力，又包括审美的能力；既包括现实能力，又包括潜在能力；等等。

2．树立正确人生观，培养优秀品质

在校大学生年龄一般在 18~22 岁，正是心理发展迅速走向成熟的阶段，相对自由宽松的大学校园文化环境，给了大学生充分展示自我的机会。但是由于心理尚不成熟，部分学生容易出现各种各样的心理问题，如人际关系紧张、学业障碍、价值取向扭曲，不能接受理想与现实的差距等。

据调查，在某省的顶岗实习支教活动中，73.9%的支教学生觉得顶岗实习过程中最大的收获是"自身价值得到肯定和承认"。大多数支教学生在思想上收获颇丰，77.2%的大学生认为通过顶岗实习收获的是"学会处理各种人际关系"，56.5%的大学生认为顶岗实习帮助自己"丰富了人生经历，增长了应对坎坷的能力"，在认识能力、价值取向、应对挫折方面得到了显著提高。

在大学校园里，说教式的方法只能是"填鸭"式的被动教育。进入社会实践后，大学生的角色发生了质的变化。他们一下子感到肩上的担子重了、责任感有了、使命感强了，在自我教育的同时还要帮助他人，形成了一种相互要求、相互促进、相得益彰的教育格局。由此，大学生从被动教育变为主动接受教育，在实践中受教育，在工作中长才干，作贡献，受锻炼。

通过实习，大学生深入社会实际，可以看到职场中真实的生存状态，了解职场生存和发展的艰难，并在实践中逐渐发现自身价值，提高综合素质，形成勤劳、正直、奉献、利人、勇敢、智慧等高尚的人格品质。

通过实习，大学生在困难的环境中得到锻炼，认清自我，逐渐成长，处理日常事务的能力、交际能力、应对挫折的能力、驾驭情绪的能力都得到了提高。大学生的主人翁意识也由此深入基层，他们关心社会事务，参与社会建设，增强了社会责任感和使命感，也促进了人格的完善与健康成长。

3. 转变就业观念，解决结构性失业

就业观念必须转变，只要大学生从专业、薪金、地域等一些无形的框框中解放出来，就会发现就业天地是广阔的。参与社会培训和单位实习，大学生就业会更切合实际；着眼国家需求，让自己的就业预期适应国家发展的实际，让自己的人生价值体现在为社会作贡献的大小上，而不是"起薪"水平上。在很多人的刻板印象中，基层单位和乡村就是偏僻、落后、艰苦和困难的代名词。在基层工作和在乡村就业就好像低人一等，不如在城市就业的人能力强、水平高、本事大，不如在城市有前途。造成一方面基层缺人才，要人要不着；另一方面大学生就业难，想去基层去不了。解决这一矛盾，应从两方面着手：一方面，通过大学生到基层实习，各级政府制定并实施更积极、更科学、更具有吸引力的基层政策，把每项鼓励和帮助措施落到实处，确保大学生下得来、留得住；另一方面，大学生通过实习，转变就业观念，让实习成为首次修正职场路线的机会，依据自身能力，重新规划和调整职业路线，避开热门，最终实现就业率的提高。

总之，大学生职业素养的培养是目前高等教育的重要任务之一，提升大学生的职业素养，需要大学生、高校及社会三方面的协同配合才能有效。

 实践拓展

1. 如何提升自己的核心竞争力？
2. 根据实际情况完成生涯决策平衡单。

步骤一：确定你的职业决策考虑因素，如做销售、做办公室工作、专升本三个方案。

步骤二：把三个方案填入平衡单的选择项目中。

步骤三：在第一栏职业决策考虑要素中，根据对自己而言职业选择的重要性和迫切性，赋予它权数，加权范围1~5倍，填写权数一栏。权数越大说明越重视该要素。

步骤四：打分。根据每个方案中的要素进行打分，优势为得分，缺点为减分，计分范围为1~10。

步骤五：计划方法。将每一项的得分和失分乘以权数，得到加权后的得分或失分，分别计算出总和，最后用加权后的得分总和减去加权后的失分总和得出"得失差数"，并以此分数作出最后的决定，即比较三个选择方案的得失差数，得分越大，该职业方案越适合自己。

表7-1　生涯决策平衡单样表

考虑因素		重要性的权数（1~5倍）	选择一		选择二		选择三	
			+	−	+	−	+	−
个人物质方面的得失	1. 收入							
	2. 工作的难易程度							
	3. 升迁的机会							
	4. 工作环境的安全							
	5. 休闲时间							
	6. 生活变化							
	7. 对健康的影响							
	8. 就业机会							
	9. 其他							
他人物质方面的得失	1. 家庭经济							
	2. 家庭地位							
	3. 与家人相处的时间							
	4. 其他							
个人精神方面的得失	1. 生活方式的改变							
	2. 成就感							
	3. 自我实现的程度							
	4. 兴趣的满足							
	5. 挑战性							
	6. 社会声望的提高							
	7. 其他							
加权后合计								
加权后得失差数								

参考文献

[1]　迟云平. 职业生涯规划[M]. 广州：华南理工大学出版社，2019.
[2]　王兆明，顾坤华. 大学生职业生涯规划[M]. 苏州：苏州大学出版社，2018.
[3]　易玉梅，易华. 大学生职业生涯规划与就业创业指导[M]. 长沙：湖南师范大学出版社，2019.
[4]　陈彩彦，兰冬蓉. 大学生职业生涯规划[M]. 北京：航空工业出版社，2018.
[5]　陈宝凤. 大学生职业生涯规划[M]. 北京：北京大学出版社，2016.
[6]　尹娟. 大学生职业生涯规划与发展[M]. 上海：上海交通大学出版社，2019.
[7]　李金亮，杨芳，周欣. 大学生职业生涯规划[M]. 长沙：湖南教育出版社，2019.
[8]　李明，余珊. 大学生职业生涯规划[M]. 北京：电子工业出版社，2019.
[9]　成茜，唐艳，邓双喜. 大学生职业发展与就业指导[M]. 成都：电子科技大学出版社，2017.
[10]　程龙泉. 职业能力培养与就业指导[M]. 北京：北京理工大学出版社，2017.
[11]　林学军，郑慧娟. 大学生职业规划与就业指导教程[M]. 广州：暨南大学出版社，2018.
[12]　吕平. 大学生职业生涯规划与就业创业指导[M]. 天津：南开大学出版社，2018.
[13]　万辉君. 大学生就业指导与职业生涯规划[M]. 武汉：华中科技大学出版社，2018.
[14]　格林豪斯，卡拉南，戈德谢克. 职业生涯管理[M]. 4版. 王伟，译. 北京：清华大学出版社，2014.
[15]　郭文臣. 新型职业生涯的挑战与应对[M]. 北京：科学出版社，2016.